HOW PEOPLE CHANGE

人如何改变

在恩典中**经历蜕变**的喜乐

提姆·连恩（TIMOTHY S. LANE）
保罗·区普（PAUL DAVID TRIPP）　著
黄玉卿 张燕　译

上海三联书店

谨将本书献给亲爱的

恭喜您即将踏上一场兴奋无比的旅程，
靠着耶稣基督的恩典与福音的大能，
解开生活中各样问题的症结，
经历奇妙蜕变与生命更新的喜乐！

您的挚友

目 录 CONTENTS

致 谢

　　许多人已经走在前头，为撰写本书打下相当有利的基础。若失去了我们的朋友兼同事——大卫·鲍力生（David Pawlison）的领导、异象与远见，本书中绝大多数的内容是不可能存在的。本书内容发展自大卫·鲍力生已经教导超过二十年的一门课程。身为作者，我们很荣幸享有优先选修这门课的特权：一个人在 1984 年（这门课刚开设时），另一个人在 2000 年。（我们不告诉你是谁在哪一年修课，免得你知道我们两人之中谁比较年长！）任何在本书中的优点，我们都归功于大卫·鲍力生；如果有什么不足，我们诚愿谦卑自省，归咎于我们自己。

　　另一项我们每天经历的好处是，我们处在一个充满福音，以及将福音应用在日常生活且常常论及的工作场合。我们拥有数不清的机会，在自己的生活或人际关系中，一起真实应用本书所谈论到的真理。就像在基督徒群体中的任何一位成员，我们做得并不完全；但是神仍然持守他的信实，而我们之间的互动与关系仍然友爱通畅。能够如此同工，一起在恩典中成长，竭诚感谢大卫、爱德华、比尔、温斯顿、杰恩、约翰、麦克给予我们的友谊、鼓励和耐心。你们在我们的事工与生命中,产生了无以言表的影响。

再一次,我们要感谢苏·露思(Sue Lutz)对本书的贡献。她不仅是一位文思泉涌的文字工作者,她本身对福音的真理,也有相当深邃的理解与重视。因此,她是一位很有能力的指导者,更是提供很多帮助的董事,为我们书中所有的信息再三仔细推敲。你相信吗? 就连这一篇短短的致谢,她的帮助也令它增色不少呢!

在制作过程方面,还要感谢 Punch 营销机构——琼·约翰逊(Joan Johnson)对我们寄予的信赖、金钱上的支持与鼓励。我们也要特别感谢瑞·伯纳特(Ray Burnette)为了我们的好处,向我们施展的热情、创意和关心。此外,我们心中也相当感激我们的出版社 New Growth Press;谢谢他们对这项计划的付出与委身。

在基督教事工当中,不一定有很多机会能让你撰写书籍出版,更何况是与你的朋友兼同事一起合作呢! 对此,我们确实拥有其他人所没有的机会与殊荣。最后,更让我们相当惊讶的是,这个事工竟然让我们获得了赚钱的机会! 三年前我们开始合作,为当地一间教会编撰门徒训练的教材;而这个门徒训练的教材,现在为本书奠下了基础。当时,我们根本不知道一起合作编写书籍的想法究竟能否成功;现在,我们很感谢这项事工真的达成了。因此,对我们能从这样的过程中成长,对彼此,我们都相当感激。

神一直使用我们的家庭,在很多地方,用不同方式不断地提醒我们，我们是多么需要本书中所庆祝的"恩典"。仅将我们的感谢，献给我们的妻子——芭芭拉、卢埃拉，和我们的孩子——哈拿、提姆、凯瑟琳、本杰明，以及贾斯汀、伊桑、妮可、戴安娜。当身为丈夫与父亲的我们，在恩典中持续成长的时候，谢谢你们的耐心与包容。

当你阅读此书时，希望我们每日所需要的福音，对你来说，会越来越明晰，也越来越能抓住你的心。当我们来到这项事工的末了，我们相当明白，自己是多么需要这本书里所描绘出的福音。坦白说，能清楚解释一件事，并不表示你已经能够真正熟稔地实行出来，也不表示你对这件事真正完全掌握了。除非等到基督再来的日子，否则我们这两个罪人仍然需要神的恩典。我们感谢神，这就是他日日赐给我们的恩典与福音。

提姆·连恩
保罗·区普
2005 年 9 月 3 日

推荐序
经历成长的喜乐

圣经用成千上万的文字记录了神的话语和作为。从字面上看，圣经中没有一幅照片、插图、地图或是表格。神的话语，除了文字还是文字。

然而，从另一个角度来说，你的圣经不仅是一本色彩鲜明的故事图集；同时也是一本情节生动曲折的生命记录，充满丰富的知觉与感受。神定意安排你用心灵的眼光去看见，就连照料及看管野地花朵的工作，神都亲自参与；你也会感受到，当王后以斯帖没有被亚哈随鲁王邀请却私闯王宫时的不安。当百姓欢呼"和散那"的时候，你的心会被喜乐触摸；当人们在十字架前嘲弄耶稣时，你的灵也会被悲痛刺伤。当你尝到烤饼的馨香、苹果的甜美、蜂蜜的甘醇，你能够开始想象，什么叫作神的智慧比"蜂房下滴的蜜还要甘甜"。当你闻到香气、香柏、刚出炉的面包、灯油以及血、火及烟熏的味道时，也会在其中学习与体会到什么叫作神的恩典与荣耀。当你来到新约，随着主耶稣一生的故事像折页般一页一页展开在你眼前时，你会身临其境般感受到，从宗教领袖身上涌出的敌意，排山倒海而来。当耶稣基督被钉死在十字架上时，你似乎感受到门徒心中的惊恐和沮丧；而当他在复活的清晨显现给门徒看时，他们心中难以言表的喜悦，你似乎也可以体会。

神所述说的故事，总是极富戏剧性的。他运用在地上每日可见的譬喻，来完成他的工作。无论是阅读神的话语，还是聆听他的教导，在你的脑海里，都会看见一幅幅移动的图画。所以，神的话语不仅会带来外在观念的冲击，亦会深深刻划在你内心。神说出圣洁且人人能听得懂的话语，目的不只是赐给你更多信息与知识，他的终极目标是要改变你的生命。

请试着比较以下圣经中的两个句子，看看它们会带给你什么感受。第一句："神爱世人。"第二句："我是好牧人，好牧人为羊舍命。"这两个声明都很真实，都在阐述同样一个真理。然而，这两种表达所产生的果效，却有程度上的不同。很显然，第二个声明比较能够抓住你的心，深深地印在你的脑海中，对你的行为产生影响。为什么呢？那是因为，第二个声明在述说的同时，用语言描绘出一幅生动的图画。

本书的两位作者，一位是提姆·连恩，另一位是保罗·区普。他们用本书来教导你应该怎样发挥基督徒生活的功效。这不只是一个理论，而是事实的陈述。所以，他们所教导的真理，语言生动，描写丰富，使读者有如看到一幅幅色彩艳丽的图画。提姆与保罗善用在现实生活中所发生的真人真事，来阐明神的恩典是如何在我们的生活中运作。事实上，在学习的过程中，你将一再受到邀请，将你自己的故事与学习的课程紧密连结，转化为个人的学习体验。

本书第三至十四章，使用一幅图画作为贯穿的主题（这张模式图及章节与蜕变系列"人如何改变"课程相互辉映）。这幅图画描绘出在干旱炎热的沙漠中生长的两棵不同的植物。一棵是没有果实的荆棘丛，长在干旱无水之地；另一棵则结满了果实，因为根部深植在活水泉源当中。我们的主，为我们舍弃他的生命；他就是我们生命活水的泉源。

此书的两位作者，邀请我写序。原因是，他们引用了我在 1980 年起所教授的一门名为"合乎圣经的改变动力学"（Dynamics of Biblical Change）课程中所演绎的图示。两位作者都曾经是我的学生，现在又成为我非常尊敬的同事。在书中他们引用了我所演绎的图示，认为是我的功劳，并诚挚邀我写序，我感到非常荣幸。但我不能独享这项殊荣；因为图示不是我一人原创，而是我借由圣经在《耶利米书》第十七章所描绘的启示而来。我只不过是将它与现代生活结合起来，在基督徒的生命当中，转换成比较复杂的隐喻而已。我真诚希望读者在学习本书时，让这张模式图帮助你，将神的真理深深铭刻心中，并在日常生活中实践所学。

我们生活在一个充满各种教导和各样信息的世界。即使是在教会里，我们的耳畔也充斥着这样的声音："听我的劝告吧！我是相当重要的人物。我可以给你快乐、健康、金钱、知识、成功、爱情。"而事实上，只有其中极少一部分是重要且有帮助的；大部分的这些声音，却只是有如一股热风吹过而已。充其量，他们所提供的这些事物，并无法达成他们所预期的那般重要且对人有真实帮助；此外，更糟糕的是，他们所得到的，却是比先前更糟糕的光景。

至于在《人如何改变》这本书里，又是如何的呢？如果两位作者凭真理说诚实话；那么，你必须专注聆听，并且照着去行。一个人能否在智慧上不断成长，是关乎生死的问题，这实在太重要了。《箴言》三章14至15节："得智慧胜过得银子，其利益强如精金，比珍珠宝贵；你一切所喜爱的，都不足与比较。"事实上，只有一件事情是更重要的，而这一件事就是认识神。在以下的经节中，神如此形容他自己的分量：

> 智慧人不要因他的智慧夸口，勇士不要因他的勇力夸口，财主不要因他的财物夸口。夸口的却因他有聪明，认识我是耶和华，又知道我喜悦在世上施行慈爱、公平和公义，以此夸口。这是耶和华说的。
>
> （《耶利米书》九章23～24节）

《人如何改变》这本书，是以"神"为起始；所以，它亦避免了一般坊间所有自助类书籍里的重大缺失。一旦你意识到"原来，这一切不是只关乎我，而是只关乎重新塑造我们的神"，你整个生命就会与过去完全不同——在这个世界上，与其他人一起更有主的样式；所以，让我们进入一个实践慈爱、公平与公义的群体。神说，"这才是我所喜悦的。"

大卫·鲍力生

2005 年 7 月

译者序
委身于每日真实的悔改

  如果我们内里诚实,在神话语的光照之下,我们对内心挣扎光景的悲叹,应该就像是保罗在《罗马书》七章 24 节中所描述的,"*我真是苦啊! 谁能救我脱离这取死的身体呢?*"我常常在想,保罗如果生活在现代,套用了更接近我们日常生活中的用语,也许他真正想发出的叹息是:"我如何能改变呢? 为什么我里头的罪性,就算我再怎样不愿意,却一再地让我做出不讨神喜悦的事呢?"所幸,在下一节当中,保罗随即给予了我们最宝贵以及最真实的解决路径——"*感谢神! 靠着我们的主耶稣基督就能脱离了。*"(25 节)保罗深深知道在罪性之下,死亡的毒钩与耶稣基督为了从罪的辖制中救赎我们而在十字架上所付上的代价,两者之间的激烈争战。所以,他勉励信徒,唯有作了神的奴仆,才会有成圣的果子;唯有神的恩赐(恩典),在我们的主耶稣基督里,才有永生(参考《罗马书》六章 22~23 节)。

  但问题是,在我们属地的生活当中,恩典这个看似明确却又抽象的真理,究竟如何在我们这些蒙恩的罪人身上彰显,以至于真实地让我们身边周围的人亲眼见证神恩典的大能与我们的改变呢？《人如何改变》这本书，将为您逐一开启"神如何运用他的恩典来改变我们"的成圣过程。

多年来，从担任圣经辅导讲员（婚姻、单身、单亲等营会）、教会主日学老师（教导蜕变系列"人如何改变"、婚姻、言语等课程）以及辅导协谈的经验，我有幸参与到许多人的生命历程当中。由于弟兄姊妹的信赖，在人们有声、无声的呐喊里（当然也包括我自己），我常常听到内心最迫切的声音，不是夫妻之间的指责与攻击，不是亲子之间的抱怨与操控，不是上司与下属的辖制与控诉，也不是单身或单亲的渴望与无奈……而是心底最深处所发出的疑惑与挣扎："我究竟如何改变现在的局面？"许多人忽略了自己本身在人生各场景中所扮演的角色、责任与影响，以至于常常以为，只要更换一个环境（国家、教会、小组、公司、住处、学校等），改换一种关系（进入婚姻关系、断绝亲子关系、离婚、从此你我井水不犯河水等），或是抱持更天真的想法（但在婚姻中，却是我们常犯的错误）——只要给予我们难题的人改变了，我们就能解决摆在我们眼前的难处。我们认定，只要我们能将外在所发生的事情或与事件相关的人物，竭尽所能地掌握在自己的手中，我们就能确保一生平安稳妥、事事如意；但是，我们却常常忽略神借由智慧书的警戒：

你要保守你的心，胜过保守一切，因为一生的果效，是由心发出。

(《箴言》四章 23 节)

人不制伏自己的心,好像毁坏的城邑没有墙垣。

(《箴言》二十五章 28 节)

神赐予人真自由的恩典,起始于人心的改变。这也是为什么人在一开始初信主之时,正如在《哥林多后书》五章 17 节中所形容的:在基督里,我们已经成为新造的人!他的能力及应许能改变我们,使我们越来越像他,成为认识他、爱他、荣耀他的人。这个能成为新造之人的关键,就在于神所赐的新心。所以,人(神要我们先着重于我们自己本身)之所以能产生持久且真实的改变,不是只从上教会的次数、在教会或基督教机构担任的服事职衔、圣经熟稔程度、对教会或事工的奉献多寡、短宣的次数等,就能造成人生命真正的成长与改变。

这些外在的表现与寻求,虽是神命定我们与基督、与神的子民相交的方法,但是从恩典的角度来说,基督徒的生命并不限于这些活动。换句话说,这些活动只是恩典的"途径",如果我们将这些外在的表现与寻求变为"目的"(唯独以这些活动来衡量个人灵命的成熟与否),主耶稣基督就不需要降世,他在十字架上所成就的救赎与同在的恩典,就无法真实临到与改变我们。

根据这本书，两位作者为教会设计了一系列门徒训练的课程。这个门徒训练课程，其中一项宝贵之处，在于"蜕变系列"（Transformation Series）中三门课程的顺序安排。**点**——第一门课程《人如何改变》是基督救赎他所爱的子民的起点。他期望从基督徒个人实际经验基督如何借着他的恩典来改变自己，以及在生活中活出基督的样式之后，成为能被救赎主使用的器皿，以帮助他人更新生命。**线**——第二门课程《如何帮人改变》，已从个人单一的点，延伸到两人以上的线。在第二门课程中，我们将学习神在圣经中所教导的智慧、圣灵的引导与警戒，能更实际地帮助他人改变，并装备自己在关怀事工中有效运作。当人与人之间真正建立起相爱、有意义的连结之后，教会或属神的群体就进入到**面**——第三门课程《改变你的人际关系》。第三门课程所推动的异象与宗旨——装备教会熟稔地以基督为中心的助人方式，以至于让教会成为人心医治的殿堂，在生命中遇见困境时之首选。

在教会或小组中，依照这三门"蜕变系列"课程所安排的顺序来做门徒训练，是非常重要的一件事。虽然本书《人如何改变》的内容，在表面上只占课程中的第一门；但是，它不仅仅是一项学习的方法，这样的顺序，其实是将圣经中救赎的真理如何实践在每日生活当中，逐一展现在我们的眼前。所以，《人如何改变》其实为我们在成圣过程中，奠定了相当重要的基础。每一位信主的子民在受洗的时候，第一个被问及的一定是："你承认自己是一个罪人吗？"神在属灵生命起头为我们所作的善工，在往后信主的每日生活当中，我们对主耶稣基督救赎的恩典以及同在的需要，没有丝毫更改。但是，我们常常犯下的一个错误是，当人还没有真正委身于每日的悔改以及拥有改变的属灵身量时，就在教会中担任起繁重的服事，甚至肩负起重大的职衔。这样的光景是，略过第一步《人如何改变》（自己如何改变）的实际操练，就开始过重地服事他人；在主里，对自我以及对神的认识不清，也就自然而然地无法成为被神长久重用的器皿。在长期"瞎子领瞎子"以及撒但"好像吼叫的狮子"，以人类堕落的一切后果作为工具，使教会领袖与精英受到击打（参考《彼得前书》五章 8 节）；最后，个人、整个家庭，甚至是整个教会，自然落入了"传福音给别人，自己反被弃绝了"的凄凉境地（参考《哥林多前书》九章 27 节）。所以，使徒保罗才在此处，警戒福音使者应实行对自我的灵性训练，以击打自身最大的敌人——带着罪性的肉体与内心，作为人生至高无上的终极目标。免得到最后所传的只是别人胜利的消息，而自己却无法获得应得的冠冕。

此外，在本书翻译方面，在这里特别提醒大家一个词汇——炎热（HEAT）。这是一个在第三章就出现，但要一直到第六章才详细说明的词汇，属于"个人内心与生命蜕变"模式里四大要素中的第一个。在英文中，作者使用英文圣经 NIV 版的原文 HEAT 来描述我们生活的处境是什么；它包含了生命中会面临的困难与祝福。在中文翻译中，将 HEAT 译为"炎热"的首要原因，是为了忠于中文圣经和合本的翻译(图示经文出自《耶利米书》十七章 8 节)。虽然许多人也许会倾向将"炎热"只视为生命中的难处,但在整全的寓意上来说,这里所指的炎热,是包含我们所有的景况。困难与祝福皆是生活百态,两者都会造成荆棘(THRONS)或果实(FRUIT)截然不同的外在行为,而获致两种不同的果效,取决于十字架的功效与圣灵的工作。

在这个悖逆弯曲的末世,每天耳里所听的,眼中所看的,尽是人的罪孽延伸出来的惨烈后果——全球变暖、国与国的争战、人与人的冲突、政府的腐败、身体的疾病、恐怖分子的恶行、扭曲的价值观、种族歧视与屠杀、工作辛劳困顿等。电视中、网络上、广告里,甚至是畅销书排行榜中,若与神的话语——圣经细细体察与相互对照,我们不难体会到,自己正身处一个摆满哈哈镜的世界。哈哈镜中所传达的信息,模糊了我们虽身处地上,但是我们拥有属天的特殊身份——神的儿女;因此,这些扭曲的信息让我们忘记主耶稣基督要带领我们去的终极目标——在神的殿中,站在神的宝座前,身穿公义的白袍,头戴冠冕与神一同作王;此外,这些模糊的假冒真理,亦让我们将永生救赎的宝贵应许与盼望,用廉价的私欲与心中的偶像来取代。

当你面临生命中的难处与祝福时,你的反应、行动是什么? 在何处、哪些人际关系中,你结出如荆棘般的果实? 在什么样的场景里,你容易有不友善的言词或心态出现? 当何事发生时,你最容易埋怨神? 当我们因注视着耶稣基督,以及他为我们的好处在十字架上所成就的工,我们心中就会深刻体会到我们无时无刻不需要基督;我们需要神每天赐下崭新的丰盛恩典，好让我们在神前与在人前，活出主耶稣基督的样式，进而成为帮助他人改变的祝福与器皿。

最后，心中对多年来协助并参与《人如何改变》中文翻译、教导事工的弟兄姊妹，献上无以言表的感恩。谢谢吴期馨师母、夏德琛姊妹、陈宜一师母、张燕姊妹、陈怡初姊妹、台湾天恩出版社翁静育姊妹并她们的家庭，献上他们宝贵的时间与精力，反反复复、不厌其烦地推敲与琢磨字句，还有美国宾州基督使者协会会长周大卫牧师、书房出版部主任苏文哲弟兄、发展部主任黄陈怡萍姊妹多年来的训练、提醒与照顾，天恩出版社丁远平社长与陆尊恩传道对事工的大力支持与讲座推广。我的夫婿 Daniel Ku 多年来在背后默默支持翻译以及教导的事工；当我生活极其忙碌或担任主日学老师、营会讲师时，他是幼儿的保姆、心灵的伙伴与代祷的勇士。他们都成为恩典的珍珠，在我的生命中熠熠生辉。

在这本《人如何改变》即将进入另一个形式的事工（开办门徒训练讲座与训练课程）之际，愿神保守他早已开启的善工，带领他所喜悦的精兵，向着标竿直跑，同奔天路！

黄玉卿

于北美巴城中华基督教会（CCCB）

第 **1** 章
对福音认识上的缺口

菲尔先生给我的第一印象非常深刻。他不仅对圣经与系统神学非常熟悉,在他个人的图书馆里还收藏了《世界名人录》中各派著名神学家所撰写的圣经注释类书籍。在探讨有关圣经经文或是神学方面的学术问题时,几乎没有什么是菲尔不知道的。但是,一旦把眼光从他的图书馆转到播放他真实生活的录像带里,你所看到的,却是截然不同的两个人。在菲尔身上有些问题,是错得相当离谱的。

围绕在菲尔身边的所有事情,似乎总是能够被别人挑出一些毛病;迄今为止,很少有成功的果效在他身上显现。论及头脑中的神学知识,他的机敏和灵巧可以和运动健将相提并论;可是一旦到了现实生活中的为人处世,他活得就像个半身不遂的瘫子。他和妻子爱莉从踏入婚姻的第一天开始就纷乱不堪。他似乎完全无法诊断或改变他们关系中永无止境的矛盾和冲突;而这些问题,早已将婚姻中所需的氧气吸光耗尽。他与已成年孩子的关系,充其量只能说是相当疏离;此外,他和妻子的家人、亲戚之间的关系,似乎永远都卷入一些纷争的戏码。对于他自己的事业,他从来就没有满意的时候,而且,在过去三十年当中,他已经换了四个教会。菲尔被自身的问题占据了所有的精力,他完全没有时间在教会中服事其他的人。

但是,问题就出在这里:很少有人真正知道"录像带中"的菲尔。菲尔的真实生活,与表面上看到的完全不同。他与爱莉从来不在公众场合争吵;从来没有分居;也根本没有离婚的打算。他们忠实地出席教会活动,奉献也从没有间断过。周日的主日学、查经聚会,菲尔给人的印象是知识渊博,并且相当地委身。但是一回到家里,他动不动就发脾气,一点小事就会惹恼他。没事的时候,他就坐在计算机前面打发时间。他和爱莉之间的谈话,除了今天的行程安排,就没有其他的话题了。此外,即使是商量行程,他对妻子的态度,也常常是很粗暴又不耐烦的。在菲尔的生活中,"仁爱"、"恩典"、"喜乐"之类的形容词,根本就无法用到他的身上。

在教会中,爱莉感到相当受挫;因为她觉得没有一个人知道这个真实的菲尔。他既没有家暴,又没有吸毒或者上色情网站成瘾的问题,也没有婚外情或是抛弃家庭之类的企图。所以,他低空飞过了"教牧辅导"的雷达探测器,根本没有人把他当成问题人物来过问。虽然她知道许多人都非常钦佩菲尔的博学,但是,每回当菲尔被邀请去带领查经或是教授神学课程时,爱莉的内心都充满了各样的挣扎。她竭尽所能地压抑与避免成为充满苦毒与愤世嫉俗的人,但是,眼看着她就快输掉这场争战了。此外,她甚至发现,在厨房的餐桌前,有时候她竟开始幻想"没有菲尔的日子,将会多么美好"。

终于有一天,爱莉忍无可忍了,她再也无法以这样的情形持续下去。她知道她必须寻求帮助,所以她要求菲尔同她一起去看心理辅导。起初,菲尔生气地拒绝了;但是,最后他还是同意尝试一下。在第一次约谈中,我花了几乎所有时间让他们说话。虽然他们的故事总让我觉得有些怪怪的,可是一时之间,我又无法确定到底问题出在哪里。一直到我开车回家时,才猛然意识到问题所在:虽然,他们毫无隐瞒地讲述了自己的生活,但是,他们却甚少或几乎只字未提到神。我们在这里所看见的,是一个精通神学的男人以及他相信基督教义的妻子;但是,在他们现实的生活里,却全然没有神的存在!

在他们对福音的认识上,菲尔与爱莉有一个相当大的缺口。用一个比喻来说,那就像在他们的房屋中间有一个大洞,他们尝试与这个大洞共同生活。他们每一天在大洞四周围走来走去,东西常掉进大洞里,而且,这个洞越来越大;但是,他们似乎对这个大洞的存在视而不见。此外,他们也没有发觉,其他人的房子里并没有大洞存在,所以不需要重新翻修或完全被拆毁、重建。菲尔甚至拥有一本已经彻底读完的"大洞维修手册";但是,这本手册并没有引领他去修复这个大洞。而爱莉呢? 这个洞里满了污垢,腐臭的味道不时带着热气,不停地折磨着她。但是,她完全不知道该怎样处理这堆有害物质——这就是他们信仰的光景。

我真希望可以说,菲尔与爱莉的例子只是一个个案而已;但是事实上,在现实生活中,我们的周围存在着许多像菲尔及爱莉的身影。

我们对福音的认识，常常存在一个巨大的缺口。在福音里，这个认识上的缺口，不仅颠覆了我们身为基督徒的身份、使我们做了有名无实的基督徒，也使我们无法了解神当下的工作。这个缺口侵蚀了我们生命中每一层人际关系、每一个我们所做的决定、每一个想尝试服事别人的企图。所以，是的，当我们对大洞视而不见的时候，我们事实上是盲目地活着的。

解析福音认识上的缺口

《彼得后书》一章3至9节中关于福音认识上的缺口的描述，比起其他经节更加贴切。

> 神的神能已将一切关乎生命和虔敬的事赐给我们，皆因我们认识那用自己荣耀和美德召我们的主。因此，他已将又宝贵又极大的应许赐给我们，叫我们既脱离世上从情欲来的败坏，就得与神的性情有份。正因这缘故，你们要分外的殷勤；有了信心，又要加上德行；有了德行，又要加上知识；有了知识，又要加上节制；有了节制，又要加上忍耐；有了忍耐，又要加上虔敬；有了虔敬，又要加上爱弟兄的心；有了爱弟兄的心，又要加上爱众人的心；你们若充充足足地有这几样，就必使你们在认识我们的主耶稣基督上不至于闲懒不结果子了。人若没有这几样，就是眼瞎，只看见近处

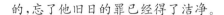

的,忘了他旧日的罪已经得了洁净。

让我们来看看,属于这个缺口的症状。在第9节中使徒彼得指出,有一些人虽然信了主,但是,在他们的生活中却看不到因信心而结出的果子。他们的生活无法行出以下的品格:拥有平安、充满仁爱的人际关系,与神之间甜美、亲密又自然的崇拜生活方式;对于物质享受上的态度,是健康、平衡、有节制的;并且,在属灵的生活上,是不断成长与改变的。而相反的情形,究竟是如何呢?这些信徒会留下破碎关系的轨迹;他们徒有与神同行的知识,却没有建立与神同行的个人关系;常常被物欲所控制,不能自拔;而且,在属灵上看不到个人成长的轨迹。所以,就属灵收成的角度来看,有一些事情出错了;此外,它与信心相互抵触,而这个信心却正是信仰的源头。

使徒彼得在这段经文中的描述,恰好与菲尔和爱莉的情形一模一样。他们在许多方面都符合彼得在第8节中所说的"懒散,不结果子"的描述。冲突所留下的伤痕,大大地损害了他们对彼此的尊重;因此,久而久之,夫妻相互间的信任减少了,那种自然而然对彼此的爱慕也荡然无存。他们没有与邻舍拥有良好的关系;并且以相当糟糕的方式,先后离开了三个教会。在敬拜神的时候,一点都感受不到他们对神的渴慕与感动。基督信仰对于他们来说,只是一种意识形态,甚过于真正敬拜神、与神拥有确实的关系;在他们的生命中,神切合实际的呼召变成一种义务的表现,而不是发自内心、满有喜乐的追求。所以,菲尔及爱莉之所以债务缠身,并不是一件令人感到惊讶的事情。因为,在许久以前,他们早已用有形的物质取代精神上的物质。所以,在每一件事情上,他们似乎都陷入了进退两难的境地。如果在十年前,你已录制了他们向对方抱怨的记录,你会发现,他们今天所争吵的内容与那时候的丝毫没有两样。

为什么有许多基督徒"懒散,不结果子"呢? 在第 9 节当中,彼得提供了以下的诊断:他们是"只看见近处及眼瞎的,忘了旧日的罪已经得了洁净"。对于福音在现今时代所产生的能力和带来的盼望,他们是盲目的。这究竟是什么意思呢?

耶稣基督之福音的好消息是一个"那时—此时—那时"(then-now-then)的福音(见图 1-1)。这第一个"那时"(then)指的是过去。当我凭着信心接受耶稣救恩的那一刻,我的罪完全被赦免;所以,得以凭着义人的身份站在神的面前。另外一个"那时"(then)指的是将来。主应许我们,到那时我们会在永恒里完全脱离罪的捆绑。今天的教会中对这两个"那时"的教导,相对做得还不错。但是,在这

图 1-1 对福音认识上的缺口

个"此时"（now）方面，基督已经成就的工所带来的帮助，教会的教导往往倾向于大打折扣，或是误导信徒。在此时此刻，福音究竟带来了什么不同的影响？福音如何帮助我成为一个更称职的父亲、丈夫、职员，或是基督身体中的一员呢？当我回应困境时，它如何帮助我做决定呢？福音如何赋予我意义、目标以及身份呢？它又如何鼓励我去服事他人呢？

就是在这个"此时此刻"（here and now）当中，我们其中许多人对福音的认识，仍是迷茫与眼瞎的。我们的眼光被以下的事物所蒙蔽，因而模糊不清：暴政的窘迫；成功的鼓动；近在咫尺的情色诱惑；缺乏能力去承认自己的问题；以及，在基督肢体中，我们错误地宣称那些不切实际、只讲究交谊的人际关系为团契生活。那些没有将福音带进人们生活中所面对的特定挑战的讲道，往往会增加对福音的盲目。所以，人们需要看见，福音应该存在于他们的职场、厨房、学校、卧室、庭院，以及他们的座驾当中。他们需要看见，福音如何将他们所做的与神所做的相互连结起来。此外，他们亦需要了解，他们生命中的故事是需要在神更宽广的救赎故事中活出来；所以，他们可以学习以"福音"的心态来过每一天。

三种盲目的型态

在我们生命中，这个"此时此刻"的大洞，产生了三项属灵上盲目的基本形态。首先是对"身份"的盲目。许多基督徒并没有以福音的眼光来看待他们是谁。例如，虽然菲尔是一个知识渊博的神学家，但是他将自己的身份建立在知识及成就上面，更甚于将自己的身份建立在福音本身。这个缺乏以福音为身份的情形，会出现在两个方面：第一，许多基督徒低估暗藏于我们心中罪性的存在与力量。他们看不见，自己是多么容易被这个充满陷阱的世界所网罗（参考《加拉太书》六章 1 节）。他们无法理解，在与罪的争战中，人类复杂的本性总是在每个信徒的心里咆哮、怒吼着（参考《罗马书》七章）。他们没有察觉到，他们是如何容易用世界的东西来取代神。最后，他们看不见，他们最大的问题存在于他们的心里，而不是自身以外的环境。

在我与青少年同工的经验中，让我得出一个这样的结论。青少年之所以对福音提不起兴趣，主要原因之一，是因为他们并不认为自己需要福音。许多父母亲成功地抚养了一群自以为义的小法利赛人。这些孩子们看不到自己是一个有迫切需求的罪人，所以，他们对拯救者的恩典一点感激之心都没有。悲哀的是，这样的情形亦存在于他们的父母身上。

此外，许多信徒也看不见他们在福音里的另一个身份——在基督里的身份。基督不仅仅赦免了我的罪、给了我崭新的未来，他亦赐予我一个全新的身份！我现在的身份是属神的儿女，而且，所有权利及特别的恩典都因这个头衔而赋予我了。明白这一点相当重要，因为我们每一个人都是根据自己的身份来行事为人；而且，我们对福音身份的健忘,常常会引导我们行出一些取代我们真实身份的行为。因此,如果"在基督里,我究竟是谁"没有能够塑造我如何思考我的身份,以及我所面临的事;那么,我将会以其他的身份来过生活。

在我们的盲目当中,我们经常将所遇到的困难,视为是我们的身份。诚然,离婚、忧郁症以及单亲的教养责任皆是人生中刻骨铭心的经历;但是,它们仍然不能代表我们的身份。我们手中的工作,虽然是神赐给我们的,它也成为我们生活中非常重要的一部分;但是,工作仍不代表我们的身份。在我们当中有太多的人,将我们对身份的认知根植于个人的表现上,而非视身份是存在于神的恩典当中。在神呼召你去做的事情上有所成就,是一件非常美好的事情;但是,当你运用你的成功来为你自己下定义时,你的视野永远都是扭曲的。

其次,在福音"此时此刻"的缺口里,亦造成我们无法对神所预备的有一个清楚的认识。就如使徒彼得所陈述的:在基督里,"神的神能已将一切关乎生命和虔敬的事赐给我们"。为什么他在此处运用了"生命"及"虔敬"两个词汇呢?在原文语法中,后一个词汇通常是要修饰及提升第一个词汇的。如果保罗只是说:"神已经将一切关乎生命的事赐给我们",那么在"生命"这个词汇的前头加上"永恒的"这个词汇,是很自然及容易的事。很多人往往都是这样来解释这段经文的。所以我们发现,接受福音的应许是在死亡之后,比接受福音的应许是在死亡之前来得容易多了!但是,当彼得讲述"已将一切关乎敬虔的事赐给我们"时,我们知道,他所说的是针对我们现今的生活。

敬虔是一种荣耀神的生活;这种生活从我信主的那一刻开始,一直到我回天家、与他同在的时刻为止。

彼得在此处所说的是,我们无法在现今以合神心意的方式生活,除非我们确实了解神为我们所预备的事究竟是什么。虽然我们通常会将圣经上的诫命、原则及应许与寻求一个敬虔度日的生活联想在一起,但是,许多信徒无法了解,神的预备其实比这些诫命、原则及应许还来得深刻。此外,神的预备甚至比圣灵的确据或是律法上的赦免都还要来得基本与重要。正确来说,此时此刻,神为敬虔生活所预备的就是基督他自己! 他将他自己给了我们,好让我们可以活出他的样式。

使徒保罗在《加拉太书》二章 20 节这样说:"*现在活着的不再是我,乃是基督在我里面活着。*"耶稣的名字是"神与我们同在"的意思,不仅是因为他来到这个世间与我们同住;而是因为在此时此刻,他确实借着圣灵内住在我们的里面。他的同在,成了我们随时的帮助;因此,我们可以成为与我们身份相称的人,并且行出我们所应当完成的事。

如果无法察觉到基督的同在,我们常会陷于焦虑当中——遇见困难就躲避,一点点压力就觉得受不了。但是,当我们对身份及神的预备有清楚的认知之后,将会带给我们盼望和勇气来面对在我们人生旅途上所遇见的挣扎与试探。

第三个盲目的形态是:福音的缺口会让我们无法明白神的工必

须经历一个过程。在新约圣经中有非常清楚的教导,我们因着信心成为神家里的一员,这只是他在我们身上工作的一个开始而已,并非是一个结束。神并没有呼召我们过一个"在属灵上,我已经纯全了",或是"我只需要坐等上天堂就好了"的生活。反之,他呼召我们去过一个持续不断地努力、成长、认罪与悔改的生活。使我们成为圣洁的工作,是神永不动摇的计划与目标;而这个计划与目标将会一直持续到我们被接回天家、与他同在为止。所以,他将竭尽所能地在我们的生命里塑造出他圣洁的样子。他希望我们成为一个充满真正喜乐的群体;但是,为了让我们加增属基督的样式,他会愿意挪走那些只让我们觉得短暂快乐的事物。

任何时刻,当我们发现自己处于困境或是试炼中时,我们很容易以为自己已经被神遗忘或是拒绝了。之所以有这种想法,是因为我们不了解自己现在正在经历的过程。神的工作不是要让我们过得舒服与安适而已,他深盼我们竭力追求成长与转变。任何时间,若我们被诱惑以至于怀疑他的信实时,那正是他完成他救赎我们的应许的时刻。总而言之,不是只有某些人才需要改变,改变与成长是每一个人生命的常规。所以,这也是为什么神总是在做工,好完成在我们身上塑造的生命历程。

填补缺口的事物

无论是物质世界的漏洞,还是属灵世界的漏洞,有一点是相通的；它们并不会长久维持在空洞的状态。一个在沙坑上的洞，很快就会被水灌满；一个在原野上的洞，很快就会被树枝及落叶填满。总之，只要有洞，就不会是空着的。

在我们房子里的楼梯下面，有一个大到可以供人走进的储藏室。这个储藏室是我太太眼中的一块毒瘤。大约每过六个月，我太太卢埃拉就会鼓起勇气向这个储藏室发起进攻。她将这个储藏室打扫干净；将里面的物品加以分类；并且清扫出像第一次搬入这个新家头几个月时，可以看见地板的景况。她总是说，她希望我们可以尽量将这个储藏室保持原状。对于她的提议，我当然是举双手赞成。毕竟，她打扫完之后我进去会有落脚的地方；但是，好景不常，这个储藏室似乎很快又被东西再次填满。每当孩子们回来看望我们，这里总是会留下一些他们的纪念品；再加上邮局寄来的包裹、拆开的空盒，还有一些暂时不知道该往哪里摆的东西，最后都会集中到这里。所以，过了不久，当储藏室的门几乎又无法关上时，卢埃拉就必须再一次鼓起勇气进攻这个储藏室。

在我们许多人的生命当中，这个福音的缺口也不会保持中空状态。如果我们的生命没有让福音来塑造、失去因基督所存的信心、缺乏对成长与改变的委身，这个洞将会被其他的事物所填满。这些事物也许看起来像是可以信靠的，甚至是符合圣经的；但是，它们终将遗漏掉"身份—神的预备—历程"的核心。而这个核心，才应该是填补每一位信徒属灵缺口的事物。

我喜欢保罗在《哥林多后书》十章5节里所运用的"赝品"这个词汇；保罗称之为"自高之事"。不是每一个谎言皆是"自高之事"；但是，一个自高之事，肯定是一个似是而非的谎言。举例来说，假如我站在你的面前，告诉你我是一位女性的奥林匹克体操选手。这是一个谎言。但是，这并不是一件自高之事；因为它缺乏似是而非的属性。但是，如果我身穿西装、提着公文包、手持一叠建筑设计图站在你的办公室前面，你大概就会被我的外表所愚弄，认为我是一名建筑承包商了。

最危险的"自高之事"是那些化装成类似真实基督信仰的事物；但是事实上，它遗漏掉以"身份—神的预备—历程"为核心的福音。虽然它们亦将根源连结于真理之上，但是它们并不全备。所以，如此的结局是，基督信仰只是一个形式主义而已。不论何时，当我们遗漏掉基督内住的工作能使我们逐渐蜕变的信息时；这个福音的缺口就会被着重于外在的基督徒生活形态所填满，对于应着重于内心的基督徒生活反倒忽视。我深信，一场基督信仰的内心之战已经在我们所有人的心中怒吼、狂啸，它正试图将我们引向脱离真正的核心，并朝只重视外在形式的方向迈进。

有哪些徒有基督信仰的外貌与表现会填满这个福音的缺口？我们可以说，一个正常基督徒生活中的所有事情，都有可能在不同时间、以不同方式，诱惑我们脱离基督福音的核心。请在下面的描述当中来审视你自己。在你所相信的福音里，是否有可能你已经有了一个缺口,而这个缺口早已被福音核心以外的事物所填满;此外,对这个被填满的方式,你竟浑然不觉? 以下各种基督教的形式主义,都是填补缺口的事物。

基督教的形式主义

礼节主义

如果你想知道教会行事历,只要看看吉米的行程表即可。不管有怎样的会议或是事奉的机会,吉米一定手持圣经出现在那里。他已经完成指派给他的成人主日学工作;而且经常义务参与短宣。除了固定十一奉献之外,若教会中有什么工作必须完成,他也愿意义务参加。然而,吉米的世界与神的世界从来就没有交集之处——所有教会活动并没有在他的内心及个人生活里构成冲击和影响。

神不断批评以色列民那种只注重外表仪式的敬拜(参考《以赛亚书》一章);此外,基督亦斥责法利赛人拘泥宗教的礼节主义(参考《马太福音》二十三章 23~28 节)。为什么呢? 因为拘泥宗教礼节主义容让自己掌控自己的生命、自己的时间,以及按照自己的方式来制定生命中的目标。拘泥宗教礼节主义会让我看不见属灵景况的严重性以及自己必须持续以神的恩典来救赎的事实。吉米仅仅视他在教会的参与为衡量健康灵命的尺度;在生活其他方面,看不到任何对神的饥渴和需要。对他来说,福音已经缩小为仅仅参加教会的聚会与事工而已。

律法主义

莎莉是严格按照一个可行或不可行的清单来生活的人。凡事她都有一套规则；这些清单是她衡量自己以及在她周围的每一个人的方法。她的孩子生活在她的律法主义之下，压力大到令人觉得几乎被压垮了。对他们而言，神只是一个冷酷的审判官，不仅在他们身上设立没有道理的标准；而且，当他们达不到标准时，就严厉责备他们。在莎莉的家中，从来听不到一丝笑语，因为根本感受不到任何恩典，甚至也不明白为何需要为了恩典而欢庆。莎莉认为，实施她所制定的清单可以让她与神同等，所以，对于耶稣基督赐予她的恩典，她并不觉得有什么可以感激的。

律法主义完全遗漏掉一个事实——从来没有任何人能够满足神律法的要求。当莎莉严格地持守她的规则时，她的骄傲、缺乏耐心以及论断的灵并没有被神触摸与感化。律法主义忽略掉我们无法以自己浅薄的能力来赢取神对我们的爱。它也遗忘了在我们的内心需要被神的恩典改变的需求。此外，律法主义不仅仅简化了福音，它其实是自创了另外一套得救之道（参考《加拉太书》）。而在这个得救之道里，救赎是借着持守我们自己已经建立的法则来获取。

神秘主义

克莉丝汀对神的追求完全是情感型的，往往是从一种感觉跳到另一种感觉。她不断寻求一种属灵上的癫狂感受，那是一种充满激情的与神相遇的经历。也因为如此,她从来没有办法在同一个教会待上太久的时间。作为基督身体中的一员,她的作用似乎消耗多于贡献。在从一个属灵高潮荡到另一个属灵高潮之间的那段时间里,克莉丝汀的信心可说是平淡、单调且了无深度的。此外,她常常觉得沮丧,甚至怀疑自己是否够格成为一个信徒。除了那些充满能力的属灵高潮体验之外,克莉丝汀的信心和品格都没有成长。

符合圣经的信心并不是死板枯燥、刻苦忍耐的;真实的基督信仰充满着所有人类情感的色彩。然而,你并不能将福音缩减到只是个人与神的感性体验而已。当圣灵内住在我们里面、当神的话语对我们造成影响时,在我们内心及生命中的改变,绝大部分是发生在生活中的点点滴滴。神秘主义的危险在于,它对经验的追求多过于追寻基督自己。所以,神秘主义将福音简化成一些充满动力的个人感受和属灵经验而已。

行动主义

雪莉手里举着一块写着"抵制堕胎"的牌子,站在抗议队伍的最前列,心里一面纳闷:"为什么没有更多基督徒站出来抗议呢?"当然,不管是在成人色情书店前的抗议活动,还是即将到来的地方选举,她都有同样的感受。这些活动对雪莉而言,为"究竟什么才是一位基督徒"下了定义。她不断告诉自己,"不管何时、何处,只要有所需求,我都要站起来为对的事情大声疾呼。"她身上那种愿意为对的事情奉献时间、精力、金钱的精神,十分令人敬佩。

然而,当我们近距离察验雪莉的信仰时,我们会发现,雪莉的基督信仰看重捍卫什么是对的事情,多过于心中充满喜乐地追寻基督。行动主义的基督徒永远会抓住外界邪恶的事情不放。因此,其结果会成为现代修行主义的行为模式。这个现代修行主义基本上是说,"外面的世界充满邪恶,我们抵抗邪恶的办法,就是将自己与这个邪恶的世界分隔开来。"但是,最后修道院日渐没落,究其原因,是因为修道士们忘记对付在进入围墙之时,存在于"自己里面"的邪恶!

不管何时,当你相信外在世界的邪恶大过于自己里面的邪恶时,真诚地寻求基督就会被忽略,取而代之的是去热心对抗你周遭的"邪恶"。对于拯救我们脱离内心之罪的恩典,我们似乎不觉得有什么值得庆祝的;更看重的是如何发起一场改革运动,拯救教会脱离周围邪恶文化的侵蚀。衡量基督徒是否成熟的尺度,是看他们捍卫正义、改正错误的意愿。因此,福音对于他们来说,已经缩减为参与基督徒的各项运动。

唯独圣经主义

约翰是一位精通圣经及神学的专家。在他个人的图书馆里,能够找到非常少见的、近乎古董级的神学书卷;此外,在买书的时候,他总是要去搜购第一版的最初版本。约翰经常这样说:"从圣经的世界观来看"、"根据神学的一致性",还有"从基督徒的角度来思考"等词汇。他热爱圣经(这是一件相当好的事情),但是,在约翰的现实生活中,有些事情并没有与以上所描述的相契合。

除了他潜心钻研基督信仰之外,约翰并不清楚什么叫作拥有基督的样式。在他人对约翰的印象里,充满着骄傲、擅于论断的评价;对于没有能够像他一样精细琢磨信心之道的人,他没有丝毫容忍的态度。约翰总是无止尽地批评牧师的讲道;每当他踏入成人主日学的教室时,总是使教师们感到神经紧张。

基督信仰对约翰个人来说,只是竭力掌握和精通圣经及系统神学,以此代替对基督的敬拜、对神的倚靠,以及与神的连合。是的,约翰是系统神学专家;但是他却无法在现实生活中,像平日准确解经一般,把恩典活出来给人看见。他把大量时间和精力投入在掌握神的话语上;他"支配"神的话语,却不允许神的话语来"支配"他。在唯独圣经主义里,福音被缩减到只是精通圣经的内容与神学而已。

心理学主义

珍总是能够吸引一群人在她身边服事她。她谈到最多的,常常是在她的教会中有多少"受伤害"的人,教会都没有给予这些人足够的帮助。珍是一位热衷阅读基督教自助类书籍的人,她也总是将最新的出版物介绍给他人。她常常表示,基督信仰是唯一能从中找到真实帮助与医治的地方;但是在她自己身上,似乎找不着那些医治的果效。珍常常陷入沮丧当中；而且，她经常是带着眼泪离开教会的聚会。

珍说得没错，唯有基督才能够满足我们内心最深处的需要。但是，她把基督仅仅视为是一位心理医生，而不是她的救赎主。珍相信她最深刻的需要是来自于过去她被忽略、被拒绝的经验；所以，她看自己需要被医治，更甚于需要被救赎。实际上，她看不见自己是如何苛求、论断以及过分地专注于自我。

因为对自己的盲目，珍不知不觉把福音真正要解决的问题扭曲了，她替福音下了不同的定义。若我们没有了解真正的问题是出在道德上和与神的关系上，这样的结果就会造成我们仅仅愿意去敬拜与服事我们自己，以及这个世界上的被造之物，而不愿意敬拜与服事我们的造物主（参考《罗马书》一章）。但是，珍将我们的问题视为像是整本"需求没有得到满足"的目录一般。所以，不管何时，当你视他人亏待你的罪比你自己的罪来得更大时，你将比较倾向于将基督当作是你的心理医师，而不是你的拯救者。对于这些人而言，基督教不是追求一个敬虔的生活，而是追求心理医治。在这里，福音缩减成为只是医治情感上的需求而已。

社交主义

对于在基督的身体（团契）中所获得的人际关系，乔治非常感恩。这种人与人之间的关系，与他以前所有的经历都不一样。他的心中为这个基督的大家庭充满喜乐，所有与其他信徒交往的团契活动，他全都参加。乔治热爱他所属的查经聚会，这是由二十几岁的信徒所组成的；但其中最令他开心的是，每次聚会之后，一群年轻人出去休闲娱乐的时光。此外，他还喜欢参加退休会、露营，以及短宣活动。在他这一生中，第一次感到生命充满活力，并且觉得与他人有真实的连结。

乔治的问题，最初是因为他最要好的一位朋友因为工作的原因搬走了。紧接着，另一个好朋友结婚了。再接下来，他们的教会来了一位新牧师，他决定重组团契，单身事工不再是重点了。结果，当小组重新分配时，乔治觉得他好似被卡在一群年纪较长、已婚的人群中间；而且，乔治觉得他无法与他们有共通的语言。对他而言，教会已经不再一样了，所以他不再参加小组聚会；不久之后，他也减少参与主日崇拜的次数。按照他的话来说，去教会，好像去参加别人家的团聚一样。

乔治没有意识到，团契、接纳、尊重以及在基督身体中的地位，已经取代了他应该与基督深刻连结的倚赖。教会成为他属灵上的社交俱乐部；一旦这个俱乐部开始瓦解，他就失去了持续参与的动力。对乔治而言，团契友谊所带来的恩典，取代了真正给予他身份、目标以及盼望的基督。所以，福音缩减至一个只满足基督徒人际关系的网络。

为何这些替代物如此吸引人？

在《哥林多后书》十章 5 节里，使徒保罗称"那些拦阻人认识神的事"为"自高之事"。请记住，"自高之事"就是似是而非的谎言，这些谎言拥有足够的真理让人们相信它。那些吸引我们的谎言，在基督信仰的边缘上，通常看起来相当契合。在当今的教会中，现代主义与性问题也许不能构成基督信仰的威胁；对于我们来说，或许那些被我们巧妙地扭曲了的对福音认识上的谎言，才是比较危险的。我们并没有遗弃信心；但是，我们也许已经将它下了不同的定义；而我们所下的定义，在本质上就与圣经中所陈列的福音大不相同。

这些对信心的另类定义并非一朝一夕发生，甚至在教会公开的神学讨论当中，根本不会浮上台面。然而，这个被重新定义的福音是一个复杂、难以捉摸的过程；而这个过程，存在于教会实践层面上的团契、教会生活以及教会事工当中。因此，在基督里的盼望，被教会活动、属灵情感上的经历、教会团契，或是其他事物所取代；然而，这些替代物，却没有一个是故意要扭曲福音的真理，或是让人离弃对基督的信心。

上述这些主义各自都有非常吸引人的地方，究其原因，是因为每一个都代表了福音中一个重要的组成要素。福音的确呼召我去过一个圣洁的生活，并召集神的子民一同敬拜他。神必定会在一些特别的时间、运用特别的方式来让我们与他相遇。福音的确呼召我们要用良善的行为,去对世界产生积极正面的影响,热爱真理,并常在真理中默想。此外,神是安慰的神,在我们所有的悲伤当中与我们相遇。在基督身体的生活中,神也同样希望我们能够充满热情地积极参与。

当我们将福音只缩减到其中任何一个组成要素时,危险就会出现。谦卑承认我每一天都需要基督以及寻求他的恩典,是我基督信仰的动力。不管何时,当我将福音缩减到任何其中一项要素,把某一点过分夸大、代替了福音的全部内容时,我就失去了这个动力。因此,我们把追求神的方法,变成了最终的目的。举例来说,了解福音中真理的目的,是为了与基督建立更深厚的关系;但是,当神学上的知识成为最终的目的时,这个神学知识就取代了基督。

这些主义之所以这样吸引人,还有其他更深层的原因。每一个主义在某些方面,都能反映我们属灵上需要加以对付的问题。第一,这些主义引起了我们自以为义的共鸣。在我们之中,没有一个人会承认我们真的就如福音中所说的那样糟糕!我们宁愿认为,我们只需要稍微在神学的知识上调整,或是更加忠实地依照神的意思出席教会活动就可以了。但是从福音来看,没有任何系统或是活动可以提供我们所需要的。我们的罪是如此重大,以至于只有基督在十字架上所成就的工,才能拯救我们。

第二,这些主义也相当符合我们自私自利的胃口。身为罪人,我们喜欢成为宇宙的中心;所有人事物都应该首先满足我们的需要,由我们来掌握。但是，福音中说得非常清楚，唯有向自己死，才有可能真正活。而那些用自己的办法力求生存的人，其结局就是死。当福音被缩减至这些主义时，表示我挑选了其中最吸引我、最安慰我的那一项；因此，就算我广泛参与在基督信仰当中，我个人不需要有太多牺牲，仍然可以保有我自己不被挑战、仍居中心的地位。

第三，这些主义也与我们所抱持的环境主义相互共鸣。我们愿意相信，在我们身边周围的罪，比在我们里面的罪更加危险。这也是为什么对以下的情形来说，是相当难以理解的：丈夫不能将自己冷淡的态度，怪罪于太太；太太不能将自己的苦毒之心，责怪于丈夫；他们的孩子不能将自己悖逆的态度，归罪于父母的缺失。

当我们忘记我们的景况是如何窘迫时，原本对基督与恩典由衷的仰赖，开始被教会的活动所取代。福音应许我们，因为基督内住在我们心中，我们的内心与生命得以获得改变。但是，当我们对自己没有真正的认识时，我们会兴致勃勃地想要去改变外在世界，更甚于改变我们的内心与我们的生命。

这些主义也与我们的独立意识一拍即合。对于我们来说，要相信人本性中的罪，实际上是如何使我们成为软弱、盲目以及容易受攻击的想法，是一件相当困难的事。我们不愿意承认，我们每一天都需要神的智慧与指正。我们宁愿相信"我们可以自给自足、靠自己就可以完全做好"的谎言。我们可以辨认出他人的盲目以及愚昧；但是，我们喜欢认为我们是规则中的例外，属灵的规则在自己身上不适用。

的确,承认自己是那样软弱与贫穷,是很不舒服的一件事;但是事实上,软弱与贫穷就是我们属灵真实的光景。所以,那也是为什么"基督"才是我们唯一的答案。

对于圣经的知识以及参与教会的活动方面,一旦以不正确的眼光理解,就会扭曲"你究竟是谁"的看法。拥有神学知识并不等同于拥有基督徒的成熟身量和战胜罪恶的能力;在基督信仰中参与服事、活动或接受装备,并无法同时遮掩内心对罪的挣扎。

一旦到了某种程度,你忘记了自己是一个罪人,你将会在那个程度上,低估了你每日对基督和在他的身体(团契)中人际关系的需要;而这些需要,正是他用来改变我们的工具。

实话实说,我们都知道基督必须是我们的身份、意义、目的、希望以及目标。但是,我们里面那个自以为义的老我,就是不肯彻底死掉。我们想要成为我们世界的中心;而且,我们认为自己有足够的独立能力,不需要倚靠属灵的帮助。所以,我们倾向将福音缩小到让自己觉得舒服的要素;但是,在这些要素当中,没有任何一项能充分发挥隐藏在基督里的恩典所启示给我们的价值。

用什么填补福音的缺口?

从我信主到真正了解福音,经过了一段相当长的时间,长到连我自己都不敢相信。像许多基督徒一样,在早期,我就了解到我的罪已经被赦免(过去的恩典);而且我也将与基督同在于永恒当中(未来的恩典）；但是，我并没有意识到，现今我需要基督的工所带来的益处（现在的恩典）。我那些徒有形式主义的基督信仰，现今因存在于福音里的大能大力，就充满了生气。仅仅认识死亡之后，基督在来生的应许是不足够的，我们也需要明白在死亡之前他今生的应许；而这个认识之所以成为可能，是因为基督的恩典今日在我们心里做工的缘故。这就是本书要探讨的核心内容。此外，本书虽然因着基督的降生、受死及复活而欢庆，我们才能拥有赦罪的恩典，并且，它也帮助我们定睛在永恒的盼望之中；然而，此书最重要的焦点是着重于现今的恩典。

当我们在这个地球上生活时，神如何让我们改变以及成长？基督究竟已经赐给了我什么，好帮助我处理上星期二晚间我与妻子针锋相对的谈话？他的恩典如何影响一个在忧郁或恐惧中挣扎的人？基督究竟已经赐给了我什么，好帮助我对付工作或亲子教养上的压力？在他的预备当中，他已经成就了什么，好让我能挣脱对欲望、惧怕以及物质主义的挣扎？一个真实的悔改与改变，到底长什么样子呢？我们从来都不想做的事，为什么停不住手？为什么有些罪比起其他的罪更容易诱惑我们呢？

以上这些相当实用的问题，正是本书将要探讨的。我们的目标是：将基督恩典的福音，带进你生命中所有特定的层面当中。我们相信，你将会明白你做事的真实动机，并且清楚知道在你的生命中，哪里需要改变，以及究竟改变成什么模样。最后，你可以清楚看见神此时此刻在你生命中所做的工作;并且,你如何成为他工作的一部分。

但是,请让我对你有个提醒:在本书中,没有任何一件事情是崭新的;没有任何秘笈或任何神奇的公式。我们其实是相当兴奋的!因为我们所提供给你的东西,是你早已经知道,只是并没有完全明白或实践出来而已。我们的目标,是将那些老旧的福音故事带进你的内心和你的生活当中,正如当初我们经历过的那样——内心与生命的改变。每一日,在我们所声称我们坚信的那些神学以及我们挣扎的世界当中,存在一个很大的隔阂;而这本书的目的,就是要成为两者之间的桥梁,以弥补福音的缺口。

福音中的五个层面

在本书中,我们会从五个不同的层面探讨我们所信仰的福音。

罪的扩展性与严重性

曾经有这样一种说法,罪的教义是一个可以用经验证明的教义,所以我们倾向于轻看罪。我和太太卢埃拉刚结婚时,太太常指出我对她的爱中,有许多不足之处。她并不是要故意夸大我的错误,而是将她所看到的一个真实的我——我心中那些出于罪而根深柢固的错误心态——向我如实地指出来而已。虽然我知道她是真心爱我,也知道她的头脑没有问题,但我就是接受不了这个事实。我怎么可能像她说的那样糟糕呢? 现在当我回头看时,才知道自己当时是多么自以为义,我不得不低下头来。"自以为义"是你个人的辩护律师。在一个令人惊恐的自我辩护时刻,我竟向她说:"你知道吗? 在我们教会里,有百分之九十五的妇女都巴不得嫁给我这样的人呢!"(就谦卑而言,这句话究竟是什么意思呢?)这时候,卢埃拉就会笑容可掬地回应我,她属于剩下的百分之五!

我曾经是一位牧师。过去在教会中,我会定期辅导那些婚姻出问题的夫妻,帮助他们看到神的美意是将他们连合在一起,但是他们个人的罪却会阻碍神的合一之路。我很善于帮助他人看见以及承认他们的罪;但是,我并不愿意去相信,我的需要与他们的迫切程度并无不同。或许我的神学知识,还有牧养技巧,已经成了我眼前的屏障。但有一点我是非常确定的,那就是我已经忘了自己究竟是谁;而且,当卢埃拉给我如此糟糕的评价时,我觉得她冒犯了我!

我的例子,绝不是一个个案而已。在基督的教会中,随处都可以看到我们认罪的挣扎。我们接受全然堕落的教义;但是,当我们对付自己的罪时,我们则要穿起自以为义的长袍,并将自己高举到自我辩护的地位。

圣经向我们的自以为义发出明晰有力的挑战。《创世记》六章 5节中说的:"耶和华见人在地上罪恶很大,终日所思想的尽都是恶。"《罗马书》三章 10 节说:"没有义人,连一个也没有。"罪的果效,扭曲了每一个想法、动机、欲望、言语及行动。罪这个疾病,已经波及我们所有的人,而其后果是相当严重的。

为什么这个层面如此重要呢？因为在福音当中，唯有当你接受自己已经生病的坏消息时，福音的好消息才称得上是个好消息。福音的恩典、修复、和好、赦免、恩慈、耐心、大能、医治以及盼望，是为了赐给罪人的。唯有承认你已经生病了，并且认识到这个疾病是一个人生命的尽头，那么，以上这些才会对你有意义。

心之中枢

一般的基督徒在给罪下定义的时候，多数都是讲到行为的层面。例如，大部分基督徒的父母在教养子女上所设立的目标是什么呢？不是让他们的孩子行出对的事情吗？我们设立了社交关系上的、动机上的正确架构来约束与引导我们孩子的行为。诚然，这些架构并不是没有价值，但是当孩子们因着罪的缘故有叛逆的行为，而我们唯一的对策就是加给他们一套规矩，当他们长大离开家、家规的结构不复存在时，他们对罪会变得毫无抵抗力。

在行为争战之下的是另一个更根本、更重要的争战——心中对思想与动机的争战。

内心深处的你，才是那个真实的且更反映本质的你。在圣经中所有论及内在的人（包含意念、情感、灵魂、性情、意志等）都用了同一个字来归纳：心。心是指挥人行动的方向盘。我们的一举一动，皆由我们心中的欲望来塑造与掌控。

这也是为什么，圣经讲述得相当清楚，神所要的是我们的心。只有在神拥有你的心之后,他才真正拥有了你。虽然我们常常被这个破碎的世界影响,他人的罪也会伤害我们,但是,我们最大的问题是来自于我们心中的罪。这也是为什么福音的真谛是——神借着转变我们的心,来转变我们的生命。

心的改变,能够带来持久的变化。这是圣经中讲得最透彻的一个主题,但是,许多人却忽略了它的重要意涵。我们必须对《箴言》四章 23 节有一个更深的认识,"你要保守你心,胜过保守一切,因为一生的果效是由心发出。"

基督现今的益处

基督信仰的盼望并不是建立在一套救赎的理论系统上,然后在实践中应用这些理论就可以改变生命了。每一位基督徒的盼望单单在于那一位——救赎主耶稣基督。耶稣是每一项圣经原则背后的智慧,他也是我们能够把这些智慧活出来的力量。因为,基督今日住在我们的里面;为了我们的好处,他掌管一切(参考《以弗所书》二章 22~23 节);而且,也因为现今他已将一切仇敌服在他的脚下(参考《哥林多前书》十五章 25~28 节),所以我们才有勇气、有盼望过我们在地上每天的生活。

我们的盼望不在于头脑中拥有多少神学知识,也不在于我们在基督身体中的经历。虽然对神学知识与基督身体中的经历,我们抱以感恩的态度;但我们真正的盼望,就是耶稣基督。此时此地,我们在他里面找到一切过敬虔生活的所需。使徒保罗在《加拉太书》二章20节描述得最精辟："我已经与基督同钉十字架，现在活着的不再是我，乃是基督在我里面活着；并且我如今在肉身活着，是因信神的儿子而活；他是爱我，为我舍己。"

神对成长与改变的呼召

登岸是一件相对容易的事！我们已经被神的家所接纳，而且，有一天我们将与他同在永恒里。但是，中间的那段路该怎么走呢？从我们相信耶稣的那一刻，直到我们归回天家，与他同在，神对我们的呼召就是成长与改变。过去借着他的恩典，我们已经改变了；现今，这个恩典正在改变我们；将来，恩典也将持续改变我们。

这个改变的目标是什么？更好的婚姻吗？调教良好的孩子吗？成功的事业吗？从一些令人厌烦的罪中得释放吗？不是的，改变的目标比这一切还要大得多！神的目标是，我们确实可以成为他的样式。他不仅是要我们从地狱的永火中逃脱（的确，从赞美神，以及借着基督，你可以逃离地狱之火），他的目标是让我们从罪的奴役、自我中心的辖制，以及盲目的偶像崇拜中释放出来，好让我们可以活出他的品格与性情！

使徒彼得对"改变"做了以下的总结："因此，他已将又宝贵又极大的应许赐给我们，叫我们既脱离世上从情欲来的败坏，就得与神的性情有份。"（《彼得后书》一章4节）

悔改与信心的生活方式

因着他的恩典，神已经祝福了你；他的同在，成了你最好的礼物；他的大能，加添你的力量，并且他以永恒不变的爱来爱你。因为我们是属于他的；所以，我们应为他的计划和安排而活。如果改变是他计划中的一部分，那么，我们就要过一个持守信心和不断悔改的生活，这也是神对我们的呼召。

在麦可·乔登的事业生涯接近尾声的时候，有人问他这样一个问题。为什么一直以来，即使是他早已被称为"最棒的篮球选手"，他还总是在赛前提前到场练习，甚至比替补球员还来得早？他回答说：其实他射篮得分的机率，只是刚刚超过百分之五十。那就表示，在他的篮球事业当中，他的失败与成功只是相当而已。所以，他对自己的承诺是，只要还有进步的空间，就要不断练习。

对于基督徒来说，总是会有新的罪需要被对付，新的仇敌需要被歼灭。基督徒的生命是让神改变的工作成为我们生活的典范，当我们珍惜、庆祝神的恩典时，这样的改变就成为可能。"因为神救众人的恩典已经显明出来，教训我们除去不敬虔的心和世俗的情欲，在今世自守、公义、敬虔度日，等候所盼望的福，并等候至大的神和我们救主耶稣基督的荣耀显现。"（《提多书》二章 11～13 节）

一场庆典

这本书不仅仅是一本对基督徒生活的诠释，更是对我们的主每日丰富预备的恩典的一场庆典。我们诚挚邀请你来与我们一同庆贺：他的恩典不仅仅赦免我们的罪；从我们内心最深与最黑暗的角落，到我们最细微的动作，以及每一个看似不重要的言词当中，他的恩典都能够将我们改变。

无论你目前在生活中有着什么样的挣扎，也不管你看自己的人生是成功或是失败；你也许是一个刚刚信主的基督徒，也许是信主多年的老基督徒；无论你是男是女，只要你是基督的孩子，就有盼望为你存留！这个盼望不是建立在你的地位或你的知识上，你的盼望就是主耶稣基督！他住在你的里面；也正因为如此，你可以为你每一天崭新的日子欢庆。如今活在你里面的已经不再是你，而是基督在你里面活着！我们欢迎你进入一个庆贺恩典的生活方式；而这样的生活方式，正是神所定意安排的。

第 **2** 章

虚假的盼望

再也没有一件事情会比需要改变来得更加明确；但是，究竟需要改变什么以及改变是如何发生的，却不是人人都很清楚。

在第一章中，我们看见福音在教会文化中的缺口。在本章中，我们将要更进一步探讨，教会之外更广泛的文化影响如何诱导基督徒在圣经的范畴之外，寻求替代的路径来改变人心。

每日生活中的严峻考验

克雷格是一个三十多岁的单身汉。罹患忧郁症的他，每天都要面对自己情绪上的高低起伏。在他十岁的时候，父亲遗弃了家人，克雷格是由母亲及外祖父母抚养长大。在他孩童时期，曾经搬过四、五次家，所以，克雷格总是觉得自己是街上新搬来的孩子。到了二十几岁时，他遇见了茉莉。平生第一次，觉得有一个人真正关心他，他觉得自己的人生终于完整了。但是两年之后，他与茉莉的关系破裂了。接下来整整六年，他一直祷告，希望茉莉会回到他的身边。

克雷格从小就在教会中学习圣经的教导。虽然他自认为是一个基督徒，但是经历了生活中的低谷和感情上的波折之后，他觉得这些来自圣经的话语,还有所谓"基督教"的劝勉都是老生常谈,甚至有些令人反感。人们无外乎是说:"不要只想着你自己,多想想其他人吧!""为什么你不多读一些圣经,多去教会呢?""神掌权。"人们给他的这些回应,对克雷格来说,一点帮助都没有,反而增添了他心中的苦毒,使他更加忧郁。

克雷格希望能得到帮助,因为他痛恨成为没有用的人。克雷格用"莫非定律"的眼光来看待自己的人生:如果有什么事情会出差错,到我这里大概真的会发生;如果有什么事情能做好,到我这里通常没那么幸运。所以,如果他的卡车抛锚或是牙痛,克雷格就会累积这些日常生活中难免的困难,将它们变成一堆自怜、苦毒和沮丧。对克雷格来说,这些困难似乎是明显的证据,证明他的生命是一个笑话;而那位疏离的神,只是与他玩玩游戏而已。

克雷格知道有些事情必须改变。但是,究竟要改变什么呢?以及应当如何改变呢?

欣蒂与约翰已经结婚二十年了。他们原本只有五个孩子,但又意外生下第六个孩子。在过去十年中,他们将全部精力都放在事业与家庭当中。约翰帮忙洗衣服、换尿片、做家事,他甚至还会半夜起床帮忙欣蒂照料刚出生的婴儿!

约翰与欣蒂很少起争执。从外表上看,他们的婚姻平静无波;但是,在更深一层的关系里,他们的婚姻正在瓦解当中。约翰觉得欣蒂并不感激他为家庭的付出，或是不够尊重他为人丈夫的角色。而欣蒂则觉得丈夫在家里凡事自作主张，所有重大的决定从来都不和她商量，似乎她的意见根本就不值得尊重，所以她总是在事情过后才知道真相。最近，约翰给他们正值青春期的儿子买了一辆车，而欣蒂直到父子俩将新车开上自家停车位时才知道这件事。由来已久的不满，再经由买车这件事，让欣蒂将他们婚姻当中所有蛰伏的苦毒，火上浇油一般爆发出来。

约翰与欣蒂这样相处的模式，已经存在好长一段时间，约翰甚至认为他们的婚姻就要走到尽头了。虽然约翰与欣蒂都声称自己是基督徒，每周规律地上教会，在家中一起祷告，但是，他们所粉饰的外表，似乎越来越难以维系了。任何时刻，这个外表似乎都会七零八落地瓦解。

约翰及欣蒂都知道，有些事情必须被改变。但是，一旦谈及有什么事情需要被改变以及如何改变时，他们却都卡在那里，不知如何是好。

这些事就发生在我们身边

克雷格、约翰、欣蒂的故事，相信都正发生在我们的周围。我们都能理解他们的困惑，也理解他们是如何轻易受到罪的欺骗。假以时日，罪就偷偷爬到我们身上。我们就像寓言故事中在锅里被烹煮的那只青蛙；当水温渐渐升高时，青蛙本能地调整它的体温，浑然不知危险临近,直到自己被煮熟为止!

克雷格并不是在某一日清晨醒来时,才觉得他的生活实在令人难以承受;这样的感觉是一段日积月累的过程,只是他不明白是怎样发生的。在过去,约翰与欣蒂并不认为他们的婚姻其实正在迈向死亡。在每一个环节上,他们调整自己、找出各样的借口,好让这个家维持表面上应有的功能;但到了节骨眼时,他们的问题便浮上了台面,多年积累的挫折感像火山一样喷发出来。保持缄默以及尽力回避再也无法使情况改善。实际上,绕过问题的解决方式,只是让整个情形更加恶化而已。到现在,问题已经大到无法再用"忽视"来解决了。

克雷格、约翰、欣蒂都需要帮助。他们必须看见自己的真正问题,找出切实有效的解决办法。

错误的盼望

所有的人都在奴役与自由之间左右摇摆。圣经提醒我们要警惕罪的欺瞒与捆绑。在基督里所赐给我们的许多应许,自由是其中一项。但是,我们所身处的文化中,却另有一套对自由的应许和警告;提供各样关于改变的理论,貌似有效却错误百出的解决方式。这些替代真理的理论,看起来似乎相当吸引人。它们向我们保证,跟随那套歪理,就可以避免紊乱,自由自在,继续追求我们为自己定下的目标,原封不动地捍卫自己的尊严与骄傲而不受损害。

基督徒一直都面临着上述问题的搅扰。我们不得不从各样对改变的错误应许以及另类理论中仔细筛选。这样的情形也出现在第一世纪，请看使徒保罗是怎样告诫信徒的：

> 你们既然接受了主基督耶稣，就当遵他而行，在他里面生根建造，信心坚固，正如你们所领的教训，感谢的心也更增长了。你们要谨慎，恐怕有人用他的理学和虚空的妄言，不照着基督，乃照人间的遗传和世上的小学就把你们掳去。
>
> （《歌罗西书》二章 6～8 节）

不要轻易受骗

使徒保罗在这里所考虑的是，我们不能容让自己"被理学和空虚的妄言掳去"。希腊文在翻译"被掳去"时，实际上比较接近"被诱骗"或"被绑架"的意思。保罗强调的是，在出乎意料的情形下，我们容易被虚妄所诱骗。所以，他力促我们要睁大眼睛，注意观察文化潮流对信仰造成的影响；当我们一不注意时，这些影响力就会催促我们与它站在同一阵线。请不要被愚弄了；也请不要认为，保罗的建议只是针对重大决定或是主要的教义。保罗的提醒，其实适用于我们生命中每一个决定争战之获胜或是失败的微小时刻里。

我自己也有过这样的经历。有一天下午，我和太太在外面忙着整理庭院。当时有几个孩子在院子里玩，偶尔帮点忙。对身为父亲的我来说，看到这样的情景，心里很受鼓舞。但是，突然我想到，我还有一个孩子怎么没有出现？她跑到哪里去了呢？原来，她正在电脑前忙着和朋友网上聊天呢。当我开始统计在过去这几天里，她所花在电脑前的时间时，心头的火就开始燃烧起来。心想："为什么她没有与其他家人一起帮忙做事呢？她花在电脑前的时间太多，负责的家事太少。"想到这里，我就更加火大了。

讽刺的是，就在那个礼拜，我正在为一篇有关谦卑与忍耐的讲道来祷告与预备。但是，就在自家后院当中，我却迅速地被"我的愤怒是理所当然"的想法所俘掳，丝毫没有觉得自己里面有任何错误，明明都是女儿的错嘛！在那样的节骨眼上，我对着太太发泄心中对女儿的不满。值得庆幸的是，太太马上挑战我在谦卑与忍耐上不够纯全。但是，即使在那个时候，我还是为自己的急躁情绪寻找辩解的理由，并且责备太太没有好好管教孩子。你相信吗？我当时正在默想有关如何爱不可爱的人的经节，而这一切却发生在这短短几分钟里！

神给了我一个机会操练我讲道的内容，但是，我却选择了相反的方向。我本来可以经历我在态度与行为上的改变，但是，我却把目光转向了四周的环境。我顺水推舟地将改变的责任，从我的身上推卸到女儿的身上。我原封不动地坚持着自己的想法，不愿被改变；在我的内心，却以有罪的方式来对待我的女儿。从自私的角度来说，问题是出在女儿身上；所以解决途径就是去改变她。我将自己带着罪性的怒气合理化了，并用父亲规范孩子以及这是我的责任的名义，来为自己的罪过找借口。这件事本来是教育女儿做出善用时间的选择的最佳时机，而我却选错了切入点，只针对她的行为，而不去检讨自己的态度与情绪。

借着空洞和似是而非的哲学

我们是怎样就被轻而易举地掳获了呢？使徒保罗告诉我们，我们是被空洞、似是而非的诊断与解决方式所掳获；而这些诊断及解决方式，将它们自己假扮成比基督还优越的样子。在我们的文化里，对于改变而言，充斥着乔装成合乎圣经智慧的哲理和虚空的妄言。之所以如此是因为，在这些哲理和虚空的妄言当中，假借了一些貌似圣经真理的观点。但是，这些思潮和哲理都是空洞的，因为它们遗漏了圣经智慧的核心；而这个核心内容，就是基督。在许多方面，它们允许人独立于基督之外而活着，并且规避了唯有基督才能带来的内心深处的转化与蜕变。

那么，在我们当今的文化中，这些虚妄的替代物是什么呢？有什么事物将自己乔装改扮，替换了以基督为中心的改变呢？这些哲学思潮不是建立在基督的真理之上，而是以人类的传统观念为基础，遵循时尚潮流的原则。一些善意的协助者，也许会把这些虚妄的替代物提供给克雷格、约翰、欣蒂（以及你和我）。但是，事实上，它们却让我们远离了基督，得不到在基督里所赐下的益处。接下来，让我们看看几个经常看到的观点。

是什么需要被改变？

我的环境？

改变外在环境是最流行、也是最简单的一个途径。"我需要更多的钱。""如果能够改变外表，我的生活将会更好一些。""如果结了婚，我的生命会成为赞美的诗歌。""如果能够脱离这个婚姻，找到真正懂得欣赏我的人生伴侣，那我就不会如此沮丧了。""假如孩子能够给我当得的尊重，我对他们的态度当然会好很多。"这后一句话正好描写出了在我女儿身上，我之所以会被掳获的想法。从表面来看，着重于她的错误、她需要被改变的地方，似乎是相当正确的。使用这种手法的关键，就是找到可以指责的对象；其目标就是企图借着改变周围的环境，来改变我的生命。

始祖亚当在伊甸园犯罪之后，他是第一个使用这种手法的人。亚当指责夏娃（还有神）的错，来掩盖自己应当承担的罪。"那是你所赐给我的女人做的。"言外之意，那是别人的错；倘若找不到其他人可指责，那就是其他事物的错。例如："我工作一天，太累了，所以才对你唠唠叨叨。""因为财务上的短缺，才会在报税上动了手脚。"所以，每当遇到难处时，指责别人便成为我们眼前最大的诱惑。

这样的改变途径不仅是一种欺骗，也是虚妄的。它不仅遗漏掉我对基督救赎之恩的需要，也把我应当被责备的罪，遗漏在神恩典之门的阶梯前！我们责怪神，将充满问题的人或环境摆放在自己的生命里；我们质疑神的智慧、良善及品格。很明显，带着这样一个改变途径，我们不仅不会寻求神的恩典，也无法接受他的恩典。

我的行为？

有时候，我们确实愿意承认，改变的需要必须从自己家里着手。"我真该对妻子有更多耐心，对她多点体贴。""我不应该再溺爱孩子了，应该省下钱奉献给教会。""我应该减少上网，多花些时间去向邻居传福音。""我不应该让他人对我的意见，搞得我如此疯狂！"

毫无疑问，所有这些声明都是非常诚恳的。你的行为的确需要改变！但是问题在于，这个途径只是对付外在的行为而已；至于你为何如此继续行事，并没有找寻内在的原因。除此之外，人们只是希望以好行为来取代坏行为。他相信他所需要的只是一些技巧而已；他并不想去检视那些既费时又令人感到痛苦的动机。走在人生的旅程中，他只想运用一些技巧，好帮助自己安然度过，日子能过得更顺遂而已。

在约翰与欣蒂的案例当中，这样的途径也许可以引导他们学习到更好的沟通技巧，例如：在发生冲突时，列出当做与不当做的清单、拟定满足对方需要的策略等。在基督教版本的看法当中，这种治标不治本的手法也许还会包含几句圣经经文，指导他们以崭新的方式来装腔作势、模拟一番。

以上的论述，到底错在哪里？难道约翰与欣蒂不需要学习新的技巧,来帮助他们的婚姻生活过得更好吗? 更何况,圣经中关于"忍耐"、"用爱心说诚实话"、"仔细聆听"、"说话要适时且得体,能够造就人"这样的原则和命令不也随处可见吗? 但是,行为方式上的改变是虚妄的;因为它忽略了对基督的需要,忽略了他的大能是改变人心在先,而改变的行为是随之而来的。此外,即使是基督教版本的行为改变途径,亦是将圣经中的诫命单独抽离出来,从而悖离了以基督为核心与福音的真谛。

圣经中所有关于改变行为的经文,都建立在一个基础之上——靠着圣灵的大能,神恩典的工作来改变我们的心。神的话语和圣灵一起作工,好让我们能看见基督存在于他所有的大能与恩典当中。因此任何时刻,在我们所崇拜及珍爱的各样事物上,这项善工会引导我们的心来做改变。这一种在内心中彻底的改变,会重新引导我走向垂直的关系——与神建立个人关系;亦会帮助我看见那些在我心中已经取代神的替代物,为此,我便悔改了。不仅如此,这样一个垂直的改变,引导出个人与个人之间,在水平关系上崭新的行为模式。总而言之,任何一种途径,如果只是着重于外表行为的改变,永远是不足够的。符合圣经教导的改变,其内涵要深广得多!

我的想法?

相信你已经看到电视广告了。他们会针对一个社会弊病,例如:种族歧视、因性交传染的疾病,在广告的最后,以一则强而有力的信

息作为结束——教育可以改变人。若以这样的途径来做改变,你的
思维就需要作出调整,以至于在你的环境当中,你的行为才会反映出
你适当的想法。举例来说:也许有人会要求克雷格去思考,在他的
生命中,让他觉得沮丧的那些未达到的目标究竟是什么。因此,人们
会建议他重新调整对自己的期望,这样,当那些目标没有达成时,他
就不会这么抑郁。

　　这是一个比较接近圣经真理、寻求改变的方法;但是,这样仍是
不够完全。在生命里,我们的期盼、欲望的确会在我们所决定的行动
与反应中,扮演一个相当重要的角色。此外,圣经也确实呼召我们要
在思想意念的层面更新、改变。但是,这样的途径再一次忽略了基督
是我们的救赎主,以及他所成就的工。除此之外,我们与基督的关
系,亦被简化到"效法耶稣是怎么想的"、"效法耶稣是如何做的"而
已。所以,倘若你有容易发怒的问题需要对付,你会被告知的就是去
熟记一些特定经文,好让你在生气的时刻可以背诵它们;如果你挣扎
在恐惧当中,你也应该多去阅读那些诸如"当我惧怕时,我当仰赖耶
和华"这样的经文。

　　这种只注重以思想来解决我们的问题的方法,并不能使我们认
清:这位道成肉身的耶稣,不仅让我们对于生命的看法有所改变,他
也能全然改变我们。我们不仅仅是一位思考的人,我们还是一位敬
拜的人——我们会追求与进入那些我们自认为会带给我们生命之人
或事物的关系里。所以,耶稣以人子的样式降临在我们中间的事实,

不仅是一个脑海中认知上的观念，好让我们可以将这样的观念穿插、点缀在我们的生命当中；耶稣降临，不只是为了改变我们的内心，他也要转变我们的全人。

我对自我的概念?

"相信你自己!""你是一位很棒且才华洋溢的人，勇敢活出自己吧!""只要全力以赴，没有你做不成的事情。""对自己不必这么苛求。"这些转变的途径，是从自己本身的力量来寻求改变。因为它触及我们心中最深处的感觉，所以这种寻求改变的方法，看起来似乎是比较深刻的；这样的"感受"，实在让人觉得比较真实。

这种看法首先认定人的里面是有良善的，并且我们里面有一种不断肯定这种良善的需要。这种观点告诉我们，当我们越多肯定自己，我们就越能爱我们自己以及关爱周围其他的人。对改变的理论而言，这个观点的最大诫命常常像圣经一般被引述："如果你无法先爱自己，你就不可能爱神及其他人。"这种论调听起来似乎相当合乎圣经! 不是吗? 但是，它对人心的假设，与圣经对人心的描述是不同的。在这个理论中，最重要的假设是：我们的心是空洞的，这颗空洞的心需要被填满。但是，圣经并没有说我们的心是空洞的，圣经说，我们的心好像一口大锅，除了对真理及永生神兴趣缺乏之外，对其他任何事物的欲望都能将我们的心填得满满的。这样的一个途径是说，如果我们觉得空虚，那是因为我们所追求的事物，无法满足那些原本只有神在我们心中才能填满的空间。但是,我们的心并不是空洞的,我们是与神对抗的仇敌!所以,这样的想法是非常具有欺骗性的,因为它看起来似乎抓住了我们内心的感觉,但事实上又把真正的我们描绘得太过于消极与无辜。这与真实人心的诡诈相去甚远。根据《罗马书》一章 21 至 25 节的描述,我们生性是背离神的,是神的仇敌;宁愿用创造物而不是造物主来填满我们自己。所以,这样的看法过分肯定了人的本性,把人美化了。

圣经中的改变途径向我们发出呼召:要摒弃那些我们曾经苦苦追求,用来填满心中"空洞"的那些事物。在我们以神的恩典充满我们之前,我们必须先在心中诚实、认真地悔改;我们必须放弃与粉碎在我们生命中那些取代真神的替代物。简而言之,悔改就是洁净心灵的一种方式。《雅各书》四章 1 节说,我们之所以与他人争战、斗殴,并不是因为我们的内心是空洞的,而是因为我们的百体中充满着战斗的私欲。当我们深切悔改时,伴随而来的是圣经的呼召;它呼召我们将信心建立于永活基督的安息与饱足里。借着圣灵,他将自己充满了我们;因此,借着信心,我们的心就被完全更新了。

罪恶感及自我厌恶会拦阻心意的更新与改变,这是与圣经教导相符的。那些肤浅文章中"我们需要很多肯定"这类言词,看起来似乎是相当可靠的:如果我能够应付这些被压抑下来的罪恶感以及增强我的自尊心,那么我将活得更自由,可以更有效地去爱别人。但是,这样的途径是空泛的,因为对于充满罪恶感以及自我厌恶的人,这样的教导并没有为他们带来好消息。除了没有将我们的自卑感、羞愧感以及自身的罪、我们是与神对抗的仇敌联系起来之外,这样的一个看见,不仅不重视我们的罪,而且它还遗漏了一个绝佳的机会——呼召我们珍视基督为了我们的好处所成就的工作;因此,它也阻挡了人通往十字架上真实的赦免、喜乐以及平安的路径。另外类似的情形是,因为他人的罪(例如:性侵),一个女子心中背负了不正确的罪疚感和羞耻感;这是他人犯罪给她造成的伤害带来的不正确的罪疚感,远远不是肯定或提升自我尊严的言词就能解决的。她需要看见的是,十字架向她澄清,她只需要对自己的罪负责,而不需要对他人曾经如此深深伤害过她的罪负责。借由神赐予她在基督里的身份,而不是借由她所经历的罪恶之事,神对罪的看法就能将她的羞耻感及自我厌恶根除。

十字架提醒我们,虽然我们是按照神的形象被造的,但是我们心中却深藏着爱我们自己高过爱任何事物的罪,这样的罪会将我们破坏、扭曲。所以,就是要深爱自己的这种想法,才制造了这么多的罪恶感及羞耻感。在内心深处,我们知道自己有许多的不足。我们感到很卑微,那是因为,事实上我们的确很渺小。但是,错误的教导让我们刻意排斥那些渺小、卑微的想法,鼓励我们肯定自己的伟大。这样的方法也许在短时间内有效,但是极少能够持续永久。因为一旦有些事情使我们觉得自己渺小了,我们的自卑又将我们带回到了原点。然而,与此相反,十字架上的基督向我们展现出神是如何充满荣耀、恩慈与饶恕；以及在基督里，他对我的爱是何等长阔高深。所以，唯有认清自我的罪恶及明白神的荣耀，才能根除羞耻感与自我厌恶。这样的能力不是从我里面，而是从我自身之外发掘出来的；所以神呼召我要来高举神，不是来高举我自己。

只需要更加信赖耶稣？

没错！但是，在寻求改变的过程中，我需要信靠的这位主耶稣到底是一个什么样的人呢？在前面提到的某些途径当中，耶稣是一位治疗师，他可以满足我心里的一切需要。假如提高自尊是一个不仅虚浮而且非常带有欺骗性的方法，那么这个"只要多信靠耶稣"的手段就更加糟糕了，因为它只将基督套入解决问题的方程式而已。但是，基督究竟是我的治疗师，还是我的救赎主呢？如果他是我的治疗师，那么这就成了由我来决定我心里的需要是什么，他的工作就是来满足我的需要。但是，如果他是我的救赎主，那么要由他来告诉我，我真正需要的是什么；而且，他将要使用的方法，比我自己所预期的要荣耀得多。

如果耶稣是我的治疗师，他是降临到这个世间，专程来肯定我的那一位。我们不再试图去爱自己了，取而代之的是思想耶稣是多么爱我们。这样的途径是相当带有欺骗性的；因为它把握了在福音里相当强而有力的一个层面：在基督里，天父的确是将他的爱像春雨一般浇灌在我们的生命里！每一个读圣经的人都明白这一点；但是，这样的一个途径,以诡诈的方式将耶稣转化成为符合我所需要以及填满我心里空洞的那一位。很自然的,对耶稣的看法,是由我来下定义。这个方法将神的爱转变成只有为我来服事的工具。当神对我们的爱被单方面扩大时,我们因悖逆神及得罪神而生的悔改便被缩小或是忽略了。总而言之,在我们的生命中,我们是把主耶稣来到世上的目的,简化成让我们心里感觉很好而已。

然而,来自神圣洁的爱完全不是这样的。不错,神在他圣洁的爱中,赐下宝贵的赦罪之恩、耶稣的宝血洗净了我们的罪、除去了因过去所犯的罪而背负的罪疚感。同时,神也呼召我们承认,我们曾经离弃了他的爱,转而去追求与神相较之下那些黯然失色的事物。路易斯(C. S. Lewis)对神之爱的描述,与我们所了解的那种肤浅、以自我为中心的爱是相当不同的:

……原来我们竟然是神倾注爱的对象,这是一个令人敬畏又令人震惊的事实。过去你多么盼望、祈求一位充满爱的神,现在你已经拥有了;过去你轻声祈求的圣灵、主大而可畏的荣美,现在就在你的眼前。他不像耄耋之年的老者,昏昏欲睡地祝福你心想事成;也不像一个面无表情的良心审判官,偶尔丢给你一些冷冰冰的施舍。他与世上摆席宴客的主人不同,宴客的主人觉得让客人欢喜快乐是自己的责任。他与这一切都不同,他是"烈火"的神。他的爱创造了这个世界。他执著的爱,像艺术家对待自己所创作的艺术作品一般;亦像一个人,对他的爱犬那样近乎独断的爱一般。他的爱,充满着远见与崇高,就像父亲对他孩子的爱一样。而他的专注、嫉妒、火爆、排他,又好似两性之间的男欢女爱……这种爱,确实是一种荣耀的负担,不仅超过我们所应得的;此外,除了一些为数不多的瞬间恩典之外,这种爱,亦超过我们的所求所想。[1]

神对罪人那种圣洁的爱,是将罪人降卑的同时,亦将罪人升高。这种爱向罪人呼召,催促罪人来到圣洁的神面前,承认自己的自我中心;同时又把人从虚假的爱的牢笼中释放出来,将人洁净。

前面所提到的克雷格、约翰和欣蒂,他们所需要的远远不止是让我觉得好一点这样的感觉。的确,他们需要看见在基督里,神所赐给他们的爱是如此浩大;此外,他们也需要看见在他们的生命中,有多少他们沉迷其中的东西,已经替代了神的爱。

耶稣绝不是一台自动贩卖机,专门出售给我们"想要让自己觉得很好"的事物。他是全然圣洁的那一位,降临到世上来洗净我们、充满我们,以及改变我们。他在我们的生命中要做的工作,不会因为我们是否高兴而改变;他也不会来服事我们那些刚愎任性的需要。他对我们的爱太深切了,以至于他并不只是要让我们觉得快乐而已;他来,是要让我们成为圣洁。因此,在许多时候,他不会给予我们自认为我们所需要的事物;相反,他会赐予我们那些他深深知道对我们有益处的事物。

真实的盼望

在《歌罗西书》二章9至15节中,使徒保罗继续说:在基督里,我们得了一切的丰盛(9~10节);我们与他一同复活(11~12节);我们被释放(13~15节)。这些真理,将一切都改变了;其中,亦包括了我们对付罪的方式。

因为神本性一切的丰盛,都有形有体地居住在基督里面,你们在他里面也得了丰盛。他是各样执政掌权者的元首。你们在他里面,也受了不是人手所行的割礼,乃是基督使你们脱去肉体情欲的割礼。你们既受洗与他一同埋葬,也就在此与他一同复活,都因信那叫他从死里复活神的功用。你们从前在过犯和未受割礼的肉体中死了,神赦免了你们一切过犯,便叫你们与基督一同活过来;又涂抹了在律例上所写攻击我们有碍于我们的字据,把他撤去,钉在十字架上。既将一切执政的掌权的掳来,明显给众人看,就仗着十字架夸胜。

(《歌罗西书》二章9~15节)

在基督里的丰盛

一切有关神的丰盛与奥秘,皆在基督的身上彰显出来;而且,当一个人成为基督徒之后,这些丰盛也内住在他里面。我们不需要其他任何事物来填满自己,因为我们拥有基督。当你思考神浩瀚的荣耀、伟大、慈悲及圣洁时,那是相当令人震惊的。请注意,保罗在此描述的,才是真实的你。这才是你真实的身份和地位。你是神的殿;借着圣灵,神已经选择住在你的里面。你是属于他的,他也是属于你的!在《彼得后书》一章 4 节中,使徒彼得对圣徒这样说:"*既脱离世上从情欲来的败坏,就得与神的性情有份。*"不是说我们就成为神;但是,从我们相信基督的那一刻开始,神圣的那一位就已经居住在我们里面。有他与我们同住,我们已经拥有了想过敬虔、圣洁生活所需要的一切力量。所以,我们不需要被充满欺骗、空洞的改变的应许所诱惑,以至于让自己背离了基督。因为这些错误的应许终将被证实,它们只是制造捆绑与奴役我们的形式,把我们俘虏在自我中心及自我满足当中。那些承诺打着保护我们的旗号,使我们不肯放手,不肯把主权交给神;最终,我们就被牢牢捆绑在自己营造的小世界当中。

在基督以外的事物中寻找满足,总是比较诱惑人的。通常,我总是选择平静与舒适,甚过于基督。当这种情形发生时,很有可能,我会有截然相反的两种表现,但是两种最终都是走向罪的方向。假如我正在追寻我认为可以让我活得舒适的东西,可是你却挡在中间,成了我的障碍，我可能会对你痛加斥责，并且避免让你拿走那些我认为我需要的东西。但是，另一种情形是，我也许会装出敬虔的行为，好获得同样的果效。我也许会选择对你和颜悦色，以期从你那里榨取一些对我有益的事物出来。

有好几次我和太太吵架，但是我又知道即将会有球赛转播。看电视直播的棒球比赛，对于我来说，既能放松心情，又是一件很享受的事情。因为我想要拥有那样的体验，所以我可能会向太太认错，甚至求她原谅我得罪她的其他地方。从表面上看来，我的表现也许看起来像是相当敬虔的；但是，在我内心里，我只是假装敬虔，好获得我所想要的。倘若我是真的凭着诚实的良知，明白我在基督里已经得着了丰盛的事实，不管我有没有观赏到球赛，我都会向太太认错，请求原谅。决定我寻求饶恕的行动是否真诚的最好方式，就是当我看比赛的时候又被打扰了，如果那个时候我变得烦躁，又想对太太发火，那么很明显，我之前忏悔、求饶的好行为，只不过是一种别有用心的方式，用以操控我的太太，好得到我所想要的东西而已。

使徒保罗说，在基督里，我们已经得着了丰盛。如果我以这个真理为我行为的准则，那么没有任何事情能将已经属于我的掏空。所以，无论是否可以好好看球赛，我都可以与我的妻子、家人和平共处。这个简单的比方，也许不是那么令人印象深刻；但是，如果基督所带来的祝福，没办法在这种小事上改变我们，那在更艰巨的时刻中，我们能够改变的机会将是非常渺茫。基督的恩典，必须在每日生活的细节当中实践出来。

新纪录与新能力

基督的丰盛,赐给我们两件事,一个是洗净我们的罪,另一个是将我们提升到新生命的境界！保罗在这里强调说,罪得赦免将我们从邪恶的势力下释放出来。在圣经中,我们罪得赦免的崭新纪录,与拥有崭新的能力以至于能提升到新生命的境界从未分隔开来;所以,在我们的生活中,我们也需要将它们紧紧联系。

信徒的洗礼,是这两者结合最好的象征。第一,我们已经被洁净了。因为耶稣已经为我们所成就的工,罪已经被洗净;因此,我们得以重新站立在神的面前,重新被神所接纳。

第二,洗礼也强调出信徒与神的家连合在一起。受洗,促使我们进入信心的团契之中;在这个团契里,因耶稣被钉死而赐下的一切好处,都属于我们的了。我们本应受到死的刑罚,但是耶稣代替我们死了,他承受了原本应该属于我们的刑罚与责难。因此,他的复活也就是我们的复活。神之所以可以对我们满意,是因为他对自己的儿子耶稣基督是极其满意的。他赐下圣灵给我们,将我们提升到一个崭新的生命！

那么这究竟代表什么呢？它表示我们拥有了崭新的纪录,过去罪咎的纪录已经全部被抹去。耶稣为着洗净我们的罪所付的赎价、他公义的生命,都已经属于我们的了。此外,我们也拥有了崭新的能力；将耶稣从死里高举的圣灵，现在正住在我们里面，带给我们崭新的生命及能力，好让我们能以基督的样式成长与转变。

因此，我要再强调一遍，圣经并没有将我们崭新的纪录与能力分开过；一旦缺少了其中一样，就不是真正丰盛的生命了。假如你的生命仅仅是翻开了新的一页，却没有新的能力去活出基督徒的生活，那么这个生命是既肤浅又软弱的，走不了几步就会跌倒了。此外，如果你只是被赐与了崭新的能力，但是过去带着罪的人生历史却没有被洗净、缺乏崭新的纪录，你也许可能会改变，但是你仍将被神定罪，因为你过往的纪录仍没有被涂抹掉。

然而，在基督里，你两者兼得。你被更新、被赦免；而且，在神的眼里，他待你的方式，好像你完全遵守了律法一般。在你成圣的过程中，圣灵赐予你能力成长与改变。此外，神应许你，有一天你将会成为完全，并且永远与神同住。难怪使徒保罗这样形容我们的生命：你的生命太丰盛了，以至于神所赐予的不断从你的生命中淌流出来！你一无所缺。你不需要"基督＋其他事物"；有他就足够了。他是如何完全，我们也是同样的完全。

在基督里的自由

使徒保罗将我们在基督里丰盛的事实，做了更深一步的应用。借着我们所领受的新生命、新能力，罪在我们身上再也没有权势了，我们不再是罪的奴仆，律法不再能定我们的罪了。对这个世界来说，我们已经死了。恶者撒但用这个世上能够取代基督的东西来诱惑我们,我们也有能力战胜了。我们不再被它们所掌控! 如今我们可以自由运用全新且令人惊讶的方式,去生活、行动、思想、追求信仰。

《歌罗西书》二章 14 至 15 节中我们看到,借着将一切执政者、掌权者的能力在众人的嘲笑下折服,基督就把他的得胜显明给我们看。如同一位圣经注释作者所说的:

> 在罗马时代,打胜仗最好的庆祝形式,莫过于欢迎将军凯旋而归的盛大典礼。那一天,城里没有任何一个人会错过尾随在胜利军队后面蹒跚而行的战俘。这些在众目睽睽之下赤身露体、羞愧不已的战俘,城里人人都看得见,这些昔日不可一世的敌人,如今实在没什么令人畏惧的。这个了不起的比喻,正符合使徒保罗写下这段经文的目的(15 节)。他刻意显明真正属灵上的释放,是靠着基督的十字架,为属神的子民而赢得的胜利。
>
> 此外,这样的得胜绝不是什么秘密,因此也不可能只有少数人声称他们得到了特别的恩典。对任何一个人来说,不可能只认识君王,而不认识他所得胜的战役。在神的手里,神在恩典中企图完成的首要工作,就是从魔鬼的恶势力下释放我们。简单来说,就是“福音”赐给每个人的特权。圣经上写得非常清楚,对于每个真正相信他的人来说,基督

是一切执政、掌权者的元首;在基督里,我们的生命已经得着了丰盛。[2]

若我们从这个大获全胜的角度来看,无怪乎福音的信息被称为"好消息"!

真实的世界

更令人感到奇妙的是,这个好消息是传达给那些在生活上受到迫害、面临困境、遭受折磨,甚或是殉难的信徒。在人看来虽是凄凉的处境,但是,这个福音却带给他们巨大的盼望和鼓励。《彼得后书》一章 4 节说,这是"又宝贵、又极大的应许",信徒们都可以因此而"脱离世上从情欲来的败坏"。

在我们初信主之时,我们在基督里的丰盛会与浮现出来的新挣扎相遇。在《歌罗西书》三章 5 至 11 节中,使徒保罗说:

> 所以,要治死你们在地上的肢体,就如淫乱、污秽、邪情、恶欲和贪婪(贪婪就与拜偶像一样)。因这些事,神的忿怒必临到那悖逆之子。当你们在这些事中活着的时候,也曾这样行过。但现在你们要弃绝这一切的事,以及恼恨、忿怒、恶毒、毁谤,并口中污秽的言语。不要彼此说谎;因你们已经脱去旧人和旧人的行为,穿上了新人。这新人在知

识上渐渐更新,正如造他主的形象。在此并不分希腊人、犹
太人,受割礼的、未受割礼的,化外人、西古提人,为奴的、自
主的,唯有基督是包括一切,又住在各人之内。

在整个基督徒的生命里,那些在心里肆虐不断的争战并不会让
人觉得费解。虽然生命充满着试探与试炼,但是,我们应以一个崭新
的视野来予以回应。在以下摘录里,我们看见瑞里(J. C. Ryle)对于
这个观点的回应——信徒在成圣的过程中,必须积极、主动地仰赖基
督。圣洁,必须始于基督;所以,我们需要先将自己归给他。

　　你想成为圣洁吗?你想成为新造的人吗?那么,你必
须从基督开始。除非你对自己的罪与软弱有了深刻的认
识,否则你将无法完成任何事情,你也将没有任何进展;你
唯一可走的路,就是向基督飞奔而去。他是所有圣洁的根
源与开端;迈向圣洁的方法,就是借着信心就近他、与他连
合。……但不幸的是,人们却试图先靠着自己成为圣洁;尔
后,他们所成就的事情,往往却是相当令人沮丧与悲伤的。
他们辛苦劳作,翻来覆去,做了许多改变;但是,就如同那位
患有血漏的妇人一样,在她还未来到基督的面前时,他们觉
得"一点也不见好,病势反倒更重了"(参考《马可福音》五章
26 节)。他们在虚无中奔跑、劳力,开始于一个至终走向失

败的起点;然而,他们却毫无自知。这些人在用沙子砌墙,砌的速度却赶不上倒塌的速度。他们又好像是在用破漏的水桶舀水,漏出去的水多过舀进来的水。……正像崔尔(Traill)所说的那般沉重,但却是真实的:"没有基督的智慧,只是可咒诅的愚昧;没有基督的公义,只是罪咎与定罪;没有基督的成圣,只是充满污秽与罪恶;没有基督的救赎,只是捆绑与俘虏。"

你渴望成为圣洁吗?你是否觉得你心灵的深处,渴望今天就被洁净?你想要与神圣的性情有份吗?若是如此,请到基督面前来,不必等待任何事情,也不必等待任何人,更不需要犹疑不决,不要企图将自己预备好了之后再行动。此时此刻就来到耶稣的面前吧!就像这首美丽的圣诗《永久磐石》中所唱的:"空空两手无代价,单单投靠你十架!赤身,就你求衣衫;无助,望你赐恩典。"除非我们先来到基督面前,否则我们必不靠自己的努力,在我们成圣的道路上放置任何一块砖或一粒石。[3]

这个基督信仰的核心,必须在我们整个基督徒生命中不断操练。瑞里继续说道:

你想持守圣洁吗?那么,请忠于基督。耶稣在《约翰福音》十五章 4 至 5 节中亲自告诫我们："你们要常在我里面，我也常在你们里面。枝子若不常在葡萄树上，自己就不能结果子；你们若不常在我里面，也是这样。我是葡萄树，你们是枝子。常在我里面的，我也常在他里面，这人就多结果子；因为离了我，你们就不能做什么。"倘若一个信徒能够在基督的丰盛中，得到全部所求所想，天父的心也就因此而满足了。如果你想要保持良好的状况，他是你每日需要拜访的医师。他是那吗哪，是你每日所需用的食粮；他是那灵磐石，是你每日所饮用的活泉。当你从这个世界的旷野中走出来时，他的膀臂是你每日所需倚赖的护卫。仅仅将你自己根植于基督还不够，你还需要在基督里面被建造，以至于成长茁壮。[4]

在基督里一切的祝福都是属于我们的，这个事实鼓励我们愿意开始去面对一直在等待着我们的属灵争战。就如同瑞里所说的："一个真正的基督徒，心中不仅仅有良心上的平安，也有争战。"[5]我们与基督连合，是为了一个目的——成为圣洁。《以弗所书》一章 4 节："就如神从创立世界以前，在基督里拣选了我们，使我们在他面前成为圣洁，无有瑕疵。"我们在基督里的新生活，就是这个"新生命"。这个新生命的核心，是我们对付这个世界、对付肉体的邪情私欲，以及对付魔鬼撒但的荣耀之战；而这场荣耀之战，正是我们与基督连合最清楚的标志之一。

生命更新是可能的！

本书想要达到的目标，是帮助作为信徒的你，在身份上，以及在每日所面临的试炼与试探中，能够活出耶稣基督的好消息。因为取代了福音的那些替代物是如此虚妄、迷惑人，所以它们容易将我们完全吸引，以至于背离基督；所以我们需要更清楚明白，基督已经为我们所成就的究竟是什么。像克雷格、约翰、欣蒂一样，我们需要有一个清楚及明确的认识，基督是如何借着他的恩典改变我们。

对于在忧郁症中挣扎的克雷格来说，没有什么事比摆脱忧郁症更能够使他感觉得到释放。多年来，他一直生活在谎言当中，他首先认为自己是一个充满忧郁的人，其次才是一个基督徒。他将忧郁症视为自己实际的身份，所以他的行为、反应、他如何诠释身边的事物以及如何回应他的生命，都与这个身份相称。也难怪他以莫非定律来看待他自己的人生！但是使徒保罗说：任何属于基督的人，是已经被洗净、更新了。克雷格不是一个患有忧郁症的基督徒；他是一个基督徒，正在与忧郁症搏斗。这不是玩文字游戏，而是有本质上的不同。所以首要的是，克雷格是一位基督徒，他在基督里的身份，建筑在一个永不动摇的坚固基础之上；虽然他每日的情绪可能会起伏不定，但是他的身份并不会因此而改变。基督救赎的大能凌驾于克雷格之上。他这个以基督为中心的身份，并没有排除他与罪持续不断的挣扎；但是，在一些特定的罪中的挣扎，再也无法为克雷格下定义了。他的身份寄赖于在基督里他究竟是谁。

约翰与欣蒂的关系也不必渐行渐远，以至于相信没有任何事情可以改变他们的现状。他们不必用充满挣扎的婚姻来为自己下定义。耶稣才是那位真实的"新郎"，他正与他们同在，并且将过去与未来的祝福带入他们婚姻的核心。对于今天的你我，这个真理同样适用。借着基督救赎的恩典所带来的新身份、新纪录、新能力，他成为一座桥梁，将罪的挣扎和生命的改变连接起来。

今天的世界充斥着各式各样替代的理论，承诺可以改变我们的生命；而这些理论，实际上会引导我们远离基督与他的恩典。此外，这些承诺让你得自由的另类应许，其实亦回避、缩小了基督已经成就的工作。亲爱的读者们，在你的生活里，是否也受到这些假冒的盼望的影响呢？这些承诺让你得自由的另类应许，是否遮蔽了你在基督里的盼望呢？请继续阅读本书，更深入地了解耶稣、经历耶稣，在他里面不断成长；并且借着耶稣的生、死、复活、升天及重返的应许，确信他所赐下的礼物，已经是属于我们的了。

第 **3** 章

这是神要带你去的地方

　　人类是一种"凡事寻求意义"的族类。在我们生活中发生的事件、活动与人际关系里，我们会不断寻求蕴含其中的答案、意义和目的。如果你看到一个刚学会走路的孩子问妈妈："是神造的电线杆吗?"其实他是在寻求意义；如果一个二年级的小女生在向她的朋友传授经验，告诉她怎样让其他人都喜欢她，其实这个小女生是在寻求意义。假如一对夫妻在探讨为何丈夫无法与上司相处，其实他们是在寻求意义。同样的，假如一位老人家心中思量为什么她的女儿不来探望她，她也是一位意义的制造者。

　　凡事都寻求意义，这是我们潜意识里不断进行的思维活动。我们从来没有停止尝试去理解我们的生命。我们不断提出质疑、做出假设、归纳结论、将所发生的事物连接在一起、分析数据、将不同的事物区分开来。不管是恐怖的战争、癌症的诊断、友人的离婚、亲子教养的问题、邻里间的一个脸色、经济的危机，我们都在寻求如何理解发生在我们身边周围的一切事物。

　　无论我们经历痛苦、挣扎，或是成功、悠闲之际，我们都会有意无意地询问自己："这件事的重点是什么呢？它究竟有什么意义？"我们所给予自己的答案,也就是认定我们的思想、环境、人际关系以及行动所传达的意义,会驱动我们的人生朝着一个特定的方向前行。

乔安妮与布莱恩在非常年轻的时候就结婚了。他们曾开玩笑说,他们可以一起长大。事实上,乔安妮是长大了;但是,布莱恩却没有。在长达十年的婚姻里,布莱恩仍然像莽撞的少年人一样处理他的生命问题。他整天和朋友们混在一起,花了很多钱买"大男孩的玩具"。他花很多时间和朋友们外出打猎、钓鱼,但他从不带乔安妮一起去;此外,他也很少花时间与乔安妮和家人一起度假。他不停地换工作,因为他的心思从来都没有在工作上。他和乔安妮常常负债,过着入不敷出的生活。虽然布莱恩自称是基督徒,但他似乎是极尽可能地避免身为基督徒的一切责任。

乔安妮想尽了各样办法,希望布莱恩能够成为一个有责任感的男人。她辛苦地维系着他们的婚姻,把家里整理得整洁、舒适;甚至有几次她还拉着布莱恩去看婚姻辅导。但是,似乎没有任何一件事情是奏效的。布莱恩仍然像一个不成熟的孩子,我行我素,只顾自己的感受,不顾家里的各项需要。终于有一天,乔安妮不顾一切将行李打包好,带着两个女儿径自驾车横越过好几个州际,回到她母亲的家。六个月之后,她申请离婚,因为她实在无法再与这个自私的男人一起生活了。

法兰克觉得备受伤害。多年来,教会里许多信徒都已经离开,逃到舒适的乡间过着安逸的基督徒生活；但是他却没有离开位于市区的母会，尽心尽力服事。对于他所热爱的事奉，他尽可能贡献他的才干。法兰克非常留意事工上的需要，而且相当愿意去填补事奉上的缺乏。作为单身，他有很多闲暇时光，都贡献在教会的服事上。法兰克把教会当作自己的家，教会的事就是他最有兴趣的嗜好，教会的人际关系也就成为他的社交网络。

法兰克对于信仰知识的追求，可以说是如饥似渴。他上了所有教会提供的门徒训练课程；夜间，他不仅自我研习圣经，并修习当地基督教大学所办的夜间部课程；每当有训练长老与执事的课程时，他也注册参加。尽管他已经对圣经非常熟知了，但他总是想要更多学习，饥渴慕义的态度无人能比。

但是，法兰克实在不知道，他是否可以从这次的打击中恢复过来。当会众提名选拔教会长老时，这已经是第五次，他们将法兰克的名字跳了过去。再看看被提名的那些人，没有一个人在教会中比他活跃，几乎没有人比他对信仰的知识更丰富。这实在无法令人理解！周日晚上，法兰克坐在卧室的床沿上，对自己说："算了吧！我已经受够了！"在这之后短短几周，他从所有参与的事奉中退了下来，并且离开了教会。

妮琪就是不能理解，为何她总是觉得很沮丧，似乎打从她生下来就没有过快乐的记忆。每当她想到这些时，她明白在她生活中的沮丧，似乎比开心还多。她不喜欢自己的相貌；她的体重，常常使她陷入缺乏安全感和过度敏感的情绪中；她的家里总是乱糟糟的，她不知道怎样才能收拾得干净整齐。她尝试过各种各样的减肥食谱，也读了很多教导如何持家的书籍，但是所有的努力只是让她留下更多的挫败。她一想到丈夫罗伯特每天上班的公司里有多少美貌的女同事，她们既聪明又能干，就会让她的心中更不是滋味。有一日清晨，当她从镜中瞧见自己时，突然明白让她活下去的动机也已经渐渐远离。她的双胞胎孩子此时正在祖母家中，想到这里，她将电话听筒取下，并爬上她的床铺。

最后一个例子。波知道有些事早晚都有可能发生，但是他想不到真的发生在他身上了。一年前，他继承了一笔数目可观的财产。在这之前，他一直认为自己是一个敬虔的基督徒，愿意委身于简朴的生活形态。他不需要在高级餐厅用餐，或是购买昂贵的衣服。他度假的方式并不奢侈；他开普通的车子，住一般的房子。他并没有预期到这些继承的财产会造成这么大的不同；但是，他的生活的确渐渐发生了变化。

首先，他说服自己买了一部崭新的跑车；他给自己的理由是，这部车不仅制造优良，而且性能极佳。然后，他又购置了一幢全新的大房子；他的理由是，大房子可以用来服事教会的弟兄姊妹。接下来，配合新车新房，自然就是新的服饰，和一系列价格不菲的俱乐部会员卡了。等到他买进一艘新游艇时，他已经不再需要给自己什么理由了。最后，他成为了一个十分富有的人，喜欢金钱所带来的一切奢华和威望。

事实与臆测

上面讲到的乔安妮、法兰克、妮琪和波的故事，都有一个共同点，当罪人面对堕落的世界时，每一位都承受着不可避免的试探。有时候，试探会在生活细微的瞬间发生；也有时，试探会在重大事情上临到。有一些试探，会在我们最困难与沮丧的时刻冲击着我们；此外，试探还会在不寻常的祝福当中与我们相遇。

在我们生命的故事中，我们会尝试去了解事情背后的意义。凭我们的直觉，我们知道生活中所发生的事情，和神原本计划该有的样子是不符合的。我们所住的世界支离破碎；有时候，它似乎破碎到一个程度，以至于我们觉得即使竭尽全力说什么、做什么，都无法将事情改变或挽回。绝望之余，我们就开始了类似的臆测：倘若老板能够更有耐心；倘若我的家人可以更亲近一点；倘若我的生活开销可以更低一点；倘若儿子能不跟我顶嘴；倘若我们有能力买下那栋房子；倘若我们的教会更多关怀单亲父母；倘若我能不这样忙碌的话……

每个人对自己的生活都有着美好的梦想和渴望，我们检验自己人生的决定，并且不断审视哪里需要改变，期待改变会带来预期的效果。然而，我们的问题是，我们的渴望不够深入，往往只停留在一些表面而肤浅的渴求上。所以，像这样的梦想，就是圣经要向我们提出挑战的地方。

就像第二章所看见的一样,当人们意识到需要改变时,常认为改变需要从自身以外发生;我们会认为,如果过去一些特别的景况或人际关系能改变,那么我们的生活将会有多大不同! 然而,就在这时刻,神说:"不对! 所有需要改变的绝大部分事物,都在我们心里!"因此,神首要的工作不是帮助我们改变外面的人或事,他定意要将我们从自我中拯救出来。在他充满慈爱、持续一生的改变工作里,"我们"才是他真正看重的。

矛盾的梦想

我们能够拥有想象力,可以同时是一件美好却又十分危险的事。它能够让我们"预先看见"还没有发生的事情,预先思考、筹划并且观看梦想变为现实。想象力对人类来说,是一种鼓舞的力量。

但是,在道德上,梦想从未是中立的;因为,梦想的人总是带有偏差。因此,在梦想里,危险蛰伏在人类天然的罪性中。我们的罪容易绑架了我们发挥梦想的能力。尽管我们的梦想可以反映出我们对神的信心,但它们往往也暴露出我们心里的欲望、贪婪、自私、惧怕、愤怒、疑惑、绝望,以及对物质的追求。我们是堕落的梦想者,总是在现实世界之外,幻想着还有一个更好的世界。但是,我们的想象力常常是为着自我中心的需要而工作,而不是想象神在我们生命中更大、更美好的旨意。也许我们并没有觉察到,但是,我们却时常与智慧、慈爱的主争执;他正在我们身上所做的改变工作,并不是我们所想要的。我们梦想改变一个人或是一个环境，但神是在人或环境中来改变我们。究竟神如何改变我们呢？

在这个世界上，因为耶稣活过，也死过；所以"那些活着的人不再为自己活，乃为替他们死而复活的主活"（参考《哥林多后书》五章15节）。神的爱临到你的生命，为的是要改变你生活的目标。

使徒彼得在《彼得后书》一章4节这样说："叫我们既脱离世上从情欲来的败坏，就得与神的性情有份。"那些不正确的事情，都是我们所冀望的；然而，神所做的工作，正是改变我们的所求所想。所有你曾说过、做过的事情，都是你心中欲望导致的结果。使徒彼得在这里所说的改变，就是在这个最根本的层面改变。彼得说，我这个自私、有罪的本性，得以被神圣洁的性情所取代！神正把我塑造成他自己的形象。在所有生命的困惑当中，他转化我的心，好让我的思想、愿望、行动和言语，能够与"他是谁"以及"他在地上的作为"相一致。当我梦想中的改变合乎神改变的目的时，个人积极的改变就发生了。我放下了个人舒适和自我满足的目标，开始扩张自己的境界，为得着基督，每日渴望能够越来越像他。当我如此行时，就更多为我的终极目标——在永恒中与神同在——做准备。

然而，要将人的欲望与神的终极目标连结起来并非一件自然而然的事。在每一位基督徒心中，皆存在两个事实：第一，当我们回应我们的生命时，我们都依照自己本能的方式去思考、感受、行为与渴望。第二，我们的终极目标是要成为基督的模样，并与他永远同住。

我们只是不自然地连结这两个事实。每日圣灵所做的工作,就是将这两者相互连结。本书写作的目的,就是希望帮助你明白,在生命的喜怒哀乐里,神如何与你相遇和改变你。我们的期盼,是使读者了解如何将神最终的梦想,变成为你生活的目标。

一些值得梦想的事物

你常常为一些什么事情祷告呢? 有什么"需要"在你的祷告中占有极大部分呢? 你是怎样在祷告中处理神的心意和自己的臆测之间的矛盾呢? 通常在我们的祷告中,最能看出我们心中的梦想是什么。在祷告当中,我们告诉神我们所自以为需要的;我们祈求我们所想要的。下面来对比一下我们平日的祷告,与使徒保罗在《腓立比书》中的祷告有什么不同:

> 我每逢想念你们,就感谢我的神;每逢为你们众人祈求的时候,常是欢欢喜喜地祈求。因为从头一天直到如今,你们是同心合意地兴旺福音。我深信那在你们心里动了善工的,必成全这工,直到耶稣基督的日子。
>
> 我为你们众人有这样的意念,原是应当的;因你们常在我心里,无论我是在捆锁之中,是辩明证实福音的时候,你们都与我一同得恩。我体会基督耶稣的心肠,切切地想念你们众人;这是神可以给我作见证的。

> 我所祷告的，就是要你们的爱心在知识和各样见识上多而又多，使你们能分别是非，作诚实无过的人，直到基督的日子；并靠着耶稣基督结满了仁义的果子，叫荣耀称赞归与神。
>
> （《腓立比书》一章 3 至 11 节）

你能够体会到保罗在这段经文中所洋溢的欣喜之情吗？使保罗感到兴奋的事情，与我们平时感到兴奋的事情，是相当不同的。这段祷告既真实又充满盼望。保罗对他所代祷的这些信徒有非常深刻的了解，在祷告当中，包含了所有他们的软弱与挑战。然而，当保罗想到他们时，他心中却充满了信心！他的信心不在于这群读者有面对艰困时坚不可摧的能力；保罗的信心是建立在为这些信徒所提供的事物上，而不是存在于他们里面的。这样的信心完全是一个纵向、垂直的关系，也就是人与神之间的个人关系。对于在腓立比教会的信徒，保罗是相当有信心的；因为，他的信心寄赖于耶稣基督。保罗深信，那在信徒心里动了善工的耶稣，必将成全这工（3～5 节）。

当保罗看腓立比的信徒时，他也可以欢欢喜喜地祈求。他如此喜乐，是因为他们同心合意兴旺福音；他如此喜乐，是因为基督继续在他们的生命中动善工；他如此喜乐，是因为保罗自己对他们的爱，以及他们可以与保罗同享神的恩典。保罗希望他们能明白，他们可以经历以上所有这些事情，以及他们可以像他一样：积极进取、满有

信心和指望、朝气蓬勃。保罗为腓立比信徒所祈求的成长(9 至 11 节)是根植于对基督的爱:

- 在爱心、知识、见识上,多而又多。
- 圣洁、诚实无过。
- 结满仁义的果子。

保罗祈求神,因为腓立比信徒对神的爱不断增长,他们爱神的心自然而然表现在关爱他人的行动上。这是神想要带领腓立比信徒到达的境界,而这也是神想要带领我们成长的地方。不管你今天在生命中面临什么样的处境,神持续不断的良善之工仍然可以鼓舞着你;即使你并没有看见,这样一个事实并不会改变。也许你此时正面临着工作中的挑战;或者是在生活中,遇到很难对付、正值青春期的子女;无论你是为减肥而苦恼,还是挣扎于沮丧当中;请记住,神在你身上的善工没有停止。当你向他委身时,神引导你向前行。他的同在与信实的供应,给予我们信心。当你和朋友发生正面冲突时,你可以对自己说:"就在此时,神正借着这个冲突来完成过去他在我身上开启的善工。"当你和家人面对财务上的缺乏时,你可以对配偶说:"不用怕,我们可以解决这个困难的;因为,基督正借着这个缺乏来完成过去他在我们身上开启的善工。"当你似乎在一场与罪挣扎的战役中节节败退时,你仍然可以对自己说,因为他正在我的生命里完成过去他在我身上开启的善工,所以我有得胜的盼望。

这个以基督为中心的信心,鼓舞着我们向我们的终极目标迈进。就像《腓立比书》一章 11 节说的,使我们的生命结满了仁义的果子,叫荣耀颂赞都归与神。这就是神创造我们的目的。请记住,当保罗写此信给腓立比人时,他正身处牢狱之中;这些他所亲身经历与考验的真理,他是多么渴望这些腓立比信徒也可以清楚明白啊!

人生不是一件简单的事情。在神的恩典中成长,是一个连续的过程,绝不只是一个事件而已。人生中的困境,不会因为你将它们交托给神,就会在一夜之间扭转过来。在我们与罪的争战当中,圣经诚实地描述了它的严重与复杂。在个人、友谊、教会、婚姻、邻舍中,罪带来的影响并不会转瞬间消失无踪。因此,圣经所描述的基督徒生活,常常像神带领我们穿越旷野的旅程。有时你会感到疲惫、迷茫;有时你会质疑神究竟身在何处;有时你也会挣扎于是否看见神在你生命中所应许的工作;有时你也会觉得相信神、跟随神所带来的苦难似乎多过于祝福。甚至,你也会经历圣经中的原则并不管用的时刻;有时候,看起来似乎错的一方获胜了。有时你会觉得孤单无助,甚至是被人误解;有时你觉得再也坚持不下去了,好想放弃。

保罗写这段话,目的是要鼓励你,在你并不完全明白整个事情的时候,你仍然可以充满盼望。你并不需要清楚每一件事;但是,你必须了解及信靠通晓万事、确实知道他正在做什么的那一位。使徒保罗是以这样的眼光来看待腓立比信徒及他自己的生命。亲爱的读者,你是否也以这样的眼光来看待自己的生命呢? 你的信心是建立在以基督为中心,过着充满信心的生活吗? 你是愿意紧紧抓住自己对人生的臆测,还是愿意放手,跟随神为你规划的人生路径呢?

除非神每一丝、每一毫的工作,都在每个属他的孩子里得以完成,否则神绝对不会放弃。因此,无论我们身处何种困境,我们心中都可以充满勇气与盼望,让神在我们身上的梦想得以实现。

以基督的眼光观看

你用什么眼光观看自己,将会决定你的盼望是什么,以及塑造你的行为举止。现在,请你想象一下,有一幢破旧的房屋正待出售,上面标示着:专卖巧手工匠。一位买家看到这幢房屋目前的情形:碎裂的烟囱、破旧的窗户、1930 年代的旧式厨房、脱落的屋顶瓦片、过时老旧的电路系统、十年前就该翻新的屋顶以及杂乱无章的灌木丛。所以,他被修复这幢房屋所需消耗的工作吓到了。于是,他失望地垂下双肩,并且驾车离开了——太多的工作需要去做,实在不敢抱任何希望。

另一位买家看见了相同的房屋。但是,他看到的是这幢房屋被整修好后的情形:他的孩子们在院子里踢足球、访客在房子四围的长廊上嬉笑闲聊着、厨房里正烹调着美味佳肴;这幢焕然一新的房子,给街坊邻居带来新的生气。两位买家看到的是相同的一幢房子吗? 是的。难道房子不是拥有相同整修的可能性吗? 是的。但是,只有一位买家拥有足够的盼望与勇气，相信他可以做些什么，才能缔造一个崭新的事实。

当你看见你的生命像这幢房屋时，你看见了什么？你会不会把注意力放在那些问题上，使自己觉得快被吓到了呢？你是否放弃、走开了？或是你只看见那些问题，然后变得非常自我防卫，以至于你愤怒地假装问题并不存在？你是否早已背熟了一套圣经词汇，明明心里满了恐惧和忧虑，但是在公共场合，却说着与内心不符的一套属灵的话语呢？你是否在用电视、食物、繁忙或其他令人分心的事物来填补你空虚的心灵呢？或者你以基督的眼光来看生命中的问题，盼望他的同在、他的工作、他的大能改变你呢？按照《腓立比书》一章 3 至 11 节的亮光，神是如何帮助你用全新的眼光来看待你的人生呢？你知道神要你看到的是什么吗？这段经文里充满了盼望，当你用这段经节的亮光来衡量自己的生命时，此刻神要你往哪里再跨一步，以期达到他为你计划的终极目标呢？改变的过程正向一个崭新的方向迈进，就像重新修复你的房子那些步骤一样。这一点，你可以深具信心、不要怀疑！

展望终极目标的生活

圣经包含了世界上最好、最重要的故事——救赎的故事。在故事里，你我活在介于基督第一次来与第二次再来的故事中间。有时候，生命看起来像是在阅读一本小说。你在故事的情节里，而且无法抵挡想要瞄一眼最后一章的欲望,好知道结局究竟如何。所以,唯有你知道结局之后,情节的曲折才开始变得有意义起来。

圣经的故事拥有相当明确的开始。在一切空虚混沌之下,神创造了一个美丽的世界,并且将亚当和夏娃放置在这个世界里。过去,他们是完美的人,他们住在全然的爱中,对造物主有着全然的顺服,并且发自内心敬拜他。他们已经拥有一切所需要及想要的东西。那时的亚当和夏娃带着神的形象,被神指派管理他所创造的世界。

但是,敬拜与顺服神的生活并没有满足亚当和夏娃的心。在一次令人讶异的不顺服的行动当中,他们僭越了神的计划。这一次的违抗,在曾经是完美的世界中,将罪与毁灭的防水闸开启了一道缺口,因此大肆破坏了在神与人之间的相交与团契。自此,惧怕代替了爱、罪疚感代替了诚实的敬拜、顽梗悖逆代替了顺服;所有创造物都被杂草、腐朽与疾病咒诅着。但是,神无法满足于让所有事物保持在破碎的状态下。他向罪发出宣战,并差遣他的爱子降临到地上,以至于在十字架上赢得最后的胜利。现今,他胜利的结果,施行在被罪折磨、满身伤痕的神国子民身上,并运行在这个被罪破坏的地球上。

当圣经的故事结束时,神将歼灭每一个敌人;而最后的敌人终将死亡。我们将会成为像神一样,并与他共度永恒。这个消息对以下三个原因而言,是相当重要的:

1. 如果你想迈往正确方向,你需要知道你的终极目标。

2. 当你从永恒的视野观看时,你生命中的细节才开始变得有意义。

3. 在生命中,永恒教导了我们,什么才是真正重要的事情。

圣经是一本清楚告诉了我们从哪里来,最终又要到哪里去的故事书。神预先把我们生命故事的最后一章展现在我们眼前。他真诚邀请我们查阅、聆听他的话,明白这个故事的结尾,这样我们才能够好好审视过去和现在的生活。《启示录》中的经节,目的并不是要提供地图或表格,好来决定基督再来的时辰何时发生。当然不是!圣经中的《启示录》是要帮助我们了解我们的终极目标;因此,我们生活里的"此时此刻"才具有意义。

若缺少了永恒,圣经里的故事将不具任何意义。相较于我们现今所过的生活,往后总是会有更好的结局!罪必须被征服;人必须被洁净;宇宙必须再次被恢复;任何的缺失,将是整个世界的失败;所有的痛苦、破碎、试炼、牺牲与争战,都将毫无意义。在《哥林多前书》十五章 19 节,使徒保罗做了一个强而有力的陈述:"我们若靠基督,只在今生有指望,就算比众人更可怜。"如果神不带领我们往某个方向前进,跟随主只不过是虚度光阴罢了。所以,总是会有比今生更重要的事情存在。没错,的确是这样的!这个更重要的事情就是——永恒!

杰德知道诚实与正直是最重要的品德,为此,他不惜错失一次又一次晋升的机会,他这样做有什么意义呢? 如果今生的全部就在于此,那么杰德是一个傻瓜。安迪雅愿意原谅丈夫唐纳一而再、再而三的不忠,她这么做究竟是为什么呢? 如果没有永恒,那么她不过变成她自己愚昧的牺牲品。读高中的彼得面对众人的讥笑,仍然公开自己对神的信仰,他这样做是为什么呢? 如果没有永恒,彼得着实做了一个愚笨的决定。麦可为了教会事奉,投入大量的时间、精力和金钱,他这样做有意义吗? 如果生命就只是那样而已,为什么需要忠实地顺服? 为什么要欢喜给予? 为什么要转另外一边脸给别人打? 为什么要研读神的话语? 为什么要不止息地祷告? 为什么要委身于"对"的事情? 为什么要追求公义及怜悯? 为什么要做个人的牺牲? 为什么要忍耐? 为什么要敬拜?

只有从永恒的展望来看,所有"神做的事情"与所有"神呼召我们做的事情"才具有意义。在故事里,若没有永恒的结局,信徒将是一群需要令人同情的愚昧人。我们的种种努力,都是毫无意义的。

但是,最后一章是存在的! 神已经将它开启;所以,我们可以预先观看,用理解及充满盼望的态度审视我们的生命。

观看与回首

圣经中最令人惊讶的场景之一,撷取在《启示录》第七章里。

> 此后,我观看,见有许多的人,没有人能数过来,是从各

国、各族、各民、各方来的，站在宝座和羔羊面前，身穿白衣，手拿棕树枝，大声喊着说：

"愿救恩归与坐在宝座上我们的神，也归与羔羊！"

众天使都站在宝座和众长老并四活物的周围，在宝座前，面伏于地，敬拜神，说："阿们！颂赞、荣耀、智慧、感谢、尊贵、权柄、大力都归与我们的神，直到永永远远。阿们！"

长老中有一位问我说："这些穿白衣的是谁？是从哪里来的？"

我对他说："我主，你知道。"

他向我说："这些人是从大患难中出来的，曾用羔羊的血把衣裳洗白净了。所以，他们在神宝座前，昼夜在他殿中事奉他。坐宝座的要用帐幕覆庇他们。他们不再饥，不再渴；日头和炎热也必不伤害他们。因为宝座中的羔羊必牧养他们，领他们到生命水的泉源；神也必擦去他们一切的眼泪。"

（《启示录》七章 9～17 节）

让我们一起进入这个场景中，环顾四围，仔细倾听这里的声音，回首观看并尝试明白，在你生命中那些无法以其他方式去理解的事情。《启示录》第七章允许我们看见宝座上的羔羊，以及听见那些在地上已完成生命之旅的圣徒的声音。你看见自己身在其中吗？这些圣徒只是像你一样的人们。他们与你相同之处是,他们在炙热的地上煎熬生活;此外,他们也经历过神彻底改变的过程。而今,他们已经抵达了他们的终极目标。他们站在神的宝座前,圣洁且自由释放;他们的拯救者是万王之王、万主之主的大牧人——牧者羔羊,正以热烈欢迎的姿态迎接他们进入神的同在。

请将自己也放到那个图画里去吧,因为在神的故事当中,你也在那里。这是你的终极目标,这是神要带领你去的地方!穿过炙热,你将到达那里!有一天,你也将会站在宝座的前面;到那时,你与众圣徒合唱发出的赞美之声将永不停息;到那日,你会心悦诚服地说:"这一切都是值得的!"当我们从永恒的角度来审视生命的时候,一切都截然不同了。

终极目标澄清了我们的价值

让我们来仔细倾听那些在天上的圣徒所说的话,他们无疑是在回顾自己在地上的人生。当他们思量他们所经历过的,他们究竟在庆贺什么?

这些朝圣者完全可以庆祝他们曾经拥有的美好工作、漂亮房子、友善邻居、快乐婚姻、身体强健,以及其他许多事物。这些都是好事;而且为此献上感谢也是理所当然的。但是,在天上另外一边的圣徒,并没有庆祝以上任何一项。当他们站在荣耀围绕、头戴冠冕的主面前时,神所赐予他们的是全人的恢复。当神借着他的恩典转化他们的心时，神也完成了他转变生命的工作。所以，当他们站在神的面前时，他们就像他自己一样，有了真理的仁义与圣洁。

所以，他们敬拜与祝贺的赞美声随着心中的感受逐渐递增，并说："主啊！你完成了！你完成了！你完成了我们无法靠自己做成的事。你打破了罪对我们的捆绑，恢复了我们成为你原先所创造的样式——心悦诚服来敬拜你。"现在，在你生活中最重要的事情，不是一栋新房子或新工作；不是你专业上的成功或是赢得某位友人的爱。在所有的永恒中，值得庆祝的一件事情是你的救赎。神的恩典从原本完全摧毁你的罪中，把你一步一步拯救出来。但是，神不仅拯救你，他还要恢复你。他正重塑你的性情，使你与他圣洁的性情有份。

到那日，当你站在神的宝座前，你不会为着愧而焦虑，或是为罪恶感而惧怕。当你站在他面前时，你将会像他一样；因为，他的恩典已让你与他神圣的性情有份。到那时，地上属物质的恩赐都变得不重要了。你心里洋溢出来最大的喜乐，是那场属灵的胜利。那场改变及成长的争战，永远成为过去了。我们的终极目标，是他的同在与他的宝座坐落之处。我们将齐聚一堂，身穿公义的白袍，头戴喜乐的冠冕；我们将庆贺唯一值得我们为他而活的事情——羔羊与他的救赎。这就是神要带领你去的地方。

记得在这一章起头所介绍的乔安妮、法兰克、妮琪与波的故事吗？让我们重新阅读他们的故事，并看看若从永恒的角度出发，我们能提供他们每一位怎样的帮助呢？

乔安妮想要放弃这个婚姻,是可以理解的。毕竟与布莱恩在一起的生活,是相当不容易的。从这么多年来所发生的事情来看,似乎是不可思议的。在那样的情况下,改变怎么可能发生呢?但是,乔安妮需要以福音的眼光来审视她自己的处境。与布莱恩在一起的情景,并不在神恩典的范畴之外,而这也正是基督为这样的事情受死的原因。事实上,基督正在乔安妮充满紊乱与挫折的婚姻当中作工;而他的工,将会完成过去他在乔安妮身上所开启的善工。

永恒提醒我们,是有一个尽头存在的;一个神所定义的结局;而那一位应许要带领我们去到那个尽头的主,会做所有必须完成的事情。永恒定意要提醒乔安妮:恩典是一个过程。罪的坚固营垒不会在一朝一夕之间瓦解。恩典是一个过程;而且,神应许会在每一个属他的孩子中,完成这个过程。永恒以确据的姿态站立,确保神将会完成过去在乔安妮身上所起始的善工。

记得法兰克在他的教会中,对于再次错过成为领袖的事情感到沮丧万分吗?虽然在接下来几个安静的主日里,法兰克并没有到任何一个教会崇拜;但是,神在法兰克身上的工却还没有完成。法兰克的思绪不听使唤、无法停止;他开始怀疑:如果在教会中所发生的事情,不是代表着神的爱失效了,而是一个记号,那究竟有什么意义蕴含在其中?当法兰克孤独地坐在家中,他觉得有点苍凉与忧伤;因此,他开始想到永恒的意义。当他这样想时,事情开始明朗了——法兰克记得,神过去是在他的国度动工;问题是,神动工的国度与法兰克心里所向往的国度，是截然不同的。

法兰克之所以觉得相当沮丧，是因为他想要看到的"自我发展的国度"没有实现。他所向往的国度，是自己身处在教会的权力中心。但是，当领导地位的所有梦想幻灭时，其实是神正在法兰克心里做了建立神国度的工作。当法兰克终于领悟到，原来他在教会中所热衷的活动，都与爱神无关，毫无神的恩典在其中，更不要说是神救赎工作的延续。当他意识到这些时，他简直被自己吓到了。因此，当法兰克开始在神面前反省、认罪，承认他内心中的愤怒、沮丧，其实和教会并无多大的关联，而是他与神的关系出了问题时，他和教会的关系才迈向和解。

基本上，妮琪是将她的身份给搞错了。虽然她的身份是属神的孩子，但是这样的身份以及神定意要在现今、未来加添给她的所有荣耀，并没有影响她如何看待自己及自己的生活方式。当耶稣拯救了我们的时候，他并不仅仅改变我们是什么，他也改变了我们究竟是谁。当这些在天堂的圣徒回顾并庆贺他们在地上的生活时，他们是在庆祝所有神的救赎大工；他们是在庆祝身为属神儿女的身份；以及庆祝"在他们里面"与"借由他们"神应许成就所有完成的工作。所以，妮琪需要从永恒的角度来澄清她的身份与价值。她需要将她的身份根植于持续不断的属灵事实，而不是终究会消逝的物质世界。她需要从属神儿女所带给她的安全感，以及在此时此地神正在紊乱当中带领她往何处去的角度来看待她自己。除了她的罪、软弱与缺点之外，妮琪实在相当有理由从床上起来，持续过每日当过的生活。她是属神的孩子，并拥有超过于她所求所想的未来。在她目前的挣扎当中，神正在运用不在她计划之内的事情来达到靠着她自己无法成就的工。

过去对于生命而言，波总是带着错误与危险的观点。虽然波是属神的孩子，但是他却采信了谎言中的谎言。他确实相信，真实生命的意义、目标、成就，全都在物质的事物里可以寻获；问题就在于，波并不知道他一直拥有这样的想法。他自认为，他对神是忠心的；他自认为，神是他的盼望与安全感的来源。有很长一段时间，波的心已经被受造物辖管，更甚于被造物者掌管。但是，波并没有看见这一点，因为过去在财务上，他无法负担得起他的心真正想要去的地方。所以，继承财产这件事才将波真正想去之处揭露了出来。

欲望之战是神邀请我们踏入永恒中去环顾、回首的原因。像波一样，我们都需要澄清自己的价值观。我们周遭的物质世界，相当吸引人又令人陶醉，看起来似乎可以给予我们生命，但事实上，它并无法供应我们生命。永恒提醒着波与我们每一个人，什么是真正重要的，以及在哪里可以真正寻找到生命。当波开始从那个角度审视自己的生命时，他不再醉心于这笔从天而降的财富。相反的，他发觉自己居然把宝贵的生命，降服在虚浮又没有永恒价值的物质享受中，是一件多么愚蠢的事情。

亲爱的读者，你是否也经历过上述的情形？ 在何处，你曾怀疑是否值得跟随主？在何处，你曾在神的作为上因无法明白而挣扎不已？在何处，困扰与沮丧曾消减你对神的信心？在哪些地方，你已经放弃了？在哪些方面，你正逃离主，而不是转向他？有哪些疑惑、困扰或是惧怕，阻碍了神在你生命中施行转变的工作？

在永恒中，当你聆听圣徒的赞美声时，你可以看见自己身处哪个地方吗？如果你是属神的孩子，你就是在那个场景里。你确实看见了你的未来；这是你故事的结局。在你的旅程中，这样的目的地如何激励了你？最后一章的结局如何改变你回应生命中的篇章呢？现今在你的周围，即使看起来似乎没有盼望，但是你知道那崭新的希望从何而来吗？

当我们从永恒的视野审时度势时，你我才能了解究竟什么是具有价值的事物。单单从"永恒"的眼光就可以告诉我们，什么是值得为之生、为之死的事情。请以非常实用及个人的角度来思考一段时间：你为什么而活？你生命的目标在哪里？下列句子的结尾会是什么："如果我_____就好了。"每一次，当你与朋友发生冲突、高声责骂你的孩子，或与你的配偶冷战时，你都希望能完成一些事情。什么是你的目标？如果你花大量时间学习，或者每周工作六十个小时；在你心中，你必定有一个目的。是什么样的盼望及应许，主导着你的人生方向呢？

与乔安妮、法兰克、妮琪、波一样，你总是从你希望及梦想的优势来检视你的人生。在你的心里，就算你并没有完全明白过来，你也总是拥有一些目标或目的地。问题就在于——你的盼望、计划、目标、应许会指引着你的行动、话语；而这些盼望、计划、目标、应许是否与你身为属神儿女的呼召相称？是否反映出神塑造你更像耶稣的目的？它们帮助你往那个方向迈进吗？神会带领我们进到他的终极目标，而它们是否使你与这位主更亲近？

基督信仰转变的过程不是围绕在一个救赎的系统，而是围绕在救赎我们的那一位。圣经呼召我们定睛在我们的救赎主基督——道成肉身的主身上；而这位道成肉身的主是赐予我们力量、方法来改变我们的神。基督是我们的盼望；他将过去的赦免、现今的成长与转变、未来的希望连结在一起。对现今的希望，是根植在永恒的盼望里。这一切都是从基督而来。永恒的盼望是基督；而且，因为现今我拥有基督在我的生活当中，我深知他将会赋予我能力，走完人生的旅程，直到我在永恒里和他面对面的那一天。

为终极目标作准备

在某个一如往常的深夜里，出于担心一个孩子正往错误方向前进的关切，我们随即展开热烈的讨论。当我与太太讨论得越久，并且脑中已经设想出孩子长大之后最糟糕的景况时，身为父母的苦楚就渐渐加增。我们一股脑儿地将注意力放在所有一切会出差错的恐惧当中；一直到我们帮助彼此看见主过去在我们孩子的生命里所动的工，我们心中的痛苦才得以平息。尽管我们俩是委身的基督徒父母，但是我们仍然看不清楚神在我们眼前所完成的工作。我们从所有错误的地方，看见一切错误的事情；所以，结局自然是无助的绝望与痛苦。

我们必须看见：我们的希望，不在于万事皆在我们的掌控之下；很明显的，我们并无法将万事操控在我们手里。我们的自信，不在于凡事管理得井然有序；事实上，事情可能是相当紊乱的。我们的自信，是深知从他所命定、他所完成的过程当中，基督会带领着我们及我们的孩子。我们开始看见：这个困难的时刻，其实是神赐予我们前往美好终极目标的必经之路。这样的预备，让我们用不同的方式来处理过往令我们感到恐惧的事物。

亲爱的读者，在你的生命当中，是否也有某些人，是你用消极、惧怕的心态来看待的呢？在你心中，是否对某个人放弃希望了呢？有某个人是你竭尽所能去避免面对面的吗？在你的生命里，是否有某个人是你所害怕的呢？有某个人，你对他苦毒至深吗？有某个人，是你所嫉妒的吗？对于你与此人的关系，神也许会向你说些什么呢？神"迈向终极目标"的视野，将会如何改变你与他人的关系呢？

你必须运用你正使用的终极目标的镜片来衡量你的生命。我们都知道，生命是草率、困难、紊乱、羞愧与枯燥的；我们经常在处理那些不在我们掌控范围之内的事物。良善的事物，容易被玷污、损坏，而邪恶的事物，却容易诱惑我们。人们留给我们的，是无尽的伤害与沮丧。改变总是相当缓慢的；而且，改变的速度总是大大低于我们的标准。虽然神的话语和圣经的原则充满了能力,但是要想把它们应用到实际生活当中,却不是一件容易的事。我们好像总是在同一个地方跌倒,重复同样的错误;所以,我们很容易去相信,我们不但没有能力去改变,就连所有的努力,也是枉然。

福音呼召我们以截然不同的方式,来看待生命里的紊乱。福音的好消息就是——基督已经征服了罪与死亡,每一个无意义及毁灭的信息走向了尽头。我们的终极目标鼓舞着我们所说的每一句话、所做的每一件事、心中的每一个欲望、对事情的每一个反应;因此,我们的话语、行动、欲望、反应皆带着意义与目的。所以,没有任何绝望的情形存在;福音将我们迎接到一个充满盼望的实际里。因为基督是谁(基督的身份)以及他要带领我们去的地方(他为我们在天堂设立的终极目标),我们可以坦然面对今天生活中的各种挑战,心中仍然充满了盼望。神正以终极目标的视野,来看他在你的生命中带来的大小事件;即使你觉得你被困住了,神仍然帮助你前行。

你人生的终点站已经在神那里安全确定了。在你生命中所有值得为之而活的事情,没有任何人可以夺走!是的,你可以失去你的工作、你的健康、你的房子、你的座驾,或是你的朋友。失去这些事物,会感到人生相当痛苦;但是,你并不会失去你在基督里的身份,神的爱和恩典永远不会离开你。此外,基督赦罪的恩典、永生的礼物,以及在天堂里的位份是永远为我们存留的。当你将你的眼目定睛在这个终极目标,以及寻求帮助你向这个目标迈进的事物时,即使所有事情看起来都不能给你提供保证,你仍然可以在这个世上安居。虽然你无法从生活的困难中逃脱,但是你可以满心平安地面对眼前的苦难,因为你的救赎主将会运用每一个困难,来预备你走向他将要带领你去的地方。

请你思考片刻。即使你不知道今天的戏码如何终了;或是明日将在你的生活中带来什么,你仍然可以有属天的平安。即使所发生的事情让你悲伤;但是你仍然可以用喜乐的态度生活。基督徒的喜乐,并不是以梦想着天堂来逃避生活;基督徒的喜乐,是以天堂的镜片全然诚实地检视我们在地上的生活。在那里,我们才得以找到真实的盼望。

随时的帮助

也许你会有这样的想法:我很高兴,有一个终极目标为我存留;但是,我就是不认为我可以到达那里。神从未期望你,靠着你自己的努力来完成这个旅程! 在旅途中,他随时提供最好的帮助。保罗在《歌罗西书》二章 9 至 10 节这样说:"*因为神本性一切的丰盛,都有形有体地居住在基督里面,你们在他里面也得了丰盛。他是各样执政掌权者的元首。*"

这里所说的"丰盛",指的是在基督的生命中,当圣灵像鸽子降在他的身上一般。当我们接受基督作我们个人的救主时,基督将同样一位圣灵也赐给了我们。神自己居住在我们里面,并且为我们提供所需要的一切帮助，好使我们变得更像他。这个丰盛的厚礼，已经借由神的恩典赏赐给我们了，他居住在我们的里面，我们无须再去争取或是赢得！

　　这就意味着在属灵上，你的灵不再缺乏；你不再需要靠你自己；你从不被撇下，也不用靠你自己的力量、资源或智慧。为什么呢？因为圣灵的丰盛已经赋予你了！神将会完成他过去在你里面所起始的善工。你的未来已经被决定了；而这位作出决定的主，将会提供你一切所需，到达他将带你去的地方。

第 **4** 章

基督的新妇

　　刚结婚的时候,妻子并不知道我有很多贷款还没还清。其中一项就是我的学生贷款！当时,我是一名神学院的学生;进神学院之前,我在某个校园机构担任了几年全职同工。当时我还有两年的学习生涯才能毕业找工作,身上几千美元的负债,还看不到一点还债的希望。但幸运的是,我的未婚妻当时工作稳定,而且已经有了一笔为数可观的银行储蓄。从许多方面来看,婚礼那一天,当我们说出"我愿意"时,那是一个非常重要的日子。其中一个原因是:事实上,我的债务成为她的债务,而她的资产成为我的资产。对我来说,这是一个相当划算的财务往来;但是对她而言,并不是如此。这就是我们成为基督徒的时候所发生的事情。基督承担了我们的债务,而且仁慈地将他的资产放到我们的名下。这是神奇异的恩典。

　　但是在我们婚礼当天,其实有更多的事情发生。随着岁月流逝,伴随着这个新的法律上(与财务上)的盟约,妻子与我进入一个越来越深刻的个人关系里。我们彼此沟通的方式,是唯有当两个人相濡以沫数十年之后,才能够达到的境地。我们与耶稣的关系,亦是如此。我们并不只是享受律法上的好处;当我们花时间在生命中与主耶稣共处时,我们便进入了一个随着时间成长的个人关系当中。

在第三章里,因为你是属于基督的,所以我们鼓励你去看见改变的盼望,以及永恒的终极目标是归属于你。在这一章中,你将会看见改变你的这一位。

改变你的这一位

圣经告诉我们,倘若深切的个人关系是奠基于一个坚固的律法基础上,这样一个关系将会让生命成长与改变;我们的样式会越来越与所许配的那一位相称。在上一章里,我们看到一个带着荣耀的终极盼望。就如同《腓立比书》一章 6 节所说,"我深信那在你们心里动了善工的,必成全这工,直到耶稣基督的日子。"那个善工起始于我们相信耶稣的那一刻,随着我们与主结合的关系日渐深入,主的工作就会趋于完全。若从圣经的角度来看改变,这是最独特的一个观念。这种更新与变化比认知领域的改变更奇妙;比行为表现的变化更深邃。无论是在世俗,还是在各种宗教范畴内,没有一种更新和改变能够与圣经中所阐明的这种改变相提并论。在改变生命的领域中,圣经所给予我们的,远远超过理论与教条;基督所给予我们的厚礼——就是他自己!

从旧约到新约,整本圣经自始至终都运用婚姻的比喻来描述我们与神的关系。这个关系基于一个约的概念。约（covenant）是一个有相互关系的约定。神将他自己与我们连结。他是我们的神，我们是他的子民。先知以西结以一个相当大胆的方式，描绘出神看以色列民就像丈夫看妻子一样：

> 我从你旁边经过，看见你的时候正动爱情，便用衣襟搭在你身上，遮盖你的赤体；又向你起誓，与你结盟，你就归于我。这是主耶和华说的。
>
> （《以西结书》十六章 8 节）

《以赛亚书》说，"因为造你的是你的丈夫，万军之耶和华是他的名。救赎你的是以色列的圣者，他必称为全地之神。"（参考《以赛亚书》五十四章 5 节）《以弗所书》运用婚姻为比喻，来描写基督与他子民的关系。在讲述人类的婚姻之后，使徒保罗说，"这是极大的奥秘，但我是指着基督和教会说的。"（参考《以弗所书》五章 32 节）

当我们领悟到，在我们与基督的关系尚未完成时，圣经的作者运用婚姻的比喻，来描述信徒与神的关系中的合法与深刻；这是一种极其个人化、彼此拥有的互动关系。这个关系由神开始，而我们则需要积极回应和参与。

专注于基督

当你想到,基督徒的生命是一生之久的改变过程时,有什么关键因素在这个过程中突显出来呢? 我们中绝大多数人都着重于"获取恩典的途径",例如:查经、祷告、参与团契、阅读属灵书籍、领圣餐、服事与作见证等。神为我们提供这些途径与方法,好让我们能够达到终点;但是,它们毕竟不等同于终点! 对于改变来说,所有获取恩典的途径与方法都是良善的、必须的;但是,真正获取恩典的前提是——不能把这些途径与方法当成最终目的!

基督徒的生活,并不只限于这些途径与方法而已;它是比这些还来得更大、更广。有几处经文帮助我们思想与基督连合是多么美好的事情。在《哥林多后书》十一章 1 至 3 节,保罗运用婚姻的比喻来解释我们与基督的连合。在《歌罗西书》一章 15 至 23 节,描绘了一幅"基督是我们的新郎"的图画。在《歌罗西书》二章 1 至 15 节,我们发现,因着我们的信心,基督赐给了我们改变生命的益处。

与基督连合:《哥林多后书》十一章 1 至 3 节

对基督徒的生活来说,基督究竟位于怎样的核心地位? 这听起来也许是再明白不过了。但是,当你阅读使徒保罗对哥林多人所讲述的,你会发现事实上却不是如此! 他说,对基督徒而言,我们相当容易忽略将基督置于生活的中心。

但愿你们宽容我这一点愚妄，其实你们原是宽容我的。我为你们起的愤恨，原是神那样的愤恨。因为我曾把你们许配一个丈夫，要把你们如同贞洁的童女，献给基督。我只怕你们的心或偏于邪，失去那向基督所存纯一清洁的心，就像蛇用诡诈诱惑了夏娃一样。

（《哥林多后书》十一章 1～3 节）

保罗用为父之心来说这番话。他对哥林多教会的信徒没有持守贞洁来对待基督，心中既愤怒又嫉妒。保罗引用"婚姻的比喻"来描述我们与基督的关系。他说到：基督如同"新郎"；而哥林多教会的信徒，如同贞洁的新妇。但是，保罗担心他们会被试探所引诱；而且，他们的心爱虚假的事物胜过爱基督。虽然这段经文更着重在将来我们与基督婚姻的完全实现，它亦捕捉到现今我们与他连合的概念——我们与他的连合，从现在就开始了。

在第一世纪时，许配（engagement）的意义比现今来得重要多了。在当时，订婚（许配）的意义就好像是结婚一样。请注意马太记录耶稣诞生时所用的语气：

耶稣基督降生的事记在下面：他母亲马利亚已经许配了约瑟，还没有迎娶，马利亚就从圣灵怀了孕。她丈夫约瑟是个义人，不愿意明明地羞辱她，想要暗暗地把她休了。

> 正思念这事的时候,有主的使者向他梦中显现,说:"大
> 卫的子孙约瑟,不要怕! 只管娶过你的妻子马利亚来,因她
> 所怀的孕是从圣灵来的。她将要生一个儿子,你要给他起
> 名叫耶稣,因他要将自己的百姓从罪恶里救出来。"

(《马太福音》一章 18~21 节)

当约瑟与马利亚订婚(许配)时,马利亚从圣灵怀了耶稣。约瑟
曾考虑将马利亚休了,但是主的使者指示他不要这么做。虽然约瑟
与马利亚只是订婚;但就算是在正式的仪式与身体上的结合尚未发
生之前,约瑟已经可以被称为是马利亚的丈夫了。

同样,我们是已经"许配"(engaged)给基督,或是已经与基督
"连合"(married)了;而这位基督,就是我们的丈夫。我们现今所等
待的,就是那最终的圆满结局——当这个"许配"或是婚姻成为完整
的事实之际(抵达神所设立的终极目标、与主耶稣活在永恒里)。但
是,即使在这期间,圣经的作者也毫不犹豫地从婚姻的角度来谈论
基督徒与耶稣的关系。

使徒保罗用最亲密的词汇来描述基督徒与基督的关系。虽然这
些词汇亲密到近乎令人尴尬的地步,但这也是福音最奥妙的地方。
神借着基督,让我们这些罪人与他和好;而且欢迎我们进入一个与他
极其亲密又相当个人化的关系里。他并不只是宽容、忍耐我们,他还
为我们舍己,使我们能更靠近他。所以,基督是我们的新郎,我们是

他的新妇。我们已经许配给基督了,我们已经与他连合了。

"与基督连合"究竟蕴含什么意义? 我们是他爱的对象,因此,他也是我们至终爱慕的对象。保罗在劝勉哥林多教会的信徒时,是以一个心中充满嫉妒的父亲的姿态发出劝勉的。他不允许有任何事情,来取代或妥协基督徒与主耶稣的关系。他力劝哥林多教会,躲避假冒的拯救者以及虚假的福音;把他们的爱与盼望,专一地放在基督的身上。

有什么假冒的爱人,引诱你忘记了你真实的丈夫,以及忽略了他所应得的忠实呢? 为什么我们敬拜那些取代了基督的其他事物呢? 很显然,我们敬拜我们所自认为吸引人的事物。我们容让许多事物凌驾于基督的荣美之上。我们将心投注于工作、其他人、心态(舒适或安全)、成功、权力、平安、金钱。虽然在我们面前有许多选择,但是所有这一切都不能代表我们在基督里的身份。

对我来说,我很容易被享受舒适所诱惑。经过一天辛劳的工作,我已经预备好享受一些休息时光。我告诉自己:"这是我应得的!"虽然舒适与休闲是好事,但是当我个人的舒适比基督更重要的时候,它就会严重影响我,以至于显露出带着罪性的行为。例如:下班时,一开门就看见满屋吵闹的孩子,当他们被我视为挡住我通往舒适去处的障碍时,我瞬间就变成一个脾气粗暴的人。此时,我已经将我自己置于虚假的爱人(我个人的舒适)的温暖怀抱中。这样的情形以迅雷不及掩耳的速度发生,甚至在为彷徨无助的人作完协谈之后,紧接着就发生了!

当保罗力劝哥林多人(以及我们)时,他一针见血地指出,我们应当专注于我们与基督的关系,就像丈夫与妻子之间应当对配偶忠贞不渝一样。在祷告当中存着纯一清洁的心。保守你的心,抵御任何会影响到这个主要关系的事物,与任何会使你的忠贞动摇的事物争战。因为与基督的关系是如此容易偏离、误入歧路,所以你必须每时每刻抵御试探。在我们的生命当中,与基督的婚约是最重要的关系与境遇。

基督徒的生活,被错误地形容成不同模式。有些人将它看成是一笔交易:勤奋工作并获得酬劳。有些人将它看成是一道周密设计的属灵练习。其他人将它视为一个学位的追求:获得更多圣经以及神学的知识,以为这样就等同于认识神及爱神。但是,保罗提醒我们,与以上这些相比,基督徒的生命是更亲密、更个人、更广博的。请注意,在我与基督的连合上,有以下三个深奥的含意:

"如果从属灵层面而言,我是基督的新妇;那么我目前生命的核心不在于我个人的快乐与否,而在于属灵上的忠贞与圣洁。"

与其他婚约一样,夫妻最关键的是:我对对方是否忠贞。所以,我是应当以保持我对耶稣的忠贞为目标,还是在其他事物上寻求满足?因为我与基督连合,所以,属灵上的贞洁、纯一清洁的心与顺服应当是最重要的品格。不管顺境或逆境,我的心必须保持专注于我的丈夫——耶稣基督身上。

"我许配给基督已是一种现在与未来的安排。"

我在地上"现在"的生活,是为了我与基督"未来"的婚筵而准备的;婚宴的羔羊为所有的永恒设置场景。现今我在地上的生活是为了那日而预备的。虽然我今日确实经历了许多美好的部分,但是这个与基督婚约的完全实现,将会在天堂完成。因此,既然基督已经是那最终的奖赏,那么其他一切会吸引我远离基督的事物都不再重要了。生命中的每一个时刻都充满着机会,让我可以改变成为"那一位"的样式;而那一位,就是我与他连合的基督。

"基督徒的生活涵盖了所有的范畴。"

基督徒的生活,不只是在灵修、奉献金钱、参与事奉、熟习教义,或是在敬拜时拥有敬虔的感受而已。我很可能在从事这些活动时,并没有把基督放在我生命的核心!对保罗来说,基督徒生命的核心应该是:在这个世界中,当许多虚假的爱人企图得到我的忠心与情感时,我仍然持守对基督的忠诚。

如果基督的确是一生唯一值得为此而活的奖赏,我们就需要谨慎思考——他必定是非常奇妙与令人惊奇的!在圣经里有许多地方,就像诗人在《诗篇》二十七篇 4 节所说的一样,我们可以"瞻仰他的荣美";但是,我们并不会将自己局限于一处经节而已。谁是我们的新郎与丈夫? 在他身上有什么吸引人的地方? 当我们与他连合时,有哪些事物成为了我们的益处?

基督是我们的新郎：《歌罗西书》一章 15 至 23 节

对任何即将结婚的新人来说，最重要、最明显想询问的就是："我即将嫁娶的这个人，到底是一个怎样的人呢?"有些人在进入婚姻之前低估了婚姻中不可避免的责任与委身，所以大多数人在婚姻中为着这个决定忍受了极大痛苦。如果我即将对一个人许下一生的承诺，在我说"我愿意"之前，我会尽量多了解他。况且，耶稣告诉我们，在成为他的门徒之前，我们要去数算代价。

在《歌罗西书》中，对于这位无可比拟的新郎，保罗给了我们一个令人吃惊的描述。

> 爱子是那不能看见之神的像，是首生的，在一切被造的以先。因为万有都是靠他造的，无论是天上的，地上的；能看见的，不能看见的；或是有位的，主治的，执政的，掌权的；一概都是借着他造的，又是为他造的。他在万有之先；万有也靠他而立。他也是教会全体之首。他是元始，是从死里首先复生的，使他可以在凡事上居首位。因为父喜欢叫一切的丰盛在他里面居住。既然借着他在十字架上所流的血成就了和平，便借着他叫万有，无论是地上的、天上的都与自己和好了。
>
> 你们从前与神隔绝，因着恶行，心里与他为敌。但如今

他借着基督的肉身受死，叫你们与自己和好，都成了圣洁，没有瑕疵，无可责备，把你们引到自己面前。只要你们在所信的道上恒心，根基稳固，坚定不移，不至被引动失去福音的盼望。这福音就是你们所听过的，也是传与普天下万人听的，我保罗也作了这福音的执事。

（《歌罗西书》一章 15～23 节）

耶稣比任何受造之物都要令人敬畏与荣美！当我们以他究竟是谁的眼光注视着他时，为什么我们还会想将我们的情感屈就在其他受造物的身上呢？这个对基督生动鲜明的描写，提供了一连串令人惊叹的名称、品格与职份。对于他所当得的这些名称、品格与职份，可以帮助我们去认识他、爱慕他：

1. 他是神。因为他是神，所以他将神的荣耀显明了出来。

2. 他是首生的，在一切被造的以先。他是超群、卓越的那一位。

3. 他创造万物。每一件事物的存在，都要归功于他。

4. 万有为他而造。他是全宇宙的中心。

5. 他是永恒的（"他在万有之先"）。他在一切创造物之外，亦在一切创造物之上。

6. 万有靠他而立。他将所有事物连合在一起。

7. 他是教会全体之首。他是王，是教会生命的给予者。

8. 他是元首,是从死里首先复生的。缺少了他的复活,其他一切的复活都不可能成就。

9. 他在凡事上居首位。没有任何一件事物能够与他相比!

10. 天父一切的丰盛在他里面居住。我们不在其他任何地方寻求丰盛。

11. 他使万事借着他成为和平。在宇宙所及之地,他救赎的工作含括了一切,没有任何一件事物被撇下。

12. 他是和平的使者。他将神的王权带到人间,并让罪人与他自己连合,好让他们可以借着他的荣耀而欢欣鼓舞(而不是被压伤、损毁)。这一切事情的成就,皆因他甘愿放弃自己的荣耀,为我们受死、复活!

如此卓越又无比奇妙的耶稣,值得超越你生命中的一切事物。他值得你投注纯一清洁的心。他是你的创造者、救赎主、供应者;他是你真实的丈夫。也许,不管对主内的弟兄还是姐妹来说,以这样的角度来称呼基督,似乎都显得有些怪异;但这却是属灵的事实。人类的婚姻,只是我们与基督连合的影像与样式罢了。神设立婚姻,是为了帮助我们在地上了解究竟什么是与他有个人的关系。

基督是你生活的中心吗? 在你的家庭、事业、友谊、婚姻、饮食、性爱、服事、思想、娱乐、时间与金钱上,对于基督,你显示出纯一清洁的心吗?

耶稣是我们"最出类拔萃"（par excellence）的新郎与丈夫。在与他的连合当中，他带来了什么？而我们又带来了什么？《歌罗西书》一章 21 至 23 节及二章 1 至 15 节，保罗为我们描绘了一幅更详尽的图画。

我们与基督连合的福气：《歌罗西书》一章 21 至 23 节，二章 1 至 15 节

当我与太太结婚时，我们并没有完全明白，自己究竟进入了一种什么样的生活。诚然，在婚前，我们根植于自己所理解的，在信心上迈进了一步。我们将我们的决定交托于神的恩典与怜悯；相信他有能力使我们在婚姻当中成长。随着时间流逝，在婚姻中，我们发现了每一个人都有长处，也发现我们每一个人的罪与缺点。

我们与基督的婚姻是不同的。基督带来了资产，而我们所带来的是负债。但是，基督仍然将他自己与我们连合在一起！

当一对新人结婚的时候，他们通常想知道，当配偶对他真正有所认识时，会是什么反应？当你的配偶就算认识了你的本相，但无论如何还仍然爱你的时候，这才是婚姻真正被命定的模样！我们与基督的婚姻也是一样。我们无法真正认识到自己是何等有福，除非我们真正了解我们的本相。然后，我们就会惊叹，我们的主耶稣是何等的良善与恩慈。在《歌罗西书》一至二章当中，保罗所描写的基督在与我们的关系中所带来的益处，与"我们究竟是谁"有着清晰的对比。

你们从前与神隔绝,因着恶行,心里与他为敌。但如今他借着基督的肉身受死,叫你们与自己和好,都成了圣洁,没有瑕疵,无可责备,把你们引到自己面前。只要你们在所信的道上恒心,根基稳固,坚定不移,不至被引动失去福音的盼望。这福音就是你们所听过的,也是传与普天下万人听的,我保罗也作了这福音的执事。

(《歌罗西书》一章 21~23 节)

保罗继续说道,

我愿意你们晓得,我为你们和老底嘉人,并一切没有与我亲自见面的人,是何等的尽心竭力;要叫他们的心得安慰,因爱心互相联络,以致丰丰足足在悟性中有充足的信心,使他们真知神的奥秘,就是基督;所积蓄的一切智慧知识,都在他里面藏着。我说这话,免得有人用花言巧语迷惑你们。我身子虽与你们相离,心却与你们同在,见你们循规蹈矩,信基督的心也坚固,我就欢喜了。

你们既然接受了主基督耶稣,就当遵他而行,在他里面生根建造,信心坚固,正如你们所领的教训,感谢的心也更增长了。

你们要谨慎,恐怕有人用他的理学和虚空的妄言,不照着基督,乃照人间的遗传和世上的小学就把你们掳去。

　　因为神本性一切的丰盛都有形有体地居住在基督里面,你们在他里面也得了丰盛。他是各样执政掌权者的元首。你们在他里面也受了不是人手所行的割礼,乃是基督使你们脱去肉体情欲的割礼。你们既受洗与他一同埋葬,也就在此与他一同复活,都因信那叫他从死里复活神的功用。

　　你们从前在过犯和未受割礼的肉体中死了,神赦免了你们一切过犯,便叫你们与基督一同活过来;又涂抹了在律例上所写攻击我们,有碍于我们的字据,把它撤去,钉在十字架上。既将一切执政的、掌权的掳来,明显给众人看,就仗着十字架夸胜。

(《歌罗西书》二章 1～15 节)

　　在与基督的婚姻当中,基督所带来的、与我们所带来的,有多么明显的不同啊!我们应当问自己这样一个问题:"基督究竟在我们身上看见了什么,以至于他选择我们成为他施慈爱、恩典的对象呢?"答案非常明显,"在我们的身上,一无是处!"他愿意将他的恩典浇灌在我们身上的原因,仅仅是因为他愿意做这样的选择!

　　在我们与基督的婚姻当中,我们究竟带进了什么?

　　我们因着罪与神隔绝(参考一章 21～23 节)。在神的面前,有两个词汇形容我们所处的地位：我们是"与神隔绝"的，并且是"神的仇敌"。罪让我们与神疏离，并且让我们与他对立。我们以顽强的态度来悖逆他。

我们是愚昧、眼瞎的（参考二章 1～5 节）。罪使我们成为愚昧的人。我们很容易受欺骗，被空洞的哲理所吸引，容易被花言巧语所迷惑。这些会引诱我们远离基督。罪让我们盲目于自己的罪！我们以为自己很好；对于生活，以为自己拥有许多洞见与能力。但是，通常相反的景况，才是更真实的！

我们是无能的、是被辖制的（参考二章 9～15 节）。保罗使用了"死亡"这个词汇，来描述我们的无助与受困。当你死了，你就没有能力去做任何事情；而且，你也无法纠正或改善自己。即使我们曾经想去做神要求我们做的事（我们无法达成，因为我们是与仇敌为伍），以及就算我们曾经明白，做什么是能讨他喜悦的（我们还是不明白，因为我们是愚昧的，并且将真理压抑在不义之中），我们仍然无法达成其中任何一项，因为我们没有能力去做那些在神眼中讨神喜悦的事。尽管如此，基督仍然渴望与我们维系个人的关系。就像保罗在《罗马书》五章 8 节中所作的结论："唯有基督在我们还作罪人的时候为我们死，神的爱就在此向我们显明了。"

在某种程度上，这段经文在你与基督连合的前夕，发挥了查验真相的功效。如果你接受了这些描述你自己的真相，对于你未来的丈夫，你会充满罪咎与羞愧，而且非常清楚你并没有能力做一个完美、称职的伴侣！这时候，在你眼前有两个选择，你会怎么做呢？是预见有可能面临的失败，变得惊恐不安，继而落荒而逃？还是因着明白要娶你的人所具有的品格而深感安慰？

保罗要我们做第二个选择。这也是为什么，在这段经文的中间有一个呼召：每日活在与基督的相交与友谊里，每日借着不断寻求主来庆祝与基督连合的事实（参考二章 6～8 节）。在我们与基督的关系里，基督所带来的一切，正完美地填补了我们这些罪人在关系中所带来的缺欠、在处理关系上的无能为力，以及无法胜任解决在关系里所造成的困难。

耶稣使我们称义。我们是与神隔绝的、是有罪的、是悖逆的罪人；但是，他的降生、受死、复活，把我们从罪恶、惩罚、羞辱与罪的隔绝中释放出来。保罗说，我们在他面前，都成为圣洁、没有瑕疵、无可责备（参考《歌罗西书》一章 22 节）。这是令人难以想象的；然而，这的确已成为事实，是过去的恩典！

耶稣是我们的智慧。我们是愚拙、眼瞎的。但是，耶稣给予了我们所有的智能与知识的珍宝。他把我们从自己的愚昧中释放出来，并赐给我们智慧。这是现今的恩典。

耶稣是我们的力量。我们是无能、被辖制的。他给予我们更多现今的恩典、崭新的能力，来过一个神要我们拥有的生活。此外，当我们期盼在婚姻的比喻中所描绘出来的盼望时（参考《歌罗西书》一章5节），我们也拥有"未来"恩典的应许；而这个应许就是对天堂的盼望,以及与圣父、圣子、圣灵有一个永恒的关系。我们将与所有的圣徒同在,不再有罪的愧疚、罪的权势与罪的存在。

为何强调这些对比是如此重要的事情呢? 因为,基督徒生活的根基建立在接纳你真正是谁,以及信靠基督真正是谁。所以,你所做的每件事,都取决于你相信了多少你在基督里的福气,以及你将这些福气运用了多少。

如果你只定睛在自己身上,背负着沉重的罪恶感,你会倾向躲藏、找借口、怪罪他人、把事实合理化、掩盖自己的羞耻,而不是享受认罪的自由和饶恕的喜乐;而且,你也无法享受因信靠基督的智慧而得的持久果实! 你的基督徒生命将会缩小到只是遵循一连串简单的规条及行为准则,无法触及真实的问题所在,而对自己与基督关系中间的严重隔阂,视而不见。

试想有一位小男孩,生长在一个非常贫困的家庭里。他的一生常常处在营养不良的状况。在朋友当中,他是被嘲笑的对象。他没受什么教育,前途也相当堪忧。离家不久,他成为镇上一个有名的高尔夫球俱乐部的球童。有一天,他遇见一位富家女。令他吃惊的是,她竟然要求这位出身低微的男孩成为她的球童。此后,经过一段漫长的交往,更出乎意料的是,这段关系竟结出了婚姻的果实。就在男孩说出"我愿意"的那一刻,他的生活永远改变了! 他获得了新的地位、财富、权力及威望,而这些,没有一项是经过他个人的努力或是他应得的;只因这段新关系的建立带来了这些结果。他的婚姻改变了他是谁、他拥有什么、他如何经历生活,以及他将如何度过余生。

　　这个例子无法涵盖所有我们与我们的丈夫——基督的每一项事实,因为有一项重要的元素被遗漏了。我们所得到的改变不只是我们的环境、关系及地位;在最深的属灵层面上,我们变得不同了。因着基督恩典的能力,我们内在的属灵本质得以转变。我们从前是死的,如今是活的;我们从前是坚硬的石心,如今成为柔顺、受教的肉心。因此,我们成为"新造的人"(参考《哥林多后书》五章17节)。

　　基督徒生命的改变与成长,不是源于对正确的神学与纪律的顺服;而是源于我们与基督的关系。因为我与他联结,每日被圣灵所更新;在我心里的罪恶渐渐被拥有能力去爱人、敬拜神与喜乐所取代。我成为和平的使者;当圣灵在我生命中作工时,我学习忍耐、良善、仁慈、有信心、温柔与节制。

　　这就是基督徒的生命。我以喜乐的态度坚定地说:"在基督里,我是新造的人";并且,我以谦卑的态度承认:在我的心里,仍然有罪存留。所以,今日我仍然需要神的恩典,就像我初信之时一样。曾经辖管我生命的事物,现在圣灵已经胜过。虽然我还未完全像他,但是我在他的里面。所以,每日我彻底降伏在神面前,让他在我内心不断做更新的工作,而这工作正是神爱的焦点。

资产与负债：我们是如何忘记基督的

有什么事物成为你与耶稣建立亲密关系的拦阻呢？有什么"虚假的爱人"将你牵引，使你离开对基督纯一清洁的心呢？保罗明白那些他曾经视为资产的事物，变成阻挡他看见他对基督的需要的阻挡。

> 其实，我也可以靠肉体；若是别人想他可以靠肉体，我更可以靠着了。我第八天受割礼；我是以色列族、便雅悯支派的人，是希伯来人所生的希伯来人。就律法说，我是法利赛人；就热心说，我是逼迫教会的；就律法上的义说，我是无可指摘的。
>
> 只是我先前以为与我有益的，我现在因基督都当作有损的。不但如此，我也将万事当作有损的，因我以认识我主基督耶稣为至宝。我为他已经丢弃万事，看作粪土，为要得着基督；并且得以在他里面，不是有自己因律法而得的义，乃是有信基督的义，就是因信神而来的义。
>
> （《腓立比书》三章 4～9 节）

你所获得的资产

在人类彼此相处、交往的关系当中，每一个人都贡献出一些长处及恩赐。但是，在这里所要讨论的，并不是这一类资产。过去，保罗信赖自身的成就、家世、道德。所有这些事物都是福气，但是，他错误地信靠自己所缔造出来的这些可夸耀的成就。我们也会做同样的事，信靠自身的表现与顺服，但是，我们并不明白神赐给我们这些天赋与长处，目的是用这些来引导我们向神献上感谢，与他更亲密。

有哪些你视为长处和资产的东西，将你的心从感恩拉至骄傲的境地呢？不管这些长处是什么，它们都会成为负债；而这些负债会阻拦你，使你看不见自己对基督持续不断的需要。例如，你为人父母，以讨神喜悦的方式忠实养育你的孩子；这样恩典的足迹，也可能成为负债吗？是的！这样的恩赐也许会让你失去信靠神的眼光；对于那些在如何妥善抚养孩子上挣扎不已的父母，你成为论断、批评的人。当你仰赖你的恩赐，而不是倚靠基督时，你不仅无法看见这些恩赐的相貌，它们也会蒙蔽你，让你无法看见耶稣。

基督的资产

在与基督连合的同时，耶稣所带来的是净资产，没有负债（参考《腓立比书》三章9节）！此外，他还将我们的负债还清了！当我们看见这一点时，它改变了我们对发生在我们身上事情的眼光。如果祝福临到，便是我们向神献上感恩的机会；如果困难临到，便是我们倚靠他并获得成长的机会。

所有人对生活的反应，都取决于我们如何看待自己，以及认为我们所拥有的是什么。假设你是一个无家可归的人，靠着在街头乞讨零钱过生活。有一天,你得知有位很富有的伯父去世了,并留下一笔财富给你。虽然你并没有做任何事去得到你应得的;但是,所有属于他的东西顿时都变成你的了。之后,你会如何呢?继续在街头乞讨吗?当然不会!如果你的头脑是清醒的,你会领取这笔财富来购置一幢房屋;也许你也会寻求方法,帮助过去那些你在街头认识的人。

基督在与你的关系中,带来了莫大的资产。现今,这些资产是属于你的了;在他名下有多少资产,在你名下就有同样多的资产。他已经让你成为他资产的继承人;你银行的账户里是满的。从现在开始,你可以过一个与"你真正是谁"的身份相称的生活。

真实生活中的实践

《彼得后书》一章 3 至 9 节,使徒彼得说,那些生活闲懒、不结果子的基督徒,原因在于:在基督里,他们忘记了自己究竟是谁。我们与基督的连合是如何影响我们在困境中或祝福中的生活方式的呢?请考虑以下的例子。

失业

在我们的文化里,拥有一份薪资不错的工作是很重要的。对一些人来说,它就是个人的安全感及身份。失业并不只带来财务上的压力;而且,当人们将他们的身份及安全感附着在一个也许明日就消失的东西上时,失业就会撼动他们的整个世界。

相反的,对于职业的看法,一位信徒是能够抱持着"对在基督里的身份与安全感"的态度的。所以，失业虽然令人备受伤害，但是并不代表我人生最重要的东西正濒临危险。因为你与基督连合，所以你已经拥有超越自己的智慧、品格与能力的资源。你的丈夫正掌握着你生活中的细节，而且也以你的好处为他的目标。这个真理保守我不被沮丧击倒，使我能以勇气及信心来回应生命中的难处。

从事一份无人感激的工作

当我们在人际关系、环境与成就中寻求成就感时，若落入一个不称心的工作，暂时又没有脱离的可能时，人们就会觉得困难极了。但是，当我们因与基督连合的关系而感到内在的满足时，我们对生活的态度就不会总是感到不如意，而是以满足和喜乐来面对每一天的生活。这些满足和喜乐不是任何一份工作所能给予的。这并不表示你再也不会气馁，不会感到疲累、枯燥无味；但是，这表示你拥有一位可以信赖的人，而这个人将会帮助你度过困境。

我们是从众多人当中被拣选出来，去过与基督建立亲密连结的生活。令人惊讶的是，神竟在各样事上容忍我们。单单被邀请参加婚宴，已经是极为荣耀的事了；我们竟然成为万王之王、万主之主的新妇，这是一件超过我们所能理解的事！当你开始了解这项事实时，你的生活就会不由自主地意识到属于你的尊荣、特权、祝福。是的，你的工作也许令你觉得枯燥乏味；是的，你希望能做一份较有意义的工作；是的，你希望能够有个出路；但是，你工作的目的并不在于寻求成就感。工作也许会给予你一些尊严感；但它并无法定义你的身份。在基督里，你是丰盛、喜乐与满足的。虽然并没有人感激你在工作上的贡献，但你深知基督从来不会忘记，你奉他的名所做的每一件事情。身为"基督的新妇"，你已经和宇宙中最重要的人物相连结。你与基督的连合，赋予了你在每日行事为人的意义与目的。

单亲父母的重担

当你意识到这份工作原本需要两个人（一位丈夫，及一位妻子）才能完成时，想要不感到恐慌是很困难的。它不仅看来不可能，也不公平。这样的反应常常根植于一个严重的错误：我们仰赖自己，看看自己是否有智慧和力量去完成该做的事情。当我们发现自己没有能力完成时，我们就感到挫折、愤怒和苦毒。我们忘记了在基督里自己的身份到底是什么。没有一个单亲（或已婚）的父母拥有足够的智慧来照顾他的孩子。但是，基督是一切智慧的源头；他应许将智慧赐给他的新妇。没有一个单亲父母拥有胜任这个角色所需的敬虔品格，但是基督已赐下他的圣灵给我们。所以，我们有能力去说当说的话、去做正确的事。你也许是一位单亲父母，但是你仍然许配给基督；所以，在你承认自己无法扮演的困难角色里，他将会提供你一切所需。

长期的身体病痛

我们有一种倾向，总假定我们的身体应该是健康的；即使有病痛,也只是暂时的。当人们将身体的健康视为安全感与幸福的来源时,身体的病痛就更加难以承受了。在这个败坏的世界里,我们的身体总是处于衰败当中;所以将盼望寄托于健康的身体,是相当不明智的。

身强体健并不是决定人生是否宝贵的唯一标准,这样的想法会让我们对生活的反应产生很大的不同。虽然缺乏健康会使你的生活艰难,但它并不能夺取你的身份、价值、目标、喜乐以及个人在主里的安息。所以,当明白你是永远与基督连合,并抱持这样的态度来面对身体上的疾病时,你就会经历到以上所陈述的。对于这点,保罗是这样讲述的:"外体虽然毁坏,内心却一天新似一天。"(参考《哥林多后书》四章 16 节)正因为我们与基督连合,不管身体状况如何,在每天早晨我们都被主的恩典所更新;每一日都被主的爱所鼓舞;每个时刻都被圣灵赋予能力。我们仍想保持自己的体能,避免慢性疾病,逃避生病;但是,我们并不以身体的健康来评估自己生命的价值。我们应将自己的眼目定睛在我们与基督连合的事实以及他所赐与我们的资源上。

地上的成功与祝福

与基督连合不仅帮助我们经历地上的困境,同样,我们亦经历美好的祝福。这些祝福可以与负债、困境数量同等。当一切顺遂时,我们会认为我们比那些正在受苦的人更蒙神的喜爱;我们会自以为义,

并批评他人。当神赐与以色列民流奶与蜜之地时,神知道祝福之下的试探。当他们进入应许之地时,他提醒他们不要将他忘记:

> 你吃得饱足,就要称颂耶和华你的神,因他将那美地赐给你了。你要谨慎,免得忘记耶和华你的神,不守他的诫命、典章、律例,就是我今日所吩咐你的;恐怕你吃得饱足,建造美好的房屋居住,你的牛羊加多,你的金银增添,并你所有的全都加增,你就心高气傲,忘记耶和华你的神,就是将你从埃及地为奴之家领出来的……
>
> 恐怕你心里说:"这货财是我力量、我能力得来的。"你要记念耶和华你的神,因为得货财的力量是他给你的,为要坚定他向你列祖起誓所立的约,像今日一样。你若忘记耶和华你的神,随从别神,事奉敬拜,你们必定灭亡;这是我今日警戒你们的。耶和华在你们面前怎样使列国的民灭亡,你们也必照样灭亡,因为你们不听从耶和华你们神的话。
>
> (《申命记》八章 10～20 节)

每当经历困苦与祝福时,遗忘神以及滋长骄傲、独立于神之外的想法都是相当吸引人的。但是,记住你与基督的连合,它会提醒你:在你的生命中,好的事物是神怜悯与恩典的结果,并不是基于自己的智慧、良善与努力。任何靠我们自己努力得来的成果,都起始于神所赐的力量；而这些努力之所以能够持续，是因为神从来没有违背他与我们所立的约！

在经历困苦与祝福的过程中，基督会赐给我们一切所需的目的，是要将我们与他的关系拉近，并享受他的丰富与美好。也许我们会觉得疲惫，但是我们并不气馁。也许我们会觉得悲伤，但是我们不至于失去盼望。我们将会忍受痛苦，但是我们不至于轻言放弃。我们将会享受祝福，但是我们不会滋长骄傲。我们明白，人生的意义并不在于我们拥有什么、感觉如何，或是成就了什么；而是在于，在基督里，我们究竟是谁（我们的身份）？明白这个真理，会在我们曾经跌倒的地方，帮助我们重新站立起来。

当我们思考改变是如何发生的，我们需要从源头开始。我们拥有未来，是因为神已经应许，他会完成在我们里面已经开始的善工。我们拥有一位从罪中将我们拯救出来的救赎主。他不仅赐给我们原本属于他的圣灵，还将我们聘为他的新妇。对我们个人而言，这是真实的；不仅如此，我们还隶属于一个更大的群体——我们是基督的肢体。基督的新妇是由每一个相信基督，以及与他连合的人所组成的。因此，在下一章讨论"改变"时，"群体"是我们将要探讨的内容。

第 **5** 章
改变需要群体的生活

在前几章，我们着重探讨在神的恩典中，个人生命的成长与改变。但是，这个过程并不只是靠单打独斗的方式就可以简单完成的。生命更新与改变最基本、最佳的环境，是在一个群体当中。

请容我先分享一个姐妹的故事。这位姐妹五年前开放她的家庭，开始了一个小组聚会。她坦白说，在这个小组五年的事奉当中，她所参与的工作给她带来了心中深刻的喜乐和满足。假如我们想要在敬虔的品格上成长，我们必须明白她所描述的种种，就是我们在人际关系里所要达到的核心目的。

在过去五年当中，我和我的丈夫共同参与并服事同一个小组。与许多小组一样，我们经常一起享用爱宴，实际操练彼此相爱，并在教会中一起参与服事我们这个小组之外的需求。我们敬拜、研读神的话语，并且一起祷告。我们更加明白神自己，也更多了解耶稣已经为我们成就了什么；更深入认识到身为神国度里的一员，他在我们身上的心意和目标、他渴望改变我们与他所赐的能力，以及其他许多宝贵的真理。在爱神及爱人方面，我们已经颇有长进，并且不断挑战自己认罪悔改。此外，我们也在生命的每一个地方，学习如何信靠神。

对我们来说，当人们愿意在小组中分享他们在试探上的挣扎与罪，并寻求彼此代祷时，那真是一个前所未有的经历……大家对我们毫无保留的接纳，挑战我们更愿意承认自己的软弱，在祷告中相互扶持，在持续、具体的挣扎中寻求鼓舞；整个团体生活，使我们与大家的友谊更加深入，更加甜美。我曾经目睹一位姐妹向我们公开分享她心中的挣扎，她一只脚踏入教会，另一只脚却不肯离开世俗的享乐。我们众人多次为她祷告，求神指示她逃避试探的方法；后来，我们看见了神拯救她的工作。正因为她的坦然，让我们能够坐在最佳的看台，亲眼见证神的大能如何与她的软弱贯穿、交织。她持续不断地谦卑自己，并且在敬虔中努力成长。她的榜样鼓励我们彼此谦卑，并且坚信神也有能力改变我们。

我们生活在这个彼此关系密切的团体中，已经有几年的时间了。比起只是主日去教会聚会那样的生活，我们在这个团体中，更能清楚地看到神的工作。有一位弟兄曾在他过往的生活中经历许多剧烈的挣扎，他的脾气不是很好，非常暴躁易怒;但是在小组中,从认罪悔改并委身于一对一的人际关系中,他的生命明显有所改变与成长。因此,他已经愿意聆听别人对他的鼓励与挑战,并且就算在他个人的挣扎当中,他始终都没有离开群体生活……他已经成为一位服事他人、更好的倾听者、更善待妻子的实际见证。

我们整个小组已经一起对抗过焦虑、克服过人与人之间的冲突、处理饶恕、家庭、小信、畏惧人、伪善、失业、疾病、缺乏爱、偶像与婚姻冲突的问题,并对付神所不喜悦的欲望与渴求。我们建立了彼此信任的关系,互相帮助、彼此鼓励,相互监督、共同成长。我们一起欢笑,一起悲伤,一起庆祝。有彼此得罪的,我们努力帮助他们和好,爱神爱人,建造基督的身体。

在春季的时候,有一位刚加入的弟兄决定离开我们。因为他觉得我们没有完全体会他的孤单,让他失望了;因此,整个小组觉得非常难过。我会提起这件事是想说明,就算在小组里有诸般好处;但是,这毕竟还是一个罪人的小组。完全是因为耶稣的缘故,让我们值得聚在一起。若将我们的人际关系与神分离……我们不能为别人提供任何帮助。但是,只要我们定睛在耶稣的身上,在我们所有人的生命当中,这个小组就有潜力去缔造一生之久的改变与更新。

……每当星期一晚间七点时分,我就会迫切期待听到

弟兄姐妹到达我家门口的声音。我从来无法预知那个晚上
将会如何,人们在生活中有什么样的负担,我将会面对什么
样的挑战;或是我们会一起分享什么样令人欢笑与流泪的
故事。但是,有一点我是十分确定的,那就是我们的大牧者
——基督——今晚会与我们相遇。也因为他与我们聚在一
起,我们的生命将会更加丰盛、圆满。

……我盼望此时阅读此书的你,听了我的故事之后会
受到鼓舞。希望你加入一个人数不必太多的小组中,并且
在这样亲密的环境里,经历基督群体的祝福。[1]

生活在张力之中

在这个见证里我们看见,人与人之间带着挽回、救赎性质的友
谊,在生命改变的进程中是多么重要。此外,这些人际关系若要发生
功效,我们也看见在"我们能够得到什么"与"我们必须忍耐什么"之
间,总是存在着持续不断的张力。电影《单亲插班生》(About a Boy)
将这个张力描写得惟妙惟肖。在电影里,一位单身男士摇摆于渴望
单身的自由及经营一段有意义的人际关系之间。当故事一开始时,
男主角正沉思于他的窘境之中:

依我所见,所有的男人都是孤岛。不仅过去是,现在更

是成为孤岛的黄金时代。这是一个孤岛的时代。譬如说，一百年前你需要倚赖其他的人……然而现在，你看，你可以让自己成为一座小小的孤岛天堂！只要拥有一些生活必需品，更重要的是调整好你的心态，对年轻的瑞典观光客来说，你就可以尽情享受阳光的沐浴、满目的热带风情、令人流连忘返的美景……只可惜，令人沮丧的事实是，就像许多居住在海岛的人一样，没过多久，我还是得住回陆地。

电影继续围绕着这位单身男子的生活展开。不久，他认识了一位朋友；随着这段关系的不断进展，他放弃了单身时所享受的自由。这个故事描绘了人类对人际关系深切的渴望；不但如此，归根究底，有意义的人际关系是值得人类去追寻的。

从另一个角度来看，避免与人产生深入的人际关系，也是可以理解的。因为与人交往总需要劳心劳力、做出牺牲、谦卑忍让及放弃自我。当爱另一个人的想法和一点点人类与生俱来的本质轻轻相遇时，就会暴露出我们带着罪性的自我中心。在《培养一名基督徒需要整个教会的力量：看属神的群体，如何改变生命》(*It Takes a Church to Raise a Christian: How the Community of God Change Lives*)这本书中，鲍辛格(Tod E. Bolsinger)的观察是：

今天的美国人比以往更相信这样的信条："我必须写下

我自己生命的剧本。"所以，像"人生的脚本，必须顺服在圣经这一位伟大的撰写者之下"的想法，是会显得相当格格不入的。更何况，我们个人的计划需要顺服于神故事之中的想法，必须由一个拥有着堕落人性所组成的群体来居中斡旋。单单这样一个概念，就已让人感到惊恐万分。因为，坦白说，我们并不喜欢任何人挡住我们的去路，也不喜欢任何人干预我们的希望与梦想。[2]

从一方面来看，我们需要友谊；但从另一方面看，我们又不需要它们！在创造当中，我们受造要居住在群体里；但是，因为堕落的缘故，我们倾向转离我们所需要的友谊。有太多时候，我们对友谊的寻求常常被罪所沾染。只有当友谊能满足我们自己的欲望与需求时，我们才会渴慕拥有它们。因此我们对于人际关系的追求是又爱又恨，矛盾重重。

圣经中虽然清楚阐明了两者之间不安的张力，但是，神仍然将我们个人在恩典中的成长，放在基督身体（一个属灵的群体关系）的大背景之下。圣经呼召我们在基督里亲密地与我们的弟兄姐妹相互连结。对持续不断的成长来说，我们彼此的团契生活是一个最根本的要素。神救赎的工作，不仅牵涉到我们个人与基督的关系，也牵涉到我们与他人的人际关系。

友谊与个人的改变

曾听过有人说"罪有应得"吗？身为一个基督徒,我们知道再也没有什么比这个更不是福音的了。在"罪有应得"这种观点中,说明了——第一点:"你制造的问题,没有回转的余地。所以,你只好一直陷在困境中。"第二点:"你不仅会永远在困境中动弹不得,而且你也孤立无援。"换句话说,不要期待别人能给你什么帮助。如果你希望事情能有所改变,你最好自己找到一个解决的方法。

乔过去是一个单身汉。他不仅感到孤独,而且对过去与他有过关系的人也心怀愤恨。他总是觉得别人在利用他,所以对待每一段可能发展为比较具有意义的友情,他都抱以愤世嫉俗的态度。因为乔常常习惯性地在社交上表现出无法被接纳,所以有一些基督徒会回避他。因此,这使他更加感到自己被他们背叛了。

可想而知,在属灵生活上,乔过得也不是很好。他刻意将自己与别人隔绝,但是内心深处又十分渴望有人了解、明白他的感受。每当他寻求帮助时,人们给他的无非是一套看似合乎圣经的教导,教他应当如何思考、怎样相信,并且如何面对问题。针对他的问题,人们通常只是要他单打独斗去改变。

乔身处在一个极大的矛盾下:他不喜欢人,却又渴求有人陪伴,甚至把人的陪伴当成是最重要的偶像一样顶礼膜拜。他会一面躲避人,又抱怨别人不关心他。有些好心人虽然看见了他在人际关系中的偶像，却又没有把他带进一个属灵的团体里，使他的生命在能够帮助他的朋友当中有所改变和成长。这样的恶性循环就像是在对他说："谁叫你拿偶像当灵粮呢？不可以吃它喔！"

乔的心里充满苦毒、感到困惑，这是可以理解的。他需要被帮助。他需要改变，同时也要对他生命中的问题负起责任。但是，他也需要一个充满友谊和爱的团体，在那里，他可以找到盼望、鼓励、挑战、诚信、友爱，并相互负起责任。可悲的是，没有人鼓励他去追求这种充满带着挽回、救赎性质的友谊。

那么，乔究竟需要什么？他需要知道：当基督带领我们进入神的家中时，不管我们在生命中制造了多少难题，我们都再也不孤单了！然而，许多信徒一面盼望个人生命得以成长与改变，一面又紧紧抓着世俗中所推崇的独立自主的信条。有许多协助者并没有鼓励挣扎的人们，进入充满挽回、救赎关系的丰富环境里；取而代之的是，他们执着在我们社会中那些贫瘠的个人主义里。在与罪争战和寻求更像基督的道路上，他们拥有的是"耶稣与我"的心态。起初，也许我们会想，"这有什么不妥呢？毕竟与人交往既费时又费心，谁需要呢？我大可以读经与祷告就好了！花时间与其他人相处，太没有效率了！"

但是，神有一个更大的，或者坦白地说，更复杂的计划。在这一章开头时的见证里，我们看见，改变是神定意要他的子民共同去经历的。这是一个整体的目标。神在我们每个人身上所做的个别改变工作，是神更宽广的救赎故事中的一部分；这个大故事包括了各时代所有属神的百姓。你、乔、其他每一位信徒已经是这个故事与神家中的一部分；你生命中个人的改变乃是发生在这样前后连贯的背景里。在群体中改变，似乎与我们的直觉及想法背道而驰；但是，圣经却明确表示这是神使我们更像基督的方法。

像神自己一样生活在群体之中

你是否想过，为什么生活在群体之中是如此重要呢？对于这个问题，你的第一反应或许是——因为获得了良好的友谊而增加了个人的益处。虽然这些都相当有价值，但是，最重要的原因是——神自己生活在群体里！这听起来颇为怪异是吗？应当不会。神与他自己居住在群体当中！圣父、圣子、圣灵和谐又合一地住在一个完美的团契里。就像其他所有好的神学讨论都起始于"与神在一起"一样；当我们讨论到群体为何重要的时候，我们也应从"与神在一起"开始。一旦我们这样做的时候，它就从根本上改变了我们思考人际关系的方式，变成为以神为中心，而不是以人为中心。

约拿单·爱德华滋（Jonathan Edwards）用《哥林多前书》十三章讲了许多篇道，在第十六篇讲道的最后，他这样说：

> 神是爱的泉源；就像所有光线都是由太阳发射出来。
> 所以，神存在于天堂里，使天堂充满了爱。就好像在晴朗的

白天，在眼目可见的天堂里（大地），太阳闪耀着灿烂的光芒一样。圣徒告诉我们"神是爱"；所以，当我们看见他就是无穷、无限的那一位时，从他身上涌流出来的便是爱的泉源，永无止尽。当我们看见他是自有永有的那一位时，从他身上涌流出来的便是丰盛与满溢，是爱的泉源，永不枯竭。在那里，他是恒久不变、永恒的那一位；因此，他对我们的爱无穷无尽、直到永远。

在那里，天堂就是神的居所；从亘古至今，源源不断地流淌出神圣洁的爱。在那里，居住着圣父、圣子、圣灵；在无限亲密、深不可测、相互交织、永恒的爱中合而为一……而且，在那里，这个荣耀的泉源不断汇聚，形成爱的小溪，再形成爱与喜乐的小河；当这些小河涨溢时，便聚集成爱的海洋。在这爱的海洋之中，被拯救的灵魂，沐浴在最甜美的喜乐之中；他们的心就如同往常一样，洋溢着爱！[3]

三位一体中的每一位，无论是他的存在，还是他的工作，总是与其他两位连合在一起。我们是按照神荣美的形象而造。难道你没想过吗？我们与人亲密连结的这份渴望，在受造之初，已经蒙神应允，交织在我们的本性里吗？人类渴望连结，正是因为这是他们受造的目的。但是因为罪的进入，这个渴望被败坏了，而且容易沦为被崇拜的偶像。因为罪的缘故，我们渴望在其他人当中，找到所有我们盼望的人际关系。如果我们没有从这些人际关系当中得到我们想要的，我们常常会做伤害他人且有罪的事情。我们对人际关系的追求，通常是以自我为中心的。

但是，我们的神是一位救赎的神；他的作为令人全然惊叹。他让我们与他的关系和好，使我们与其他人的关系也跟着和好了。福音为友谊开启了一扇门；在那里，我们可以与基督的样式一致。当谈及这个新的群体——教会时，保罗清楚地看见了这一点。在《以弗所书》四章 1 至 6 节，保罗从前面所谈及的"神救赎个人"（第一～三章）的关系，转变到"我们被带进一个全新的群体"当中。他开始劝告教会，如何用福音实际操练每一天的生活，如何处理人际关系：

> 我为主被囚的劝你们：既然蒙召，行事为人就当与蒙召的恩相称。凡事谦虚、温柔、忍耐，用爱心互相宽容，用和平彼此联络，竭力保守圣灵所赐合而为一的心。身体只有一个，圣灵只有一个，正如你们蒙召同有一个指望。一主，一信，一洗，一神，就是众人的父，超乎众人之上，贯乎众人之中，也住在众人之内。
>
> （《以弗所书》四章 1～6 节）

在神恩典的美好亮光中，使徒保罗呼召信徒在这崭新的群体中，与其他信徒建立深厚的人际关系，彼此建造出谦卑、忍耐、温柔、宽容的品格。他极力主张教会要提防分裂，竭力保守圣灵所赐合而为一的心。这个合一并不是靠我们创造的，而是在主里已经存在的事实。当你在基督里信靠他时，神就把我们迎接到他属灵的家中，与爱的来源、三位一体的神并他的家（教会）相互连结。在这样的亮光当中，圣父、圣子、圣灵之间如何相爱与合一，在人际关系当中，你也要确保不遗余力地去反映这样的光景。从起初、今时、直到末了，神是所有事物的核心。

保罗将他对这个群体的呼召，建立在一个牢固的基础上：三位一体的神的救赎工作。请注意第 4 至 6 节，使徒保罗是如何使用这个"一"字的。每一次他用"一"字时，都与三位一体的其中一位有关。只有一个圣灵，在一个身体里工作。因为有一位贯乎众人之中的神，所以我们才同有一个指望、一信、一洗。有一位天父，超乎一个家（教会）之上。皆因三位一体的神在创造与救赎中所完成的大工，所有祝福都是属于我们的。

让我们来深思，究竟三位一体的神成就了什么大工，好让我们成为一体，并与圣父、圣子、圣灵合而为一。在《创世记》第十五章，我们发现了一个不寻常的故事，记载了救赎的事迹。

> 耶和华又对他说："我是耶和华，曾领你出了迦勒底的吾珥，为要将这地赐你为业。"亚伯兰说："主耶和华啊，我怎能知道必得这地为业呢？"

他说:"你为我取一只三年的母牛,一只三年的母山羊,一只三年的公绵羊,一只斑鸠,一只雏鸽。"

亚伯兰就取了这些来,每样劈开,分成两半,一半对着一半地摆列,只有鸟没有劈开。有鸷鸟下来,落在那死畜的肉上,亚伯兰就把它吓飞了。

日头正落的时候,亚伯兰沉沉地睡了;忽然有惊人的大黑暗落在他身上。耶和华对亚伯兰说:"你要的确知道,你的后裔必寄居别人的地,又服侍那地的人;那地的人要苦待他们四百年。并且他们所要服侍的那国,我要惩罚,后来他们必带着许多财物从那里出来。但你要享大寿数,平平安安地归到你列祖那里,被人埋葬。到了第四代,他们必回到此地,因为亚摩利人的罪孽还没有满盈。"

日落天黑,不料有冒烟的炉并烧着的火把从那些肉块中经过。当那日,耶和华与亚伯兰立约,说:"我已赐给你的后裔,从埃及河直到幼发拉底河之地,就是基尼人、基尼洗人、甲摩尼人、赫人、比利洗人、利乏音人、亚摩利人、迦南人、革迦撒人、耶布斯人之地。"

(《创世记》十五章 7～21 节)

在亚伯兰和神这个奇妙的相遇里,究竟发生了什么事? 亚伯兰对神的信心有些挣扎,所以神在这时帮助了他。他告诉亚伯兰将一些动物劈成两半。那一夜,有冒烟的炉并烧着的火把从那些肉块中经过。神是在说:"如果我没有守住我的应许,愿发生在这些动物身上的事情,也发生在我的身上!"这是一个自我咒诅的约。神说:"如果我没有守住我的协议,让我的身体也像这些动物一样被撕裂!"就在这个约立下两千年后,神的独生爱子耶稣被挂在十字架上,他大声哭喊说:"我的神!我的神!为什么要离弃我?"神让本该发生在我们身上的事,发生在耶稣身上。我们是那位没有守住承诺的人,但是从未被分开过的三位一体真神却被撕裂了。正因如此,我们才得以在基督里与他连合,并与其他信徒连合,成为弟兄姐妹。在圣父、圣子、圣灵之间完美的爱、合一、喜乐,为了我们的缘故曾一度被硬生生拆毁。

这是我们建立所有人际关系的基础。每一次,当你倾向逃避其他信徒时,请记住:圣父、圣子、圣灵曾一度被分离,所以,你们才得以合一。每当你犯了罪,或是被主内的弟兄姐妹得罪了,你就应该想想圣父、圣子、圣灵曾一度为了你而被分离;这样,你就能主动与他们和好!如果我们一直以这一幅图画作为我们属灵生活的指南,那么我们在基督身体里的人际关系,就会发生很大的变化。在《以弗所书》第四章,保罗说,在某些程度上,你若做到这些,你将会被"建立"(12节),"长大成人"(13节),"满有基督长成的身量"(13节),并且"凡事长进,连于元首基督"(15节)。

归属于神的家

当我们将信心建立在圣父、圣子、圣灵的工作上时,我们在他的同在中被他接纳;他不仅废除我们企图想靠自己的能力,在他的面前去赢得他对我们的接纳,并且他也仁慈、和蔼地原谅我们的过犯。此外,他也收养(adopt)我们成为他的儿女。我们常常从利己的眼光来看这个被收养的祝福:我是神的儿女。不错,这的确是个事实,但是,你被收养的事实远远超过个人的祝福;这个祝福是你已经被收养进入一个新的家庭。所以,这个收养的祝福,既是个人的,也是群体的。当我与太太决定收养我们的第四个小孩时,他不只得到一个母亲、一个父亲,他还得到其他三个兄弟姐妹! 同时,在比较大的社交群体(他的家庭)里,他也成为其中重要的一员。

当使徒保罗造就新信徒的时候,他不断提醒他们在基督和他的百姓那里可以得到帮助。在《以弗所书》二章 14 至 22 节,使徒保罗阐述了这一项真理。保罗告诉以弗所的信徒,如今他们是这个比他们自己更大的群体的一部分。

> 因他使我们和睦,将两下合而为一,拆毁了中间隔断的墙;而且以自己的身体废掉冤仇,就是那记在律法上的规条,为要将两下借着自己造成一个新人,如此便成就了和睦。既在十字架上灭了冤仇,便借这十字架使两下归为一

体，与神和好了，并且来传和平的福音给你们远处的人，也给那近处的人。因为我们两下借着他被一个圣灵所感，得以进到父面前。

这样，你们不再作外人和客旅，是与圣徒同国，是神家里的人了；并且被建造在使徒和先知的根基上，有基督耶稣自己为房角石，各房靠他联络得合适，渐渐成为主的圣殿。你们也靠他同被建造，成为神借着圣灵居住的所在。

神想要在属他的子民身上，寻求完成什么样的工作？他本意要使我们在群体中，与其他基督徒相互往来，彼此接近。他已拆毁隔断的墙；所以，我们可以同心盼望、关爱、敬拜、服事。这对他而言，是相当重要的。

读了这段经文，人们不可能再认为基督教只是一个"只有神与我"的宗教。你或许曾听到有人说："对呀，我是基督徒，但我不去教会；我有神就足够了，为什么还要去教会呢？"或是，"最重要的是我个人对基督的委身，不是对教会。"圣经从来没有将这两者分开。我们得蒙神的救赎，是把我们与神和他的子民连结在一起。这不是二选一的安排，而是两者兼俱的安排。所以，救赎不是只在天堂里，在神的宝座前与属他的子民连合而已；现今，我们个人与神的关系，就将我们与其他信徒连接在一起了！

请注意保罗如何将此点表明出来：他说神已"拆毁了中间隔断

的墙","为要将两下借着自己造成一个新人",我们"是与众圣徒同国,是神家里的人了",我们是"靠他同被建造,成为神借着圣灵居住的所在……"。因此,若是我们只有与神单独在一起,就不可能成为合神心意的基督徒。那不是神的本意。当我们受洗之后,神要我们转变成为什么样的基督徒呢？我们在基督里同为一体,同蒙改变。

因为我们习惯从如此利己的眼光来读经；所以,保罗特别提醒我们,我们需要从整个圣经的角度来看重这些强而有力的群体。在旧约当中,神清楚告诉以色列的百姓："你们要作我的子民,我要作你们的神。"显然,"你们"这个字是复数,是指群体而言。当保罗与新约的作者提及基督的肢体时,整体而言,他们的文字几乎常常指向教会。在《罗马书》十二章1至2节有一句话,其实不应当单单用在个别的基督徒身上。请仔细看,保罗极力主张教会应当"将身体（复数）献上,当作活祭（单数）"。你会觉得有些奇怪吗？他呼召所有个体（组成教会的成员）在神面前,将自己合一地献为活祭（一个活祭）？

这样的看见,对你有什么样的冲击？让你觉得惊讶吗？不安吗？使你觉得厌烦,还是备受鼓舞？在你现在的生活当中,有多少人际交往能够让你建立足够深厚的发展关系,以至于能帮助你成长及改变呢？在与人相处的过程中,有哪些因素使你不能与人建立起这些带着挽回、救赎性质的人际关系呢？请思考下列项目,并询问自己其中有哪些与你目前的情形相符。

- 忙碌的生活(使得人际关系变得疏远与漠视)。

- 完全陷入以娱乐和活动为基础的友谊里。

- 刻意躲避亲密的人际关系(太可怕或太复杂)。

- 对于教会聚会与活动表面委身,但无法与人真正连结。

- 单向的服事关系(总是在服事别人,而没有让你自己被别人来服事)。

- 一种以自我为中心、专注于自我、"以满足我感觉上需要"的人际关系,以至于你常常从别人那里获得好处,而鲜少施与。

- 只以私下的、单独的、"只有我与神"的方式来过基督徒的生活。

- 以追求神学取代群体生活。把认识神变成一种追求知识的生活方式,而不是真正寻求神,与他的百姓连合。

上面所举的例子,哪一项可以运用在你身上？请想想你最亲密的人际关系：你的配偶、父母、孩子或是小组。究竟有什么是需要改变的,好让这些已经在你生活中的人们,与你形成更具有意义的人际关系？美国文化也许过度推崇为人伸张正义、单枪匹马走出城镇的英雄人物——独行侠(Long Ranger)、克林伊斯威特(Clint Eastwood)、超人(Superman)。但是,那种以孤独行径来做改变的方法是圣经里所没有的。事实上,圣经视它为弱点,而非长处！依据圣经,具有高尚品格的人应会拥有真挚的友谊,而且,他们也成为别人真诚的朋友。毕竟,这岂不是第二个诫命"爱你的邻舍"中最基本的要素吗? 当我们被收养进入神的家时,我们拥有许多我们可以去关爱的弟兄姐妹!

的确,这并不是一件简单的事。与人交往常常是没有效率、复杂、耗费时间的。从我们的观点来看,是没有效率;但是,从神的观点来说,却是人在恩典中成长的最佳方式。我们的价值观与神的价值观相互抵触;但是,神在我们生命中所做的事,是给我们带来更新与改变的最佳途径。这表示我们必须拨出时间,让这种带着挽回、救赎性质的友谊成长与茁壮。但是,我们也必须实事求是。紧密的人际关系往往比较像是这样——你会得罪他人,而他人也会得罪你;因此,操练饶恕与认罪悔改是必不可少的。总会有一些时刻,就算你觉得缺乏资源,但是你仍需要去服事他人;而且,总有一些时候,你也需要别人来服事你! 这些听起来不像充满着挑战;但是,如果你心高气傲,这将是你最不想做的事情!

正是这些原因,群体才成为神计划转变我们拥有基督形象的一个如此重要的部分。生活在群体当中,迫使我们向自己的老我死亡。总会有一些时刻,当我们关爱他人,并且容让他人来服事、关爱我们的时候,我们感觉像死亡一般难以接受;但是,在基督里,这是通往真实生活的路径。当我们越了解我们的内心,我们越看见——若不是神的恩典,我们根本无法从只专注于自我的个人,蜕变到进入一个爱的群体。由此可见,生活在一个充满救赎的关系里,不仅能够让我们看到自己需要改变,同时也能够帮助我们改变!

在神的家中享受爱

《以弗所书》三章 14 至 21 节,强调神希望个人在肢体里成长的方法。有许多年的时间,当我研读这段经文所给予我的亮光时,我主要着重在个人的改变与基督的关系,却没有看到基督徒的个人生活与在较大的基督肢体中成圣是紧紧连在一起的。在这段经文里,作为犹太人的使徒保罗,警觉地看见犹太人与外邦人生活在同一个群体当中;要知道,在第一世纪,犹太人与外邦人站在同一位神面前的想法,是再激进不过的了! 因为在犹太人与外邦人中存在的紧张关系,比今日存在于美国的种族歧视还来得更大。有鉴于这层紧张关系,保罗仍然持续运用恩典在个人的身上;但是,这个个人并没有独立于团契的彼此相交。这样的观点,应当会避免我们从个人主义的眼光,来看《以弗所书》三章 14 至 21 节的教导。

因此,我在父面前屈膝(天上地上的各家,都是从他得名),求他按着他丰盛的荣耀,借着他的灵,叫你们心里的力量刚强起来,使基督因你们的信,住在你们心里,叫你们的爱心有根有基,能以和众圣徒一同明白基督的爱是何等长阔高深,并知道这爱是过于人所能测度的,便叫神一切所充满的,充满了你们。

神能照着运行在我们心里的大力，充充足足地成就一切，超过我们所求所想的。但愿他在教会中，并在基督耶稣里，得着荣耀，直到世世代代，永永远远。阿们！

当保罗祷告时，他希望以弗所的信徒能在心里刚强起来，领悟神爱的本质。他的祷告确实反映出他的期望，他希望个人要能真正认识神、明白他的爱。但是，对真理的认识与借着圣灵而得的力量，是从群体（由个人组成）来的；而这个群体的生活，是在与神相交以及个人彼此相交当中。

再一次看看保罗所运用的字句与口气，你能感受到基督的爱有多大吗？你能真正想到，怎样才能将这样的爱支取出来吗？基督的爱是如此长阔高深；换句话说，基督的爱是无限大的！所以，我们无法靠有限的自我，独自体会、理解这样的爱；我们需要从神而来的力量才能有这样的体会，我们也需要"和众圣徒一同"（18 节）明白这个真理。这就好像审判团需要借助十二名不同陪审员的智力，才能对事实有全盘的了解一样。当我们与彼此处在有意义的关系里时，我们每一个人对基督之爱的认识，都会带来独特的观点与体验。有人从成瘾的捆绑中被拯救出来；有人从深刻的痛苦中被医治；还有人靠着神的恩典，维系着一段艰难的婚姻。这样的例子可以一直延伸下去，不胜枚举。当我们在这样的群体中分享我们的生命时，就好像一颗晶莹剔透的钻石，每个小小的切面都放射出闪亮的光芒。这颗钻石就是基督的爱。当我们齐聚一堂时,我们对神无限之爱的理解与经验,就更加丰盛、坚固、深邃。我们个人不仅在恩典中成长,信心得以坚固,而且整个肢体也在神恩典的大能与神恩典的盼望中建立起来!基督徒的生命不仅限于个人,而是比个人更大、更丰富、更深邃。

保罗为以弗所人的祷告是:他们的爱心能一同有根、有基,因为这是唯一能被神的大能与丰富充满的方法。离群索居的个人,无法达到神为他们设计的成熟度。唯有生活在一个彼此相爱、蒙神救赎的群体中,这个丰盛才可能发生;而在这个得蒙救赎的群体里,我们可以来庆祝福音的每一个层面。

当我们继续往下读到《以弗所书》第四章时,我们看见保罗在祷告之后,实际教导他们如何追求群体的合一。个人得着转变必须借着在神的家中,才能达成。在群体当中,人们不仅更能理解与经历福音;福音更是群体的基石!

正如我们在第四章 4 至 6 节中所看见的,如果神自己都身处于群体里,难道我们能期望他对我们的要求会有不同吗?若他为了救赎我们而进入我们的世界,来与我们亲近,那么当他呼召他的儿女彼此亲近时,我们会感到惊讶吗?为要享受与神以及与人深刻的爱和相交,我们必须做的事情,就是让我们少以自我为中心而做更像基督的事。这些就是神所要的改变!

在过去我所牧养的教会里,当个人与家庭借着由信徒所组成的群体来经历基督的恩典时,他们往往对神的恩典能有更深入的认识和体验。我记得有这样一个家庭,他们在属灵上非常挣扎。有一段时间,他们经历了相当多的痛苦。因此,教会有多达十几个家庭和弟兄姐妹轮流来帮助他们。他们也知道整个教会都在为他们家庭定期守望祷告。他们不断与不同的家庭相识,不断与教会里不同的弟兄姐妹深入相交,在这个家庭经历试炼的时候,整个会众都参与其中;因此,他们的信心得以坚固。渐渐地,他们周日早上来教会不再是例行公事,他们也越来越能投入敬拜当中。有时候,我担心他们是否能在主日崇拜时从头坐到尾,怕他们觉得很枯燥乏味。但是,经历了群体生活之后,他们就更加能参与唱诗、敬拜、见证分享、领圣餐等一切活动,他们甚至开始能记得住讲道的内容了!

过了一些日子,我问他们,到底是什么使他们改变了呢? 他们毫不犹豫地回答,是在教会弟兄姐妹的身上,真实地看见了基督的恩典。这个改变结合了两个事实: 第一,看见了福音被真实地活出来;第二,个人关系被建立。在许多不同的场合当中,这个家庭的朋友向他们分享了许多在苦难里神如何坚固了他们的故事。此外,这些主内的弟兄姐妹也与这个家庭一同祷告。神使得这个家庭日趋倚靠基督的肢体,并且从这样的经历中,得以与其他基督徒一同领受福音的长阔高深与美善。很明显,这样的友谊是神要让我们成长的主要方式。

在神的家中被洁净

我们已经看到神把我们放在一个救赎的群体里,好让我们转变成为更像基督的样式。当我们与其他信徒一起定睛于基督的爱时,我们对基督的爱才能有更透彻的了解。此外构成基督徒成长的另一个要素是,向有害的事物说"不,我不做";对一切能产生生命和敬虔的事物说"是的,我愿意"。在这里,基督徒的友谊不仅仅帮助我们看见一些事物(神的爱),也会帮助我们去做一些事情(顺服神)。当我们思想基督徒的生活时,两者皆是重要的;而且,它们也必须结合在一起。基督徒的友谊绝非只帮助我们享受神的恩典,同时也帮助我们卷起袖子,为了过圣洁的生活而勤勉、努力。

在《提多书》二章 11 至 14 节,我们看见一个信心的群体;而在这个群体中,我们彼此鼓励,共同追求过一个讨神喜悦的生活。

> 因为神救众人的恩典已经显明出来,教训我们除去不敬虔的心和世俗的情欲,在今世自守、公义、敬虔度日,等候所盼望的福,并等候至大的神和我们救主耶稣基督的荣耀显现。他为我们舍了自己,要赎我们脱离一切罪恶,又洁净我们,特作自己的子民,热心为善。

乍看之下,这是另一段似乎在形容神赐给个人的恩典,并吩咐各人使用他的恩典,作为洁净自己行为的方法。然而,当这段经文描述神恩典的最终目的时说道:"耶稣基督为我们舍了自己,要赎我们脱离一切罪恶,又洁净我们,特作自己的子民,热心为善。"(14 节)所以,神恩典的终极目标是要建立一个活泼、健康、合一的信徒群体。这是一个具有成熟象征的家,脱离了罪恶与它的辖制。这样一个圣洁、热心为善的信徒群体,就是神宝贵的基业。

正如《以弗所书》所教导的一样,这段经文下面紧接着有关基督徒群体生活的教导。当我们学习向罪说"不"、向善说"是"时,实在需要群体的帮助。所以,保罗呼召信徒过一个互相鼓励、同心建造的生活。我们必须彼此建造,因为纷争是相当恐怖的。当人们纷争并种下冲突的种子时,它具有极大的杀伤力;此外,保罗也严厉警戒信徒不可纷争。但是,基督的肢体也必须一同被建造;若有人在一开始就没有真正完全投入,这个基督的身体也是一个畸形与残缺的身体。同样的,使徒彼得在《彼得前书》二章 4 至 5 节、9 至 10 节中,运用了极丰富的旧约语汇,来描述在我们成圣过程中群体的本质:

> 主乃活石,固然是被人所弃的,却是被神所拣选、所宝贵的。你们来到主面前,也就像活石,被建造成为灵宫,作圣洁的祭司,借着耶稣基督奉献神所悦纳的灵祭……唯有你们是被拣选的族类,是有君尊的祭司,是圣洁的国度,是属神的子民,要叫你们宣扬那召你们出黑暗入奇妙光明者

的美德。你们从前算不得子民,现在却作了神的子民;从前
未曾蒙怜恤,现在却蒙了怜恤。

彼得说道,个人像是"活石","被建造成为灵宫"。像《提多书》一
样,他对个人发出群体的呼召;而这个人,已经被神从一个被罪与黑
暗辖制的生活方式里赎回了。

圣经里有多处强调,在恩典中帮助我们成长的本质。在《罗马
书》十二章 1 至 8 节、《哥林多前书》十二章、《以弗所书》四章 7 至 16
节、《彼得前书》四章 10 至 11 节里,保罗与彼得谈论到恩赐的多样
性。《哥林多前书》十二章尤其重要;因为当保罗谈到许多不同的恩
赐时,他运用了身体的比喻。每个信徒从圣灵领受了恩赐,为的是要
"叫人得益处"(7 节)。我们每一个人活着,是基督身体里独特且重
要的肢体;在身体中互相连结,为的是服事人,也受人服事(12 节、14
节)。因此,没有一个肢体应该认为他是"没有用处"的,特别是与较
优秀的或富有魅力的肢体相互比较的时候(15～27 节)。

请思想神给你的恩赐。你如何运用你的恩赐来服事其他肢体,
好让他们更能反映及荣耀基督呢? 此外,在哪些方面你也需要别人
的恩赐来帮助你,好让你能彰显出基督的荣美呢?

当我们没有以这样一个群体的眼光来看我们的恩赐时,这些原
本被用来祝福群体的恩赐,就会被用来分裂群体。记得有一间教会,
坐落在一个全是活动房屋的小区中。多年来,这个教会试图进入小

区去服事那里的人。在一次全体会众大会上,牧师再一次鼓励大家立下一个新承诺,到小区中去服事那里的人们。这时候,有个人站起来批评说,我们过去的努力之所以没有成效,都是因为教会缺乏组织。另一个人说,教会失败,是因为根本没有去考察这个小区中人们的基本需求是什么。又有一个人说,教会没有传福音的热忱。

在这样的情况里,这几个提出批评的人,其实都有独特的恩赐。他们完全可以把自己的批评,变成切实可行的改进措施。提出教会缺乏组织的人,拥有行政恩赐;批评教会没有对小区的需要进行考虑的人,拥有怜悯的恩赐;最后认为教会没有传福音热忱的人,拥有传福音的恩赐。所以,原本是服事小区非常成功的行动,却半路夭折了。原因很简单,因为他们不仅没有运用这些最被需要的恩赐,还落入了一连串不健全的批评里——批评别人没有将事情完成。

大约一个月过后,这三个人又聚在一起。他们把各自的恩赐贡献出来,领头完成了一个以"活动房屋公园"的居民为对象的成功服事。我们所学到的功课是非常明显的:当我们团结合一时,我们的果效是更美好的。当我们想表达基督的恩典时,若不同的恩赐无法组合在一起,恩典就被抹杀在骄傲的罪恶当中了。我们的恩赐是为要叫人得益处,不是用来提高自己的地位。缺乏这样的认识,我们的恩赐事实上是制造了在基督身体里的分裂,而不是合一。

在基督的身体里,有哪些地方是需要你的恩赐的? 或许更好的问题应该这样问:"你应该在哪里摆上你的恩赐呢?"一个决定你恩赐的好方法是询问你自己,在基督的身体当中,你看见了什么缺乏？很可能你正以自己恩赐的眼光来看教会,才会看见这些缺乏。看看你所在的教会现况,你发现哪些地方是有缺乏的？你所看见的缺乏,很可能就是神要你去服事弟兄姐妹的地方。

试想在教会中,你曾看过有个家庭丧失了一位亲人的情景吗？牧师与其他人用圣经的应许来安慰这个家庭；又有其他人送饭菜、看顾小孩、帮忙打电话、跑腿办事、清理房屋、接送伤心的家属去殡仪馆,并帮助他们做各样的安排。其他一些人给予财务上的资源,以应对额外的花费。有一些人则协助处理银行账户、家计预算、各项保险事宜；此外,又有人单单和伤心的人同哭。这是一个基督的身体,正运用她的恩赐合一地表达出基督的恩典。

有没有人经历过这样的爱？这是用多种不同方式表现出来的基督之爱。你不认为,当这些不同爱的元素和谐地拼凑在一起时,更能完整彰显出神的爱与能力吗？难道它不会使人对未来怀抱更大的盼望、鼓励人对神更多的信赖、能有更大的力量去实践神对我们的呼召吗？当我们与其他肢体的服事结合在一起时,每一件事就显得更加有力。

圣礼

洗礼与圣餐可以说是基督徒生活中获得恩典的途径,这里面可以讲的事情很多。在我们所讨论的事情当中,这两个圣礼是眼目所及最具体、实在的方式。这些有形的提醒捕捉了在基督徒生活里那些个人与群体的本质，同时也将福音放置在核心的地位。

让我们来思考受洗的圣礼。使徒彼得在《使徒行传》第二章向群众讲道，当他呼召群众要信靠基督时，他们响应彼得："弟兄们，我们应当做什么？"彼得响应他们说："悔改，并接受洗礼！"就在他呼召个人悔改，将信心放在基督的身上时，他也呼召他们委身于基督的身体当中。正如我们在第二章所看见的，受洗是个人重生与洁净的图画；同时也是响应进入基督身体的呼召。当洗礼象征个人属灵上的洁净及与教会群体的身份连合时，受洗也将神的恩典置于核心的地位。

同样地，圣餐也属于个人与群体。在主餐摆在我们面前的两个地方，个人主义与自我中心都十分明显，这岂不是一种讽刺？当耶稣在最后的晚餐引领他的门徒时，犹大正预备出卖他；过了不久，彼得不认他；而雅各与约翰心中只想着如何比其他门徒获得更大的荣耀。《哥林多前书》第十一章，使徒保罗描述主被卖的前一夜，是在提醒我们，要人们彼此相爱是多么不容易！

在《哥林多前书》第十至十一章，当使徒保罗着重圣餐的意义而进行教导时，他也特别强调个人与群体的重要。第十一章 28 节，他极力主张信徒要在吃这饼喝这杯前省察自己，"人应当自己省察，然后吃这饼喝这杯。"这是对个人悔改与信靠的呼召。第十章 17 节中，他说："我们虽多，仍是一个饼，一个身体，因为我们都是分受这一个饼。"这是群体的部分。主设立这样的圣餐让信徒常常记念，就是为了提醒我们,基督徒的生活不仅仅是个人,更是群体的生活方式。个人与群体少了任何一方都不是完整的基督徒生活。神没有让我们二选一,但不幸的是,我们却常常这样做了。

那么,这里所要讲述的重点究竟是什么呢? 人际关系,是神改变工作的核心。从建立人际关系来改变我们是他必用的方法,也是他美善的目标。若我们将基督教比喻为一个蛋糕,那么一个谦卑的群体,不是蛋糕上的糖霜而已;实际上,它就是蛋糕本身。这些爱的关系是个人成长的途径与方法,是神子民成为圣洁的记号,也是向世人证明福音的真实确据。

当我们从被救赎的群体中来寻求个人属灵的成长时,我们拥有一个强而有力的组合;当基督的新妇预备与她的新郎见面时,这个组合将基督的新妇变得更加美丽动人。接下来的章节,我们将继续探讨基督徒生活中一些具体的改变。请记住,在圣经中,人与人之间的关系被放在相当重要的位置。人际关系不仅是提醒我们需要成长的地方,而且也提醒我们自己是多么需要神的恩典,才有可能使自己的灵命更新、改变。我们必须在神安排的群体里操练改变的过程;个人的基督徒生活必须连结到群体之中,个人与群体一同成长!

第 **6** 章
大图画

我的服事常常让我有机会去造访世界各大城市。每当到了一个新城市，我总是喜欢跑到周围闲逛、探索。我也常迷路，不知道自己究竟身处何处。我到了韩国首府首尔，像往常一样，在旅馆附近的小巷弄逛了将近一个小时，才发现自己已经迷路了，找不到回旅馆的方向。于是，我走到街角一家小面包店，店家是一位老先生，正站在柜台后方。我想，如果我讲慢一点，可以在语言不通的状况下筑起一道桥梁，获得帮助。所以，我一个字、一个字地说："我——迷——路——了。"老先生没有响应，所以，我想若我提高音量，他一定就明白了。然后我大声重复了一遍："我——迷——路——了！"他看了我一眼，用英语回答我："先生，你是美国哪里人？"我当时并没有明白过来，所以，又以缓慢且极大的音量说出"从——费——城——来——的"。话音未落，我们两人就相视大笑。之后，他用流利的英语详细指引我回旅馆的路。

让我们想象一下，假如你我在一个典型的大都市中，站在一条小巷的拐角，发现自己迷失了方向。我们必须去一个特定地方，却又不知道该如何到达那里。这时,我们需要详细说明、逐步带领的方向指引!假若当我们正彷徨无助时,有一位女士上前来,问我们是否需要帮助。即便这位女士提供非常详尽的路线指引,告诉我们如何从现在这个位置,到达我们需要去的地方。但是,她这样做能彻底解决我们的问题吗?不能。如果我们没有按照她的指示逐步找路,我们反而又会迷路。为什么?因为我们对这座城市的整体方位根本一无所知。

我们此时真正需要的是像这位女士那样,对这座城市有一个全面的认知,拥有坐上直升机俯瞰这座城市的视野。在她的脑海中,可以看见每一个区域如何与其他区域连接,也知道所有街道相互交错的关系。在她脑海里,她拥有这座大城市的完整鸟瞰图(大图画);所以对她而言,几乎不可能迷路。如果她可以将鸟瞰图画给我们看,我们不仅仅能到达目的地,并且也不会在这个城市中再度迷路!

我们在对待神的话语时,常常犯一个错误,那就是把神的话语缩减成一套"如何过生活"的方向指南。我们遵循一套行为准则的教条,用来处理人际关系、教会生活、性关系、财务、婚姻、快乐、亲子教养等人生问题。我们误以为如果拥有这些详尽的规条,我们的生活就会平安无事。但事实上,我们仍然频频迷路,不知道正确的方向究竟在哪里!所有圣经中给予我们充满智慧及正确的指引,都无法避免我们在个人生活这座"都市丛林"中迷路。

圣经不能被缩减成只是我们所谓成功生活的一套方向指南。这

样做不仅损害神话语的本质,也剥夺了神话语的大能。圣经是人类
历史上最重要的一部史记,里面记载的所有故事,都是有关神救赎人
类、恢复神创世之美好的大事。圣经是一部记录人类救赎计划的书
籍(鸟瞰图),它将我们引导到神的面前、界定我们的身份、详细筹划
了生命的意义与目的,并向我们展示可以到哪里去找寻帮助,以治愈
"罪"这个已经感染了我们所有人的恶疾。倘若你试图将圣经缩减成
一套方向指南,你不仅遗漏了所有的智慧,就连你仅有的方向指南也
不具任何意义。只有包含在整本圣经的大图画(鸟瞰图)中,并将前
后相关的每一个点联系起来,方向指南才具有意义。

圣经邀请我们翱翔于每日生活的街道之上,希望借此得到全景
的视野。圣经邀请我们看见,在神的计划当中,每一件事与其他事
物都息息相关;此外,圣经也邀请我们明白,神的恩典如何使我们
"从目前所处的位置"前进到"他要我们到达的地方"。圣经向我们
展示出,当我们停留在初阶时永远无法理解的深奥事实。此外,神
是我们最终的指引者,所以,圣经亦邀请我们进入与他的关系当中。
耶稣用从太初到世界末了的眼光来看每一件事,并且引导我们到达
我们所要去的地方。圣经为我们提供了实用且全备的智慧,无论我
们身处这座人生丛林任何一条大街小巷,有了鸟瞰图,我们就不再迷
路了。

也许你正对自己的婚姻深感迷惑;而且,你并不知道如何走到你
需要到达的地方。也许你正迷失于亲子教养的问题中;过去曾经拥

有的亲子教养方针，现在却统统不管用。也许你的友谊正坠入一段充满冲突的路径，而你并不知道该如何挽回它。也许你正被愤怒、恐惧、嫉妒、失望所辖制；虽然四处寻求对策，但是那些片面的答案仍然无法帮助你找到出路。也许你觉得你正迷失于与神的关系当中，周围所有发生的事情，没有一样与属灵的事有关，而且你完全没有把握，未来它们是否会改变。

就在我们最迷茫的时候，神以他卓越且实用的智慧，进入我们的生命中。圣经以神纵观人类的视野，将我们的生命展开在我们的眼前；邀请我们去认识神、认识自己、明白神所成就的工如何除去罪在我们身上造成的损害。圣经是最终的属灵指南针，它不仅告诉我们目前所在的人生方位，也可以帮助我们抵达真正的终点。

在第三章，我们看见基督徒有充足的理由，盼望生命得着改变与更新。从我们开始信靠基督时，基督就以他的大能彻底将我们改变了。在基督里，我将在未来享受全然的蜕变！在第四章，我们相信耶稣基督是能改变我们的那一位。与基督的连合改变了我们的心，因此，也改变了我们的生命。在第五章，我们学习到在基督的身体里，神提供了一个绝佳环境来帮助我们改变。神知道我们无法独自完成，所以他将我们放在一个相互服事的群体中；在这个群体里，个人可以获得他每日所需的帮助。

有了前面的基础，从本章开始，我们就可以探讨改变与更新的过程。本章将从神的视野，以整个救赎计划的"鸟瞰图"，察验生命改变的几个最基本的要素。

一位赐恩典的神与一个世界的比喻

当你读圣经时,对我们整个生命而言,不见得总是提供一幅鸟瞰图(整体概念)。不论是圣经中的历史书,族谱的细节,甚或是现代人在不同神学派系的争辩中,似乎一点也无法应用在你的生活中!有时,圣经看起来倒像是偶然与意外汇集的故事、诗篇、教导及指示。但是,当你再仔细查考时,圣经的确提供了一些要素,好让我们拥有一幅整体的图画;那就是——如何以神的眼光来看生命,如何让神来做改变的工作。这是相当重要的。因为,唯有当你对神的作为有一个整体的概念时,你才能了解神的作为,如何让你每一天生活中的细节变得有意义。

圣经描述了神在他儿女的生命改变过程中设立的四个要素。可能你对个人的成长与改变有兴趣;可能你正受困于一个看起来不可能突破的模式与捆绑里;又可能你渴望经历与基督建立更深、更广的关系;抑或你希望帮助某一个人在灵命上有所成长。无论是哪一种情况,这四个要素将会帮助你了解神如何运用每日生活中的处境与关系来改变我们的心。

在神设计和创造世界的过程中,到处都留下了他爱和恩典的痕迹。他的世界不仅处处显示出他的属性,还成为真理的媒介。在他救赎的爱中,每一个受造之物都在述说神的荣耀。阳光、花朵、石头、沙土、溪流、蚂蚁、审判员、新娘、海洋、树木、荆棘、船长、飞鸟、刀剑、杂草、树根、城市、低谷、果实等等，这些看似普通的事物却成了揭示神真理的媒介。神深知我们在属灵上有多么盲目。在这些物质背后，我们擅长看见那些有形的实体，却看不见那些无形的属灵世界。但是，神运用这些我们熟悉的事物作为透视镜，好帮助我们以新的眼光与理解来审视我们自己。

有多少有形的受造物启发了你对神的认识、对自己的认识、对生命的认识呢？神用一颗芥菜种来阐明信心；他用活水来帮助我们了解内住的圣灵；他亦用百合花去解释天父对我们的关爱。我们每一天睁开眼睛所看到的世界，都在述说生命不断蜕变的真理。神不愿意我们一生在属灵的盲目中蹒跚而行；他不愿让我们被撒但的谎言、似是而非的歪理欺凌哄骗。他太爱我们了，以至于他不将我们撒弃在自欺欺人的说明与诠释当中。我们的神，是智慧与启示的神。他是知识的终极源头，也是那一位决定我们能了解真理的神；显而易见的是，若不在主里，我们是无法明白那些真理的。我们的造物主，借着他所创造的世界，带来属灵的亮光与洞见。

大图画

当我们提及所谓的"大图画"（鸟瞰图）时，我们必须承认圣经并没有只用一段经文来解释这个改变模式图。我们将在这本书给大家展示的大图画改变模式图，是依据神在圣经中所运用的图画归纳出来的：

- 在这个堕落的世界里，人生究竟是怎样的情形？
- 身为堕落的人类，我们的身份是什么？
- 身为救赎主与全地的主，他到底是一位怎样的神？
- 神怎样用他的恩典，一步一步将我们的生命转化更新？

    这张模式图中的各样要素，是由不同的圣经经文交织而成；往往在相同的要素里，运用了不同的语汇、不同的次序及不同的着眼点来形容。这个大图画所呈现的，是在一个精简的视觉模式当中，为我们阐明了大量的圣经教导。它能帮助我们了解神在我们生命中所做的工作，以及工作的次序。一旦你在经文中开始认得这些要素，并用来诠释你的生活时，它们将会帮助你更了解圣经的教导；你也会对神、对自己，以及对自己的生命有更清楚的认识。你不仅与神同行，走在生命更新改变的路上，你也会增加更多实用的属天智慧。这个大图画的模式，是每个基督徒一生的故事。神正邀请我们进入这个故事的情节当中！

    当你审视这张大图画时，请不要以为你正在学习一个理论而已。就这张大图画所涵盖的神学重点来说，你正在学习一个有关你自己的属灵传记。这个符合圣经的图画定会成为一面镜子，好让你看清楚自己究竟是谁。它也是一个诊断工具，告诉你，在你里面究竟有什么错误。它更是一幅地图，帮助你看见自己究竟身在何处，以及如何走到你必须到达的地方。它定会成为一扇窗；一扇即使环境依旧，但是能行出崭新生活方式的窗子。它也是一把铲子，在言语与行为之间，帮助你去挖掘行为之下的动机。它更会提醒你，即使处于挣扎之中，你也从不孤单；并且，在基督里，已经提供了你所需要的每一件事。它教导你如何支取神恩典的资源，使你成为原本受造时应有的样式。在大图画中的每一个要素，都是关乎你的生命与神之间的关系。

《耶利米书》十七章 5 至 10 节描绘的图像，是最接近这张模式图的圣经真理。

> 耶和华如此说：
> "倚靠人血肉的膀臂，心中离弃耶和华的，
> 那人有祸了！
> 因他必像沙漠的杜松，不见福乐来到，
> 却要住旷野干旱之处，无人居住的碱地。
> 倚靠耶和华、以耶和华为可靠的，
> 那人有福了！
> 他必像树栽于水旁，在河边扎根，
> 炎热来到，并不惧怕，叶子仍必青翠，
> 在干旱之年毫无挂虑，而且结果不止。

人心比万物都诡诈，

坏到极处，谁能识透呢？

我耶和华是鉴察人心、试验人肺腑的，

要照各人所行的和他做事的结果报应他。"

让我们来察验这段强而有力的经文中的主要概念。在第 8 节，炎热（Heat）用来描述堕落世界的生活。第 6 节，沙漠中的荆棘丛（Thorn Bush，中文圣经译为"杜松"）代表那些离弃耶和华、不敬虔的人。第 5 及 7 节，很明确论及我们的主。他是我们的救赎主，他安慰、洗净、赐能力给那些谦卑信靠他的人。我们可以用这段运用"十字架"（Cross）的经节，来描述神为我们的益处而做的救赎善工。在第 7 及 8 节，"树木结果不止"（Fruitful Tree）的图像，用以比喻信靠神、敬虔的人。在这些图像当中，第 9 至 10 节告诉我们，神不只看重我们的行为。虽然他并不忽略人的行为，但是他更看重我们的心。因为，我们的心思意念是救赎主企图完成的改变过程的核心；所以，他是鉴察人心的神。

这张大图画并不只是一套方向指引，而是从高空俯视我们每日的生活；它能向我们传达神的话语、鼓舞我们为善向上、证明我们的罪过、引导我们成长与改变。这个对我们的生活简洁、洞彻的看见，包含了四个基本要素（请参考图 6－1）。

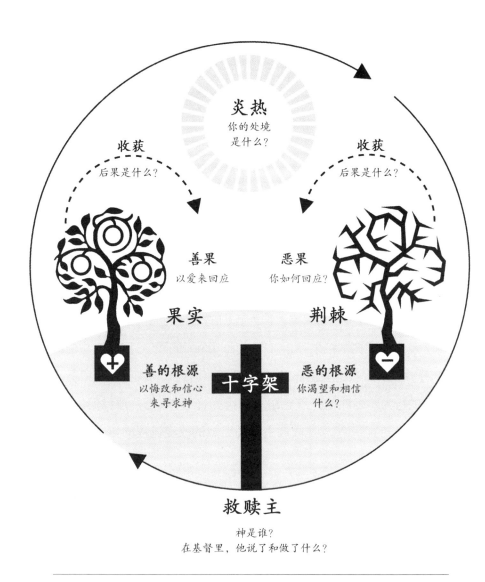

炎热
你的处境
是什么？

收获
后果是什么？

收获
后果是什么？

善果
以爱来回应

恶果
你如何回应？

果实

荆棘

十字架

善的根源
以悔改和信心
来寻求神

恶的根源
你渴望和相信
什么？

救赎主

神是谁？
在基督里，他说了和做了什么？

图6-1 人如何改变

1. **炎热（Heat）**。这代表个人在日常生活中的处境，包含了困难、祝福与试探。

2. **荆棘（Thorns）**。这代表个人对处境不敬虔的反应，包含行为、心驾驭行为、行为带来的后果。

3. **十字架（Cross）**。这个要素着重于神在救赎的恩典与爱中，与我们同在。借由基督，他带来安慰、洁净与改变的能力。

4. **果实（Fruit）**。这个要素代表个人以崭新、敬虔的态度来响应处境：能有这样的转变源于神在我们心里动工的大能，包含了行为、心被恩典更新，以及随之而来的丰盛结果。

这个在《耶利米书》十七章 5 至 10 节的简单图示，可以用来解释圣经中大量的教导。它掌握了在日常生活中"改变与成长"的四大基本要素：炎热—荆棘—十字架—果实。

运用大图画

让我们从大图画"炎热—荆棘—十字架—果实"的眼光，来看看两段经文：《哥林多前书》十章 1 至 13 节；《哥林多后书》一章 3 至 11 节。尽管这两段经文从表面上看非常不同，但是每一段经文都可以用这四大要素加以归纳、总结。

《哥林多前书》十章 1 至 13 节将四大要素反映在人生的苦难中（大图画模式图——针对整体）。而在《哥林多后书》一章 3 至 11 节则是用四大要素来反映保罗个人的经历（个案研究——针对个人）。当我们研读这些经文时，请选择一个在你生活中需要注意的领域，尝试运用这些基本要素，看看它们如何提供你既实用又合乎个人需要的洞见。

> 弟兄们，我不愿意你们不晓得，我们的祖宗从前都在云下，都从海中经过，都在云里、海里受洗归了摩西；并且都吃了一样的灵食，也都喝了一样的灵水。所喝的，是出于随着他们的灵磐石；那磐石就是基督。但他们中间多半是神不喜欢的人，所以在旷野倒毙。
>
> 这些事都是我们的鉴戒，叫我们不要贪恋恶事，像他们那样贪恋的；也不要拜偶像，像他们有人拜的。如经上所记："百姓坐下吃喝，起来玩耍。"我们也不要行奸淫，像他们有人行的，一天就倒毙了二万三千人；也不要试探主，像他们有人试探的，就被蛇所灭。你们也不要发怨言，像他们有发怨言的，就被灭命的所灭。
>
> 他们遭遇这些事，都要作为鉴戒；并且写在经上，正是警戒我们这末世的人。所以，自己以为站得稳的，须要谨慎，免得跌倒。你们所遇见的试探，无非是人所能受的。神是信实的，必不叫你们受试探过于所能受的；在受试探的时候，总要给你们开一条出路，叫你们能忍受得住。

《哥林多前书》十章 1～13 节

保罗运用以色列民在旷野中的真实经验,来帮助哥林多教会的信徒,了解自己的生活景况。因为圣经诚实描述出在这个堕落的世界中我们所经历的,我们应当受到鼓舞才是。神知道我们周围所发生的事,也知道我们心里所想的究竟是什么。《民数记》十一至十四章记载了《哥林多前书》十章中所提及的以色列民历史。这些章节描述了以色列民在旷野所面临的压力、试探、祝福,以及他们的响应。当你阅读以下的摘要时,请思想,当时以色列人所面对的情况,与保罗时代哥林多教会信徒所面临的情况有哪些相似之处? 又与我们现代人的生活有哪些联系?

- 《民数记》十一章 1 节: 以色列民向神抱怨他们所面临的困难,到一个地步,他们竟为自己的苦境而责怪神。如果我们足够诚实就不得不承认,身处困难的时候,我们口中所流露出来的抱怨,往往多过赞美。

- 《民数记》十一章 4 至 6 节: 以色列民抱怨神赐给他们的日用饮食。

- 《民数记》十一章 10 至 15 节: 摩西抱怨神要他带领神的子民; 身为他们的领袖,他感到肩上的担子太重了。

- 《民数记》十二章 1 节: 米利暗和亚伦因为不喜欢摩西从外邦所娶的妻子,借故反对摩西。

- 《民数记》十三章 26 至 29 节: 以色列民为了取得神应允他们

的应许之地，必须起来征战而抱怨。

- 《民数记》十四章 1 至 14 节：以色列全会众对他们在旷野的苦境，怨声连连；甚至妄想另立一位新的领袖。他们将自己的问题全都归罪于摩西。

请注意，当时以色列民对所处困境的抱怨，也是我们现代人心态的写照。当我们面对困难时，哪怕是遇到日常生活中决定菜单之类的琐事，我们都会抱怨。刚开始时，我们的抱怨只有数算过失；但不用多久，我们的责难就会垂直向上，变成质疑神的智慧与美善。我们也身处在堕落世界的旷野当中，尚未进入永恒的应许之地；所以，我们也像以色列民一样，面临各样困难与挑战。保罗告诉哥林多人（与我们），当我们能从他们的例子中汲取教训时，我们就能获得属灵上莫大的帮助。

让我们来看看首次在《耶利米书》十七章"大图画"里的四大基本要素（参见图 6-2）。第一要素，我们看见的是炎热。在《哥林多前书》十章 11 至 14 节中，保罗运用以色列民的经验，来帮助哥林多信徒了解自己目前的处境。

在天堂的另一边，我们全都或多或少身处于试炼的炎热之下。马克的上司，对下属的表现永远都不满意；安妮的丈夫，对钓鱼的兴趣远远超过对家庭的委身；莎拉长期病痛缠身；汤姆有个正值青春期的孩子，从十三岁开始就一直闯祸不断；拉结的教会正历经一个相当

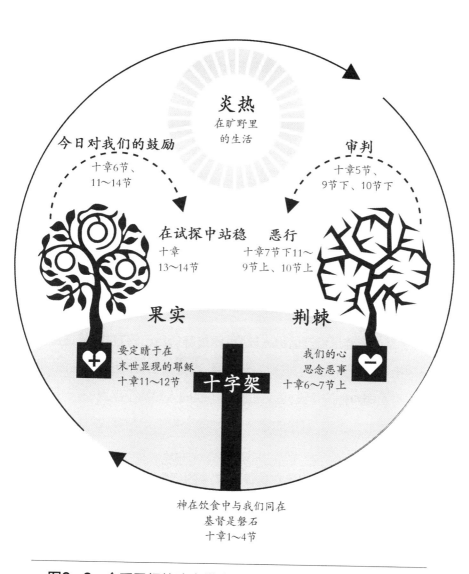

炎热
在旷野里
的生活

今日对我们的鼓励
十章6节、
11～14节

审判
十章5节、
9节下、10节下

在试探中站稳
十章
13～14节

恶行
十章7节下11～
9节上、10节上

果实

荆棘

要定睛于在
末世显现的耶稣
十章11～12节

十字架

我们的心
思念恶事
十章6～7节上

神在饮食中与我们同在
基督是磐石
十章1～4节

图6-2 合乎圣经的改变模式(《哥林多前书》十章1～14节)

痛苦的分裂；杰瑞虽然升迁了，但是工作压力使他喘不过气来；布鲁姬将退休金投资于股票，结果血本无归，退休毫无保障；福瑞德正与心脏病搏斗，生命朝不保夕；珍妮弗无法控制她的体重；鲍伯渴慕继承财产前那种简单的生活；杰森想尽一切办法，逃避他脾气暴躁的父亲；艾力克年纪老迈，身体越来越力不从心……

在《哥林多前书》十章5至10节，我们也看见"荆棘"。使徒保罗详细描述了当时以色列人面对"炎热"时不敬虔的反应（包括拜偶像、加入异教的狂欢、行奸淫、试探主、发怨言）。请不要被以下的例子所迷惑：面对生活中的炎热，每个人都会有这样的反应。爱发牢骚的吉尔，整天抱怨朋友们都开始疏远她；爱德华处理压力的办法，就是沉醉在过度饮酒当中；泰德向神祷告，但是神似乎没有垂听他的呼求，于是他怀疑是否还值得去教会；德鲁麻痹自己的方式，就是整晚播放不需要用到大脑的电视综艺节目；麦克决定，即使豁出生命，也要赢得上司对他的尊重；芭芭拉觉得小组的人对她不够重视，于是决定拒绝再加入小组；可怜的黛波拉，她的心被嫉妒啃噬，都快要把她掏空了。

简而言之，以色列民在这段经文中的行为反应，投射出我们自己。对于这些不敬虔的反应，圣经中指出了三个最重要的元素。第7节后半段、第9节前半段，还有第10节前半段，保罗特别强调以色列人的一些具体行为。第6至7节前半段，保罗把读者眼光引到这些表象的背后，发现原来是这些人的心出了问题。在第5和9节后半段,保罗点出了因不敬虔而产生的后果。

在我们每日生活中,有时需要面对困境,有时面对祝福。我们的心总是与这些处境与人际关系相互作用、影响。我们总是不断思考、心中怀抱渴望,努力理解身边所发生的事情究竟有什么意义。我们总是有自己想要达成或渴望拥有的东西。这些想法与欲望,塑造了我们如何对发生在身边的事物作出反应。而且,因为我们都是罪人,所以我们的反应不可避免都带有罪性。每一句我们所说的话或所做的事,都会产生一些后果。每一天我们都在收获过去所播下的种子;每一天我们也种下新的种子;在未来,我们也将收割它们的果实。

让我来举个例子,看看这个"大图画"是如何起作用的。杰瑞去了一个很好的教会;当这个教会提供亲职教养的课程时,他报了名,并且上了课。但是回到家中,杰瑞正值青春期的孩子,在言语上常常顶撞他(炎热)。面对孩子这样不尊重的态度,杰瑞非常气愤(他心中的荆棘)。杰瑞来到他儿子面前,对他破口大骂;他告诉儿子,再也不愿领受任何不尊重的态度(他行为中的荆棘)。这样一来,导致了他与儿子之间疏离与愤怒的亲子关系(后果)。

但是,圣经运用了神救赎的大图画(鸟瞰图)给我们带来了盼望;他并没有抛下我们,让我们单独面对自己的困难与后果。在《哥林多前书》第十章,我们看到了这样的盼望。在第1至4节,我们看见了十字架。保罗说,当以色列民在旷野时,神与他们同在;为了他们的好处,神还信实地预备并显现他的大能。"并且都吃了一样的灵食,

也都喝了一样的灵水。所喝的，是出于随着他们的灵磐石；那磐石就是基督。"(《哥林多前书》十章3～4节)

以色列民与哥林多人的盼望，也就是我们的盼望。保罗所说的盼望，是在述说一个人。他的名字就是基督！基督是你属灵的粮食，他赐给你健康、活力去面对困难。他是你属灵的甘泉，在生活的炎热处境当中，他止息你的干渴。有了基督的帮助，即使身处极其困难的处境，我仍然可以与他同住，为他而活。他的恩典并不只有赦免过犯；他赐予能力，并施行拯救。他的恩典赋予我智慧、品格、勇气。这一切的一切，才是神希望能在我的生命里寻求的事。

最后，在第十一至十四节，保罗提到了"果实"，并且呼吁他的读者要紧紧抓住基督。第11节讲到，耶稣"在末世"第一次的降临。保罗希望他的读者看见，能够承受神的恩典是多么大的特权。保罗是在告诉他们，"所有在过去给予神百姓的盼望，现今神也为你实现了。在基督里神所赐给你的，远远超过你的心所能领悟的！"这话不仅是对哥林多教会的信徒说的，今日也向我们传讲。

第11至12节，保罗讲到信耶稣的人所拥有的一颗新心。这颗新造的心是谦卑、诚实、勇于自我反省的；这颗心乐意紧紧抓住基督。请诚实察验你自己的心，承认你对他毫无保留的需要。

第13至14节描述了从这颗新心产生两种新的行为表现。一种是在试探中站得稳，不致随波逐流，再次陷于罪中；另一种是对于偶像的警觉，警醒抵抗拜偶像的行为。在这里保罗所看见的，并不只是当我们就近基督时所产生的改变,而是生活型态的改变;而这个生活型态的改变,源自于我们对救赎持续不断的需要(逐渐进展的成圣过程)。

这就是所谓神救赎人类的大图画(鸟瞰图):炎热—荆棘—十字架—果实。这是一个对人类诚实、谦卑且具有洞见的观察,让我们看清楚自己所做的事,明白做事背后的动机。它以一个充满盼望的观点来看神如何进入我们的世界,改变我们的心;以及神如何赋予我们能力来做对的事情。此外,它也是一幅激励人心的画作,描绘出当我们以信心来回应神时,就会有美好的果实出现。

个人的故事

使徒保罗在《哥林多前书》第十章总结和教导的,也是他个人属灵生命的写照。他的个人故事记载在《哥林多后书》一章 3 至 12 节。在这段经文里,我们看见保罗运用"炎热—荆棘—十字架—果实"这个模式,来反映他自己的生活。图 6-3 将会引领你经历这段非常个人化且实用的经文。

> 愿颂赞归与我们的主耶稣基督的父神,就是发慈悲的父,赐各样安慰的神。我们在一切患难中,他就安慰我们,叫我们能用神所赐的安慰去安慰那遭各样患难的人。我们既多受基督的苦楚,就靠基督多得安慰。我们受患难呢,是

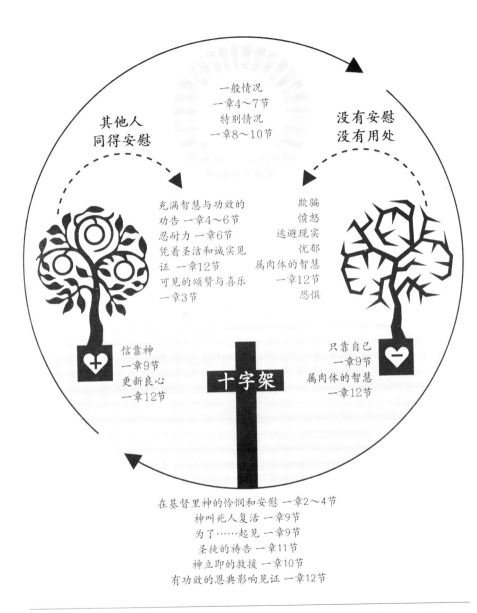

图 6‑3　合乎圣经的生命改变模式（《哥林多后书》一章 3～12 节）

166

为叫你们得安慰,得拯救;我们得安慰呢,也是为叫你们得安慰;这安慰能叫你们忍受我们所受的那样苦楚。

……弟兄们,我们不要你们不晓得,我们从前在亚西亚遭遇苦难,被压太重,力不能胜,甚至连活命的指望都绝了;自己心里也断定是必死的,叫我们不靠自己,只靠叫死人复活的神。他曾救我们脱离那极大的死亡,现在仍要救我们,并且我们指望他将来还要救我们。你们以祈祷帮助我们,好叫许多人为我们谢恩,就是为我们因许多人所得的恩。

我们所夸的是自己的良心,见证我们凭着神的圣洁和诚实;在世为人不靠人的聪明,乃靠神的恩惠,向你们更是这样。

当保罗讲述在他生命这个时期的炎热时,他非常坦诚:"从前在亚西亚遭遇苦难"与"被压太重"。在这里,虽然我们唯有只言片语,但是这些形容却有着实际生活的力度。保罗对自己的反应是相当谦卑、诚实的:"连活命的指望都绝了"与"自己心里也断定是必死的"。这些文字捕捉了保罗心中惧怕被完全击溃的经历。此外,保罗讲到因为倚靠自己(9节)与倚靠属世的聪明(12节)所产生的荆棘,常常影响我们对环境做出正确的回应。他用强而有力的字句,指向十字架:"神的慈悲与安慰"(3节)、"神的同在"(8、9节)、"他的大能(叫死人复活的神)"、"拯救"(10节)、"基督身体的预备(你们以祈祷帮助我们)"。当保罗分享他的故事时,他也描述了信心的果实:"可见的喜乐与赞美"(3节)、"忍受得住"(6节)、"信靠神"(9节)、"正确的行为"(12节)、"侍奉"(5~7节)。

像使徒保罗一样,我们也会发现,我们自己处于一个看起来似乎远超过我们的能力可以忍受的景况。也许教会的问题让我们觉得几乎要灭顶了;也许我们的财务状况是一项艰巨的试炼;也许在教养子女方面让你精疲力竭,怀疑自己能力不足;也许在一个没有神的工作场合要活出敬虔的工作态度,似乎是一个不可能的呼召;或者,你觉得糟糕的家庭关系已经把你击垮了。

在你的生活中有哪些地方,让你觉得你没有能力去承受?圣经中神的话语,正是向那样的经验来说话。神以基督的盼望进入我们的故事,并且他向我们显示出我们目前所处的位置,以及我们需要到达的地方。

虽然以色列民与保罗的挣扎发生在不同的时期与环境,但是相同的四个基本要素还是可以在每个人身上找到。它们形成了一幅图画;这幅图画帮助我们从神的观点来了解我们自己的生活。因此,你我并没有迷失在自己的故事中。我们不必怀疑,究竟如何到达目前所处的位置,以及如何到达将来需要到达的地方。你可以确实明白基督已经为你提供了什么,所以你可以过一个他曾经呼召你去过的生活。像神在保罗这段经文中所成就的一样,神在我们生命的困难中与我们相遇,并且改变我们。炎热也许不会消逝,事实上,也许更加炙热难耐！但是，我们从不孤单。神与我们同在，随时提供我们恩典来面对他呼召我们面对的事物。

在本书接下来的篇幅中，我们将详细分析这四大基本要素。我们会看到每一个要素，在神更新、改变我们的过程中所扮演的角色。如果你愿意把每一个要素当成一面镜子，对照自己生命成长的历程，你将在这个世界里获得更多智慧、对你自己有更清楚的认识、与主建立更亲密的友谊。我们为你祷告的是：让这本书帮助你，不论是在个人的问题上，或是在与主的关系上，使你辨识出自己哪方面需要成长。此外，我们为你祷告的是：这样的认知将会为你提供一个基础——使你从自己所得到的帮助，去服事那些有相同需要的人。

神眼中的生命，神手中的改变

你迷路了吗？这里有盼望！你正在迷途之人身边吗？这里有帮助！请让神对生命与改变的观点，赐给你个人盼望与服事的勇气。也让神这张简明的大图画（鸟瞰图），照亮你前方的生命历程。

炎热——你的处境是什么？

你我总是会对我们周遭所发生的事情有所回应。无论是炎热难耐，还是意想不到的如清凉阵雨般的祝福，你一定对所发生的事情有所回应。圣经对这个堕落的世界，有着令人震惊且写实的描绘。你将可以辨识出在圣经中的世界；因为，它与你每日所居住的世界相同。

荆棘——你如何回应？你希望发生以及你所相信的是什么？

在这世上，我们不可能完全被动地活着。我们总是会对发生在我们生活中的"炎热"（或"阵雨"）有所反应和行动。也许你遇到的，是难处的上司、大家族复杂的人际关系、叛逆的孩子、慢性疾病；也可能是获得了一个新的工作机会，刚刚继承了一笔遗产；不论是什么样的景况，圣经都能帮助我们看到，我们的内心与外在行为是如何回应这些"炎热"的。它提醒我们，罪人对这个堕落的世界，倾向于以罪回应；而这些回应，常常会带来很多后果。

"荆棘"是圣经中所指的"属世的聪明"。每当困难的事情发生时，我们很自然会有这些愚昧的反应。假如有人对我们说话不客气，我们就会任由苦毒在心中蔓延；假如突如其来的灾祸临到我们，我们即以否认、逃避、责怪、寻求控制来回应。一旦不好的事情发生在自己身上，我们就对神的美意产生怀疑；随之而来的，就是渐渐不去敬拜他，事奉他。当我们收到意外之财的时候，我们会毫不犹豫地把钱财花在自己的享受上。若是我们没有得到工作上理应得到的升迁，我们便会懈怠，任由自己三心二意地对待工作。

圣经清楚地告诉我们，这些反应并不是由环境的压力所引起的；我所做的事情，是从我里面而来。发生在我身上的事情，将会影响我对事情的回应；但是，它们却从来无法替我的回应下决定。相反，这些回应是由我们心中的动机与想法流露出来的。这也是为什么，在相同景况下，五个人可以拥有五种完全不同的回应！

十字架——神是谁？在基督里,他说了什么以及做了什么？

神在圣经中体现他自己"是我们在患难中随时的帮助"(参考《诗篇》四十六篇1节)。这一点对我们来说,应该是个极大的鼓舞。最明显的例子是基督曾来到这个堕落的世界中。他为自己取名为"以马内利"(就是"神与我们同在"),经历了生死,并且复活。他复活后,亲自以圣灵的样式住在我们心里,真实体现"神与我们同在"的承诺。他赐给我们所需的一切,使我们以敬虔的态度去面对每一天。十字架的应许不只在于力量的更新与智慧的加增,而是以全新的心,在每日的试炼和祝福中,展现出新的力量与智慧。基督,我们的救赎主,把他自己给了我们;正因如此,他能将我们由里到外重新塑造。如果你是一位基督徒,正身处于这个重新塑造的过程中;而这过程,就是要让你的生命反映出主耶稣的美好品格。而你的主,正使用每一个在你生命中的环境与人际关系,来完成这个目标。

果实——神如何呼召我,用悔改和信心来寻求他？

因着基督已经完成的工作,我们可以用崭新的方式回应过去同样的压力。当我们得到祝福时,我们也想办法去祝福别人。当我们身陷苦难时,我们跑向神,而不是远离他。我们并不逃避生活;相反,我们以勇气与信心来向它迈进。我们不寻求"以牙还牙"的报复,唯有将希望寄托于公义、审判的主。这样的生命唯有靠着神的恩典和基督的同在,才有可能活出来。这样全新的回应,在我们及其他人的生命中，会产生结实累累的善果。

　　请从救赎主的眼光来察验你的生活；让他在揭露你的行为之际，也显露你的心。当神介入的时候，自我省察的勇气会带给你极大的盼望，让你拥有持久不衰的个人成长与改变。以马内利的神已经进入你生命的故事中，因此，每一件事情从此不再一样了！

第 **7** 章
现实世界中的真神
——炎热篇(上)

当他清早被传唤到老板的办公室时,他以为老板是为了谈谈晋升的事。他的计划奏效了! 他一直想发展他的职业生涯,好存下一笔钱;接下来就可以娶妻生子,建立属于自己的幸福美满的家庭。在他所领导的设计团队中,他是最年轻的一位。一直以来,他的工作都非常成功。公司里有小道消息,说他们团队将因为这个新案子,得到一笔数目可观的奖金。并且,他非常有希望升迁成为设计部门主管。他一直都与老板关系不错,所以,他满心期待能谈到他在这个公司的前景。

走进办公室,他发觉老板的脸色比平日显得更加严肃。怎么会这样呢? 他的团队刚刚完成了这个领域中最具创新的一款产品,尽管耗费了员工大量的时间和公司的金钱,但是,现在已经可以进入投产阶段了。

"我有个坏消息要告诉你,"老板开始说话了。原来,他们觉得这个与众不同的产品,刚刚被另一家公司抢先一步推到市场上了。他们太注重设计,忽略了市场调查。这是一个代价昂贵的错误,威胁到整个公司的生存。老板接下来说的话,让他几乎不敢相信自己的耳朵:"你被解雇了。老实说,你以后在这个领域里,恐怕再也找不到工作了。"

完了,他的人生结束了;精心策划的人生,经过这个简短的交谈,全部土崩瓦解了。简直是不可思议,感觉一点都不真实。然而,在接下来几个月里,情况变得越来越真实了。

情感的转变

很少有人清晨一醒来,就决定要改变他们的神学观。在个人的信仰体系中,很少人会自我察觉到我们需要改变。你刚刚读到的这段个人经历,的确是非常痛苦的。从某些方面来说,我们并不常常认知到,这样的痛苦经验其实是可以用圣经来诠释的;因此,我们可以从这些经历的镜片,来审视我们的人生。不幸的是,我们鲜少运用这样的角度来看我们的人生,进而改变我们的生命。

刚开始,在这些经历的困境里,我们所感受到的并不是静止不变的。对于神、对于自己、对于其他人与人生而言,这些情感转变成复杂、不可捉摸却又极具影响力的结论。这些我们所相信的重大改变,还没有被我们妥善思考过;而且,我们也没有将自己放入一个谨慎、重复评估的神学系统里。相反,我们那些尚未处理的感受,就成为我们对生命的诠释。因此,当情感转变成结论时,我们最终变得不再相信那些原本我们宣称自己相信的事物。

你刚刚读到的这位年轻人，心中感到非常沮丧与孤单。他对发生在自己身上的事情相当疑惑。他质疑神的存在，为何他允许这样的灾难发生在他的身上？他常常在想："我的信仰对我而言，到底有什么价值呢？"但是，他并没有察觉，他的内心正在经历一场重大的属灵争战。

你曾经觉得孤单、怀疑是否有人了解你正经历的事情吗？你曾经害怕被人品头论足而把个人的挣扎隐藏起来吗？你是否感到你所面临的问题，已经大到没有任何办法可以解决了呢？以上这些经历，是否曾经导致你怀疑神是否了解你？神是否关心你？请停下来思想一下自己的信仰。你的信仰是否仅仅被圣经的教导、讲道、个人的圣经研读所塑造？抑或是在生命中最关键的诸多时刻里，在你公开承认的信仰与你生活中反映出来的信念之间，存在着无法连续的裂痕。或许你所熟识的某个人正在经历人生中非常艰难的境况，几乎就要失去对信仰的倚靠了。倘若你能认同上述任何一种情形，那么这一章的内容，就是为你而写的。这一章里，让我们来看看每日生活中的炎热。

炎热：从神的眼光看我的世界

我们已经看见，圣经上说，我们若不是处在炎热的困境中，就是处在如清凉阵雨般的祝福里。不管在何种景况，我们总是对发生在我们身上的事情有所回应。圣经对人的生命或人如何回应生命的描绘，并没有经过消毒和过滤；强暴、饥荒、疾病、审判、忧郁、极度恐惧的故事都包含在圣经里。圣经记载着像你我一样的人们，将人的思考、行动、计划、决定、说话显现给我们看。如果圣经将谋杀、强暴、饥荒、疾病、审判、忧郁、极度恐惧的故事都忽略，我们如何能相信神的话语确实能够帮助我们呢？

令人难以置信并鼓舞人心的是，圣经竟然以我们所知道的角度来论述这个世界。神在圣经中非常清楚地阐明，我们日常生活中所经历的一切炎热处境，他都能了解。的确，阅读这些故事时固然不太好受，但是，这些故事却能够带给人安慰。因为我了解到，不管我所经历的有多么黑暗或困难，都不会让我们的神感到意外。神所提供的希望与帮助，恰恰反映出神深刻了解人的各样经历。

正因为如此，圣经中一些最能安慰人心的经文里，甚至都没有"安慰"这两个字在其中。它们也许不会与一个快乐的结局优雅地联系在一起，或者是说出一些诸如神的应许、神的爱与恩典之类的话；但是，这些故事却对我们每日所面对的真实世界中的困境，做出了详实的记录与描述。正因如此，它们能给我们带来真实的盼望。《诗篇》八十八篇，就是这样一个例子。

> 耶和华拯救我的神啊，我昼夜在你面前呼吁。
>
> 愿我的祷告达到你面前；求你侧耳听我的呼求！

因为我心里满了患难;我的性命临近阴间。

我算和下坑的人同列,如同无力的人一样。

我被丢在死人中,好像被杀的人躺在坟墓里。他们是你不再记念的,与你隔绝了。

你把我放在极深的坑里,在黑暗地方,在深处。

你的忿怒重压我身;你用一切的波浪困住我。

你把我所认识的隔在远处,使我为他们所憎恶;我被拘困,不得出来。

我的眼睛因困苦而干瘪。耶和华啊,我天天求告你,向你举手。

你岂要行奇事给死人看吗? 难道阴魂还能起来称赞你吗?

岂能在坟墓里述说你的慈爱吗? 岂能在灭亡中述说你的信实吗?

你的奇事岂能在幽暗里被知道吗? 你的公义岂能在忘记之地被知道吗?

耶和华啊,我呼求你;我早晨的祷告要达到你面前。

耶和华啊,你为何丢弃我? 为何掩面不顾我?

我自幼受苦,几乎死亡;我受你的惊恐,甚至慌张。

你的烈怒漫过我身;你的惊吓把我剪除。

这些终日如水环绕我,一齐都来围困我。

你把我的良朋密友隔在远处,使我所认识的人进入黑暗里。

在黑暗中,你觉得孤独吗?

当你阅读《诗篇》八十八篇时,你的感受如何? 请再阅读一次,尽量将自己放在作者的处境里。

第 3 至 5 节:你内心感到极度失望。

第 6 至 7 节:你感到被神丢弃。

第 8 节前段:你失去了朋友。

第 8 节后段:你感到受困和无助。

第 9 至 12 节:你觉得几乎丧命了,虽然大声疾呼,却没有人前来救助。

第 13 至 14 节:你感到神对你掩面不顾。

第 15 至 17 节:你觉得坏事一直临到你,而且没有回转的余地。

第 18 节:你感到每日一醒来就好像置身于黑暗世界里。

这首诗歌没有一个正面的、令人振奋的结局,这是否让你感到困惑? 这首充满黑暗的诗歌存在于圣经当中,是否让你心神不宁? 你是否怀疑,从阅读这首篇章中,我们究竟可以获得什么益处? 以下列出的几项，是我们可以从中学到的：

1. 无论是最大的喜悦，还是最深切的悲伤，神了解人类全部的经历。

2. 救赎主的同在与应许，就是针对住在这世界中经历各样事情的人们。

3. 神对这些经历的不加掩饰，吸引我必须诚实面对我所面临的事物。合乎圣经的基督信仰，对于生命从来不抱持盲目、不关心或禁欲主义（极尽刻苦自律）的态度来面对。

4. 带着我的失望、疑惑、惧怕来到神面前，是一个信心的举动。《诗篇》八十八篇提醒我，在这些几乎绝望的境遇中，我仍要快跑向神，而不是转身离开。

5. 圣经所描写的，不是抒情诗般的世界，里面住着从不犯错的高贵人士。相反，圣经描绘了我们所熟悉的世界。在这个世界里，美善与丑恶的事情都会发生；人们会做出最好的与最骇人的选择；这是一个让我们欢笑的世界，然而更多时候，它却让我们伤心落泪。

当你检视自己的生活时，你是否像这首诗歌的作者？你能向神如此坦诚吗？或者在你所身处的炎热当中，你害怕去检视你所做的回应？你是否会犹豫，将内心的苦情向神倾诉？你是否觉得需要在人前装出一个信心坚固的光鲜门面？你在基督里的信仰,是否真实、有力地影响着你每日的生活？

在一次周三晚间的小组聚会里,我突然获得了一个领悟。当时弟兄姐妹正在分享他们的祷告事项,但这些祷告事项像是一张购物清单似的,将环境所造成的结果,老调重弹地自我保护一番;更糟的是,这个祷告竟被伪装成开诚布公的良好典范。随即,一些问题不断从我心中涌出。为什么在提出祷告事项之前,我们都觉得自己需要先行清理、美化一番？为什么我们的自欺欺人,即使是在分享祷告时,骗术都是如此高超？为什么我们如此擅长分享我们所面临的困境,却如此惧怕探讨我们在困境中的挣扎？我们确实关心我们可以得到的帮助,或者我比较在意别人用什么样的眼光看我？我们真的认为,神会被我们的罪与软弱所击退吗？我怀疑我们所欺骗的,究竟是别人,还是我们自己？这种虚伪的祷告分享,好像是一套没有说出口、但是人人同意的潜规则。这简直是一项沉默的阴谋。

我环视整个房间。我以为我对这些人非常熟识。我确实知道其中某些人所面对的困难,但是,我对他们心里面的争战,却了解得很少。

我将我的想法带回讨论里,并决定打破这个沉默。我并没有认为我比其他人更好,我也曾参与在这个一向沉默的阴谋当中;但是我决定,我不再成为其中的一份子了。那一晚,我恳切祷告,希望神会拆毁恐惧的墙。因为这个墙会阻拦我们,让我们无法与人分享我们的心；而且，这一面墙也会让我们无法将真实发生的事情，带到神的面前。我祈求神赐给我们盼望、信心与勇气，将我们的挣扎，用能到达他耳朵的言语，表达出来；因为他是那赐怜悯、赦免、智慧、能力的终极源头。出乎我的意料，其他人也以类似的祷告接替下去；他们承认了自己的惧怕、疑惑与挣扎。那一晚，神开始改变了我们的小组。

对那天晚上的坦诚景况，《诗篇》八十八篇发出了一个邀请。它呼召我们以诚实与充满信心的态度面对以下景况：处于慢性疾病、经济压迫、朋友离弃、饱受虐待、家庭破裂、单亲重担、重伤残废、失业、为达快速成功所面临的诱惑、孩子悖逆、亲人逝世、教会分裂、政府腐败、种族歧视、公义滥用、忧郁症的阴影、繁重工作，以及生活中的其他责任等。在《诗篇》八十八篇中，神欢迎我们带着我们的挣扎，从阴影当中走出来；当我们如此行时，我们将会发现，神早已知道并了解我们的景况！

更多的鼓励

圣经特别标明这是一首用来吟唱的诗歌。神为什么要他的子民在聚集的时候，一起来唱这样一首消沉、令人沮丧的悲歌呢？试想，将"使我所认识的人进入黑暗里"这样的诗句配上音乐，众人一起吟唱，究竟是为了什么呢？是的，这首诗歌最鼓舞人的地方，就在这里！

《诗篇》八十八篇是一首可拉后裔的诗歌。可拉人是会幕的守门人,他们也是引导以色列民循序进入账幕中敬拜与献祭的人。这首悲哀的诗歌是他们所唱诗歌中的一首。你看见其中的意义吗?神定意让人类最黑暗的悲痛与神所赐人类最明亮的盼望并列在一起,共同显明出来。在敬拜、赎罪与赦免之处,神欢迎我们诚实表达出我们的恐惧、痛苦与疑惑;在充满奥秘、荣耀的恩典之地,神亦迎接人类悲惨的困境与苦痛。

没有任何一首诗歌,能像《诗篇》八十八篇作出如此有力的表达:"带着你所有的疑惑与惧怕、痛苦与失望;以你的本相,到我的面前来吧!在我面前,你手中紧握的是破碎的梦想、破灭的希望;当一切看似无处可寻时,你可以在我里面找到救赎与安息。千万不要因为你软弱与困惑的心而犹豫不前;千万不要因为你质疑我的良善与爱而止息你的脚步。以你的本相,到我的面前来吧!我所有的牺牲,都是为了你。单单以你的本相,到我的面前来吧!"这种在神面前的诚实心态,是神定意要我们在敬拜的时候所持守的。这是一个多么有益处、有盼望的邀请啊!就近神的时候,我们不需要再将我们属灵的面具戴上;我们可以以本相来到神的面前。因为神的爱,坚不可摧;他的恩典,丰盛有余。

圣经的写实性

另外一段蕴含像圣经一样写实描述人生的经文,是《雅各书》一章1至15节。

作神和主耶稣基督仆人的雅各,请散住十二个支派之人的安。

我的弟兄们,你们落在百般试炼中,都要以为大喜乐;因为知道你们的信心经过试验,就生忍耐。但忍耐也当成功,使你们成全、完备,毫无缺欠。你们中间若有缺少智慧的,应当求那厚赐与众人,也不斥责人的神,主就必赐给他。只要凭着信心求,一点不疑惑;因为那疑惑的人,就像海中的波浪,被风吹动翻腾。这样的人不要想从主那里得什么。心怀二意的人,在他一切所行的路上都没有定见。

卑微的弟兄升高,就该喜乐;富足的降卑,也该如此;因为他必要过去,如同草上的花一样。太阳出来,热风刮起,草就枯干,花也凋谢,美容就消没了;那富足的人,在他所行的事上也要这样衰残。

忍受试探的人是有福的,因为他经过试验以后,必得生命的冠冕,这是主应许给那些爱他之人的。

人被试探,不可说:"我是被神试探";因为神不能被恶试探,他也不试探人。但各人被试探,乃是被自己的私欲牵引诱惑的。私欲既怀了胎,就生出罪来;罪既长成,就生出死来。

与其他的经文一样,若将此书信的历史背景忽略不看,就失去了应有的震撼力。事实上，单单看此段经文时，也许你会觉得既无情又肤浅；但是直到你了解书写此信的作者与听众时，你才会有不同的看法。雅各是耶路撒冷城里一位德高望重的牧者，当时他的会众正面临严重的迫害；其时间点也许与司提反在《使徒行传》七至八章被石头打死的时期相当。这个历史背景就帮助我们看见，雅各的言辞正是一个关心他会众的牧者所说的劝勉和忠告。身为一个牧者，雅各将他对这位神的认识、他的智能和他的安慰，应用在这些深受极大痛苦的朋友身上。以下，让我们来仔细看看他所分享的信息。

雅各温柔地提醒他们，试炼是不可避免的（"无论何时，你都有可能会落在试炼中"；而不是"如果，你落在试炼中"）。雅各深深知道，我们若天真地以为困难不会临到我们，那么当困难真的来临时，就难上加难了。神从来没有应许，成为他的儿女就可以脱离这个堕落世界。相反，他选择让自己的儿女生活在破碎的世界当中，这才是神最大的智慧。无论是杂草或疾病、被拒绝或腐败、战争或污染、失望或危险，堕落都在某些方面搅扰着我们。所以，当痛苦与困难临到我们时，我们不应当觉得惊讶；事实上，当痛苦与困难没有出现在我们的生活中时，我们也许才应当觉得奇怪才是。

很显然，在当时的信徒中，有些人对信主后还要面对苦难和逼迫的事实感到讶异；雅各的劝慰正是要保护有这样想法的人。他希望他们拥有一个正确且符合圣经的诚实态度来过生活。同样的，在《腓立比书》一章 29 节、《彼得前书》四章 12 节中，保罗和彼得也力劝我们应当了解,在这个世界上,试炼是我们生活当中正常的一部分。它们是常规,不是例外。

从第 2 至 4 节,雅各开始强调试炼所带来的祝福。"试炼"与"祝福"这两个词放在一起,看起来似乎自相矛盾,不是吗?他对试炼有一个奇特的描述,他说,试炼会带给我们一些我们所需要的东西。相信大多数人不会对神说,"神啊!你是知道的,近来我的生活过得太顺利了;如果你在我的生命路途中添加一些苦难,我将不胜感激!"我们的天性与以上这些话是完全背道而驰的。我们视试炼为我们应当竭力避免的事物;但是,雅各说,与其将试炼当作神工作的阻碍,倒不如说,它是神救赎计划的一部分。

雅各说,虽然我们非常不喜欢试炼,但如果没有试炼,我们就会停在不成熟、不完全、在重要的事上有所缺欠的状态。试炼对我们是有所益处的!从试炼中,我们更加成熟与完备,直到我们毫无缺欠!

在第 5 至 8 节,雅各说,知道试炼是神计划中的一部分,并不会使试炼变得容易些。他并不赞同用表面装出快乐或基督徒苦行僧的样子,去粉饰心里的挣扎。取而代之的是,他规劝我们要奔向基督,以获得帮助与智慧。我们将会发现,神是"乐意厚赐"那些心存谦卑的人。雅各回应试炼的模式,并不是"把它挖出来、丢弃就算了";而是"向神哭求,赏赐回应试炼应具备的资源"。当我们向全然丰盛的神哭求时,我们将会获取我们所需要的全部智慧。

在第 9 至 12 节,出乎意料的是,雅各提醒我们,试炼会以困难或祝福的形式出现。贫穷或富足,都有可能是一种试炼！依据《雅各书》(或其他经文),失去工作或工作晋升、被人拒绝或得人称赞、身体强健或身体衰败,都是试炼的形式,两者都提供了试探与犯罪的机会,也都提供考验与成长的契机。

请审视一下你的生活。难道你所经历的试炼,都是来自苦难吗?上一回的加薪,是否让你以自私的态度来使用你的金钱?良好的身体状况,是否诱使你对饮食与运动无所节制?在服事上的成功,是否带来了属灵的骄傲?我们不仅在缺乏的状态有试炼,在祝福中亦充满挣扎。雅各的忠告对我们每一个人都是非常适时且满有智慧的。

在第 13 至 15 节,雅各将他的焦点从试炼改换至试探。对《雅各书》(或其他经文)来说,试炼是外在的处境(炎热),它将我们内心真实的光景显示出来(荆棘或果实)。一个试炼,可以引导我们的心显著成长;也可以引导我们遭试探、引诱与犯罪。换句话说,试炼可以产生果实或荆棘两种不同的情形。造成这样差距的原因到底是什么呢?

雅各说,一个人的结局取决于他的内心。如果试炼所引出来的是试探与犯罪,那是因为那人的心被自己的邪情私欲牵引、诱惑。要承认试炼不会引诱你犯罪,谦逊是相当重要的态度。神不会借着在你的生命旅途中设下试炼,好诱使你去犯罪;如果我们以有罪的态度来回应他在我们路途中设下的试炼,那并不是因为我们被迫以有罪的态度来回应试炼,而是我们的心选择如此去行。

　　我们真的相信,雅各在这里讲到有关试炼的真理,并且以对的心态去回应试炼吗? 举例来说,某人也许会说:"吉姆快把我气疯了!"在那样的说法中,说话的人认为自己发这么大的脾气,责任应算在吉姆的头上。或者,我们会说:"这样堵塞的交通,简直让我忍无可忍!"难道堵塞的交通状况真的具有道德力量,可以使我们做出与内心品格相互违背的行为吗? 认清下面的真理,可以使我们内心谦卑下来:试炼并不会导致我们成为另一个不同的人;相反,试炼只是将我们自始至终的样子,显露出来而已。试炼所产生的果子,早已根植在我们的内心。

　　最后,在第 16 至 18 节,雅各提醒他的会众,鼓励他们在痛苦当中仍要牢记神的良善、恩典、慈爱与怜悯。

　　　　我亲爱的弟兄们,不要看错了。各样美善的恩赐和各样
　　全备的赏赐都是从上头来的,从众光之父那里降下来的;在
　　他并没有改变,也没有转动的影儿。他按自己的旨意,用真
　　道生了我们,叫我们在他所造的万物中好像初熟的果子。"

　　　　　　　　　　　　　　　　　　　(《雅各书》一章 16～18 节)

　　神是各样美善恩赐的赏赐者。他所赐最大的祝福,就是耶稣基督;他是我们的救赎主,更是我们最亲密的朋友。信靠他,世上每个罪人都得到他们最渴求的一件礼物——新生命!

　　这是多么令人惊喜、安慰的教牧忠告！雅各的话充满了恩典与真理。他并没有因为生活中充满真实的苦难而畏缩，反而呼召我们快跑跟随神。他告诫我们不要心生质疑，甚至犯罪；相反，乃要仰望那位爱我们、并在我们的处境中救赎我们的神。试想，当你处在可怕的逆境中，一个曾经历同样遭遇的人用这些话语来安慰你，你的心中会有什么感受呢？这些话语，对你过去或现在所面临的试炼，正传达什么样的寓义与影响？

1. 试炼的必然（2 节）。你正遇到什么意想不到的试炼？这个意外如何冲击你既有的回应方式？

2. 试炼的益处（2～4 节）。当你思想你的特殊处境时，你如何看见，神正运用这个试炼来让你的灵命达到完全的地步？若没有这个试炼，你无法拥有什么？

3. 智慧的需求（5～8 节）。因为有了这个试炼，你的祷告生活有何改变？当你知道神确实明白一切时，那会改变你面对自己处境的方式吗？

4. 两种试炼（9～12 节）。当你明白了困难与祝福皆是试炼的形式时，这对你有什么帮助？在你的生活当中，你可以辨识出两者的区别吗？

5. 试炼与试探（13～15 节）。身处试炼时，你会面临什么试探？这段经文对个人与内心的注重，如何改变你对目前处境（炎热）的想法？

6. 避免讥讽、质疑的态度（16～18 节）。当你经历过试炼后，对于神的美善与恩典，在哪方面你有更清楚的了解？ 你对基督的爱慕，有因此而增加吗？ 或是减少了？

《诗篇》八十八篇及《雅各书》一章都提醒我们，圣经表明了一位真实神，如何在这个真实世界的困境中，与我们这些真实的人相遇并安慰我们。《诗篇》八十八篇强调，神知道也了解我们正经历的一切。而《雅各书》一章提供了一个身为牧者的良好典范，而这个良好典范就是在他所挚爱的会众生命里，将以上的真理运用出来。以上这两段经文，不仅承认处境中炎热的真实性，也论及以真正释放的方法来回应这些处境。我们并不孤单，神完全了解我们所有的景况！

你、你的主、试炼

请参考下列各项假设，用这个机会省察你自己。首先请思考，为何苦难会使我们备感意外呢？ 请问自己这样一个问题：对于苦难，我通常会做出一些怎样的假设呢？ 我的假设如何增加我所经历的痛苦？以下是一些常见的错误假设：

- 当你想到生活中可能遇到的痛苦时，你是否把它想得轻描淡写？

- 你是否期待自己的人生没有痛苦？（尤其是当我们自认为比别人活得好时，常有这样的想法。）

- 你是否认为好事与坏事是完全没有关系的两种体验？但在真实生活里，即使是在祝福中，仍会隐藏困难，而在困难当中，也会发现祝福。

- 你期待好事出现，并以为平顺的生活会一直保持下去吗？

- 在生活中，你是否以为自己可以"所向无敌"，面对任何处境都有从圣经中来的智慧和力量去避免受苦，或是坦然胜过呢？然而，一旦发现自己面对苦难无能为力时，你是否会感到震惊呢？

- 你将你的性命寄托于现代科技的进步，并以为现代科技可以保护或拯救我们吗？

- 你是否过分相信自己所做的计划，以为你有能力掌控自己的生活，并错误地认为即使有苦难出现，你也可以设法抽身？

现在，请花一些时间思考你的生活。在你现今的处境当中，有哪些炎热缠绕着你呢？请利用下列的问题，来帮助你作出具体与实用的回答。

- 你经常面对什么样的压力？
- 有哪些是神所赐予你的机会？

- 你每日例行的责任是什么？

- 你是否正面临困难的处境？

- 你正面临什么样的试探？

- 在你的生命当中，哪些是你难于应付的人？

- 你曾经得到什么出乎意料的祝福？

- 在什么情形下，你会觉得孤单或被人误解？

- 现代文化的价值系统，带给你什么样的挑战？

- 有哪些"非你莫属"的事情（祝福或困难），使你觉得几乎无法
  招架？

- 有哪些方面是你想要逃避、躲藏或放弃的？

- 在什么情况下，即使你有困难，你仍然会说"我没有问题"呢？

- 回顾以往，你曾有过最痛苦的经历是什么？

- 对于未来，你最大的恐惧是什么？

在回答以上这些问题时，请记住，那位早已进入你与他的关系之内的主，正积极主动地爱着你。他明白你所面临的压力，而且，在这些压力当中，他正与你同在。同时，他正张开双臂邀请你将一切顾虑、失望、恐惧、疑惑与悔恨，统统带到他的面前。当困境让你觉得生活中似乎没有一件事情起作用时，请不要逃避神；相反，你要转身快跑跟随主。在他那里，你会发现有无尽的智慧、安慰与能力，是在任何其他地方都无法找到的。

第 **8** 章
现实世界中真实的你
——炎热篇(下)

你期望你的生活应该是什么样子呢?

你觉得生活应该是有秩序的、凡事按部就班、平静安稳的吗? 你认为大家都应该众口一致,按照你作出的决定去行事吗? 你觉得你能够避免疾病、受伤和意外事故的搅扰吗? 你相信自己能做出周详的计划,以避免陷入不当的压力之中,并且极力摆脱那些会让你觉得几乎无法应付的处境吗?

当我们带着不合圣经、不切实际的期望进入我们的生活经验时,这会让我们的生活变得更加困难。当我们发现自己正面临生活中无可避免的压力时,我们便感到震惊与意外。我们质疑神的美善,并且怀疑我们的信心究竟出了什么问题。或许我们还会认为,神在我们身上的心意,已经改变了。

那就是为什么乔希会感到这么沮丧。他属于好人中的一个,规规矩矩地按照神所定的准则行事;他工作勤奋,自我约束;他力求智慧,从不盲目作决定。在处理与神的关系上,他非常严肃认真,并积极参与教会的活动。对于妻子朱迪而言,他是一位忠实的丈夫,对孩子的生活也非常关心。基于以上这些,乔希认为神会继续赐给他过这种好生活的祝福。

乔希从没有妄想拥有太过奢侈的事物。他只是希望自己能有一帆风顺的工作、美满的家庭、教会朋友的友谊。但是,现在乔希却站在曾经是他梦想之屋的废墟前。这里曾是他亲手打造的家,朱迪亲自装饰、布置,是他们温馨的住所。但是,一场龙卷风把这里夷为平地。除了几本家庭相簿之外,什么都没有留下。乔希无法估量他们的损失。

神究竟在哪里?为什么他允许这样的事情发生?若乔希早知道终究会失去一切,那当初他为何要如此勤奋工作?乔希知道此时他应该祷告,但是他实在不想这样做。他感到相当震惊、愤怒与沮丧,这一切完全不是他所想象的样子。

真实世界的细节

你会用哪些字或词句来形容这个世界呢?《罗马书》八章 20 至 22 节,使徒保罗生动鲜活地描述了我们在地上生活的本质。他是这样说的:

> 因为受造之物服在虚空之下,不是自己愿意,乃是因那
> 叫他如此的。但受造之物仍然指望脱离败坏的辖制,得享

神儿女自由的荣耀。我们知道一切受造之物一同叹息、劳
苦,直到如今。

保罗用三个生动的词句,来描绘世人在堕落之后与基督再来之
前,每天的生活体验。

服在虚空之下

这一节捕捉了在面对破碎的世界时,你所经历的那种徒劳无益
的感受。你虽然努力尝试,但是情形似乎丝毫没有改变,你的努力几
乎全然没有功效。早晨醒来时,你的胃好像总是打了结一般让你感
到浑身不舒服;因为,你知道问题仍然存在,丝毫没有改变的迹象。
这种挫折感,在生活中大大小小的事情上都存在。大到龙卷风的灾
祸,小到随处可见的交通堵塞。有时是吵闹的小孩,把一家人享受晚
餐的时光毁掉了;有时是唯利是图的公司老板,为了既得利益,宁可
让公司倒闭,让你沦落在失业的浪潮中。罪已经败坏了整个宇宙,没
有一个人能够逃脱。在你的日常生活中,是否有这种面临毫无用处
与深感挫折的情形呢?

败坏的辖制

万物都正以某种方式滑向死亡。这个辖制就在于,我们没有能
力去扭转这个过程。这个事实就像我们的肉体一样真切。从我们受
孕的那一刻起,死亡的过程就开始了。在其他地方,你也看见这个相

同的事实。崭新的车辆,总会有生锈与机械故障的一天;美丽的花朵,终将凋落与衰亡;我们居住的房屋,亦会折旧与耗损;我们与他人的关系,也会破碎与瓦解。甚至,就连我们属灵的生命,也常在不知不觉中变得冷淡、了无生气。神对我们而言,曾经是如此亲密,现在却是那样遥不可及。圣经一度在我们里面唤起属灵的震撼;现在却似乎淡然无味,甚至令人厌烦。

在神的计划里,生命原本是迎向永恒的生命;但是,罪使我们的世界蒙受败坏的辖制,并且没有一个人能够逃脱。在你的日常生活中,有哪些方面让你体验到衰败的真实呢?

一同叹息、劳苦

没有一位生育过的妇女,在读这段经文时能无动于衷!上面两点在描述人生像什么,而这段经文则捕捉到我们在人生中的经历。人的一生往往充满了强烈的挣扎及痛苦。保罗借着妇人分娩的比喻提醒我们,痛苦只是过程的一部分。现在是痛苦的,但是以后就不会再有痛苦了。换句话说,母亲之所以经历痛苦(现在),是因为一位新生儿即将诞生(以后)。所以,分娩的例子提醒我们,在我们所经历的痛苦中,有一个救赎的目正在进行(会有蒙救赎的新生命诞生);虽然会有救赎的新生命,但是这并不表示此时的痛苦会消失!若我们正确了解什么是福音的盼望,它并不会让我们产生像苦行僧般的禁欲主义,或是对我们面临的痛苦予以否认。因此,你不会以缩小痛苦的方式来应对它。保罗的论点是清楚的：痛苦的确存在！而且，当痛苦临到时，我们不应该觉得意外与惊讶。目前你所经历的叹息、劳苦，究竟在哪里呢？

当你阅读这些经文时，请注意保罗重复了一个相同的词句。在每一节经文中他说到，一切受造之物都会经历到虚空、败坏与痛苦。除了神之外，没有任何例外。意思就是，万物皆被罪性与始祖的堕落所沾染。我周围没有一件事物是按照神起初创造它时应有的运作方式；万物都是破碎不完整的！你可以在所有的地方看见这个景象：

- 大自然中，有风暴、污染、天灾、凶猛的野兽。
- 我们的身体，有疾病、虚弱、衰老。
- 人际关系中，有冲突、分裂、暴力。
- 机械领域中，有飞机坠落、火车撞毁、器械故障。
- 世界文化中，有扭曲的价值观、种族歧视、腐败的政府、种族屠杀、不公平的裁夺。
- 工作中，那些"荆棘、蒺藜"与以上所谈到的事纠结在一起，使工作更加辛劳、困顿。

尤有甚者，圣经又加上另一个更严谨的事实：就是在灵界，有一个真实的恶者（Evil One）的存在。若我们只说，因为罪进入了世界，让世界成为一个更难以生存的地方，这样的论点是不足够的。圣经向我们警戒一个更加令人苦恼的事实——有一位称为撒但的属灵敌手。撒但存在的目的就是要试探、陷害与摧残人类；它以人类堕落的一切后果当作工具，来达到它的目的。撒但不仅以直接的攻击作为策略，也以狡猾、间接的方式来阻挡神在我们里面与在这世界中所施行的救赎计划。当神作工以恢复堕落所造成的一切损害时，撒但便使用这些损害来成为它的有利优势。它使用令人沮丧与痛苦的事物，作为武器来攻击我们，损害我们的心志并削弱我们的信心。事实上，撒但是"我们的仇敌魔鬼，如同吼叫的狮子，遍地游行，寻找可吞吃的人"（参考《彼得前书》五章8节）。在下一节中，彼得将这个魔鬼的邪恶活动，也包含在范围更广大的困难（炎热）里。因此，他说："你们要用坚固的信心抵挡它，因为知道你们在世上的众弟兄也是经历这样的苦难。"（9节）

每一天早晨，当你醒来之后，你就进入了一个破碎的世界。你所经历的挫折、毁坏与痛苦，并不表示你被神遗忘、遗弃或剔除。困难与痛苦是活在这地上的每个人都会遇到的常规。当你遇到环境的破碎，罪在你里面的破碎，以及真实敌人——撒但的存在时，你应当如何去应对？

旷野中的教训

如果你负责拍摄一个录像带，你自己并不会出现在画面里。你可以看见每一个人、每一件事，但就是看不见你自己。因为，你在录像机的后面。

我们也常常用同样的方法来诉说自己的故事。当我们讲述自己生活中的故事时,也常常把自己排除在外。例如,一个小孩子回到家里,向爸爸妈妈讲述今天学校里发生的一件意外事故;然而他却很少、甚至没提到自己。所以,爸爸妈妈知道了事件的详情,以及其他人的行为,却一点都不知道自己的孩子当时的情形。

但是圣经则不同,圣经总是让我们看到在某个环境中的某个人,并把焦点集中于他正在做的事情。所以,圣经要求我们,除了看见这个破碎世界的情景,我们更需要注意到,在那处境中,自己都做了哪些事情。

圣经运用许多有形的概念,好让我们更清楚明白真理。在旧约,其中一个重要的概念就是"旷野"。在本书第六章,它描述了人们在艰困环境中挣扎的生活经历。以色列民离开埃及在旷野中漂流,是最明显的例子。在《哥林多前书》十章,保罗告诉我们,这些在旷野中漂流的功课,就是"要作为鉴戒,并且写在经上,正是警戒我们"。这些功课是要帮助我们了解自己,也了解我们通常在生活中面对炎热处境的典型表现。保罗的重点是:仅仅了解我们在这世界中的炎热处境与痛苦是不够的,我们还必须知道"应当如何回应"。

让我们在《民数记》的三个场景以及《申命记》的一个说明当中,仔细看看神是怎样借助以色列人在旷野的表现,对后人发出警告的。这对我们来说非常有益处:

食物淡而无味所引发的祸患

他们中间的闲杂人大起贪欲的心;以色列人又哭号说:
"谁给我们肉吃呢? 我们记得,在埃及的时候不花钱就吃
鱼,也记得有黄瓜、西瓜、韭菜、葱、蒜。现在我们的心血枯
竭了,除这吗哪以外,在我们眼前并没有别的东西。"

这吗哪仿佛芫荽子,又好像珍珠。百姓周围行走,把吗
哪收起来,或用磨推,或用臼捣,煮在锅中,又做成饼,滋味
好像新油。夜间露水降在营中,吗哪也随着降下。

摩西听见百姓各在各家的帐棚门口哭号。耶和华的怒
气便大发作,摩西就不喜悦。摩西对耶和华说:"你为何苦
待仆人? 我为何不在你眼前蒙恩,竟把这管理百姓的重任
加在我身上呢? 这百姓岂是我怀的胎,岂是我生下来的呢?
你竟对我说:'把他们抱在怀里,如养育之父抱吃奶的孩
子,直抱到你起誓应许给他们祖宗的地去。'我从哪里得肉
给这百姓吃呢? 他们都向我哭号说:'你给我们肉吃吧!'
管理这百姓的责任太重了,我独自担当不起。你这样待我,
我若在你眼前蒙恩,求你立时将我杀了,不叫我见自己的
苦情。"

耶和华对摩西说:"你从以色列的长老中招聚七十个
人,就是你所知道作百姓的长老和官长的,到我这里来,领

他们到会幕前，使他们和你一同站立。我要在那里降临，与你说话，也要把降于你身上的灵分赐他们，他们就和你同当这管百姓的重任，免得你独自担当。又要对百姓说：'你们应当自洁，预备明天吃肉，因为你们哭号说：谁给我们肉吃！我们在埃及很好。这声音达到了耶和华的耳中，所以他必给你们肉吃。你们不止吃一天、两天、五天、十天、二十天，要吃一个整月，甚至肉从你们鼻孔里喷出来，使你们厌恶了，因为你们厌弃住在你们中间的耶和华，在他面前哭号说：我们为何出了埃及呢！'"

摩西对耶和华说："这与我同住的百姓、步行的男人有六十万，你还说：'我要把肉给他们，使他们可以吃一个整月。'难道给他们宰了羊群牛群，或是把海中所有的鱼都聚了来，就够他们吃吗？"

耶和华对摩西说："耶和华的膀臂岂是缩短了吗？现在要看我的话向你应验不应验。"

（《民数记》十一章4～23节）

这段经文中，令人吃惊的事是，相对而言，以色列人所面对的试炼还是比较小的！是关于一张单调的菜单——吗哪。但是，圣经并不只强调他们所面对的试炼，还说明了以色列人如何回应这个试炼。请问，他们的反应是什么？他们抱怨、哭号、渴望过去悠闲的生活、找领袖的麻烦、厌弃神、怀疑并质问神美善的计划。当我们面临困难时，我们不也会做出类似的回应吗？

- 我们渴望回到尚未遭遇困难前的生活。
- 我们寻找可以归罪的人。
- 我们怀疑神的美善、信实、慈爱和智慧。

请仔细看看这些反应，在这些当中，谁明显地缺席了？ 是我们自己！ 我们太容易将自己从图画中挪走，一味责怪我们的环境、神与他人，却忘记因着我们回应的方式，我们使得困境变得更大、更难了。

对充满威胁的环境感到恐惧

当下，全会众大声喧嚷；那夜百姓都哭号。以色列众人向摩西、亚伦发怨言；全会众对他们说："巴不得我们早死在埃及地，或是死在这旷野。耶和华为什么把我们领到那地，使我们倒在刀下呢？ 我们的妻子和孩子必被掳掠。我们回埃及去岂不好吗？"众人彼此说："我们不如立一个首领回埃及去吧！"

（《民数记》十四章 1～4 节）

这段经文从《民数记》第十一章中再往前迈进了一步。如果在旷野里的挣扎已是令人无法招架,那么,进入神的应许之地时所要面临的,看起来更让人难以承受！在《民数记》第十三章中,探子被派去窥探迦南地,要知道夺取那地的必备条件。当百姓得知即使在应许之地,他们仍然无法免于试炼时,他们感到惊恐万分。在《民数记》第十四章,我们看见百姓全然痛苦的反应。他们心中质疑:"我们为什么要离开埃及呢？为什么神会赐给我们这些试炼呢？会有什么试炼发生在我们的妻子和孩子身上呢？我们回埃及去岂不是更好吗？"如果我们诚实的话,我们必须承认,我们也会做出相同的回应。我们会问:

- "我怎么会落到这个地步呢？"
- "神到底在哪里呢？"
- "现在将会有什么事发生在我身上呢？"
- "我该做什么呢？"

你曾经问过这些问题吗？这些疑问显示出我们心中的惧怕、疑惑与恐慌,而这些感受会令我们已经复杂的景况变得更加复杂。

推卸责任的把戏

正月间,以色列全会众到了寻的旷野,就住在加低斯。

米利暗死在那里,就葬在那里。

会众没有水喝,就聚集攻击摩西、亚伦。百姓向摩西争闹说:"我们的弟兄曾死在耶和华面前,我们恨不得与他们同死。你们为何把耶和华的会众领到这旷野,使我们和牲畜都死在这里呢? 你们为何逼着我们出埃及,领我们到这坏地方呢? 这地方不好撒种,也没有无花果树、葡萄树、石榴树,又没有水喝。"

（《民数记》二十章 1～5 节）

故事进行到这里,状况变得越来越糟糕。以色列百姓显然对试炼已经到了忍无可忍的地步了,他们的愤怒高涨,想归罪于人。很自然的,摩西变成他们的代罪羔羊。是的,摩西的确成为箭靶,百姓将怒气出在他的身上;但是,对以色列民所处的景况,他并没有责任。是神(用云柱与火柱)引领他们到这个特定的地点。神之所以如此行,是因为在他心中有一个特别的目的: 这样的环境和地点,可以成为神使用的另一个机会,来向以色列民彰显他的大能。但是,以色列民却一点也体会不到神的美意,他们并不以这样的眼光来诠释他们的处境!

这段经文显示出人的痛苦,会多么迅速转变成为愤怒。身为罪人,我们不得不在神面前谦卑承认,在面对困境和苦难时,我们的自然反应和举动,都是充满罪性的。在医院里,焦躁的病患对护士咆啸;丈夫认为妻子不关心他的需要,变得霸道与苛求;塞车时推销员对插入前方车队的人鸣按喇叭;压力过重的母亲对孩子态度严厉、吹毛求疵。

很显然,这段经文告诉我们:我们所发的怒气,主要不是说明我们所面临的试炼,而是反映了我们心里的写照。圣经将焦点放在我们的身上!它向我们的自以为义与属灵的盲目发出挑战;因为自以为义与属灵的盲目让我们认为,我们最大的问题是在我们之外,而不是在我们自己。我们认为只要改变环境、地点与人际关系,这些改变会以不同的方式来适应我们。我们认为困境促使我们以有罪的方式来回应,但是圣经却一再教导我们,环境不是我们犯罪的原因,只是将我们心中真实的景况,暴露在我们的言语及行为之中而已。

神在旷野的作为

你也要记念耶和华你的神在旷野引导你这四十年,是要苦炼你,试验你,要知道你心内如何,肯守他的诫命不肯。他苦炼你,任你饥饿,将你和你列祖所不认识的吗哪赐给你吃,使你知道,人活着不是单靠食物,乃是靠耶和华口里所出的一切话。这四十年,你的衣服没有穿破,你的脚也没有肿。你当心里思想,耶和华你神管教你,好像人管教儿子一样。

　　你要谨守耶和华你神的诫命，遵行他的道，敬畏他。因为耶和华你神领你进入美地，那地有河、有泉、有源，从山谷中流出水来。那地有小麦、大麦、葡萄树、无花果树、石榴树、橄榄树和蜜。你在那地不缺食物，一无所缺。那地的石头是铁，山内可以挖铜。

　　你吃得饱足，就要称颂耶和华你的神，因他将那美地赐给你了。

　　你要谨慎，免得忘记耶和华你的神，不守他的诫命、典章、律例，就是我今日所吩咐你的；恐怕你吃得饱足，建造美好的房屋居住，你的牛羊加多，你的金银增添，并你所有的全都加增，你就心高气傲，忘记耶和华你的神，就是将你从埃及地为奴之家领出来的。

　　　　　　　　　　　　　　　　　（《申命记》八章 2～14 节）

　　旷野中的漂流，并不是象征着摩西的领导无方，也不是神遗忘、不信实或是软弱的记号。旷野中的漂流，是关乎以色列百姓如何诠释他们的环境。他们强烈质疑神美善的本意，以至于他们确实考虑返回埃及去！《申命记》八章告诉我们，对于每个试炼，神都有一个目的。在每个试炼里，神都希望为以色列百姓做三件事：教导他们、使他们谦卑、管教他们。神为什么要这样做呢？

首先,在应许之地中,神正在预备他们,在困难与祝福里去迎接他们会遇见的属灵争战。他们需要去经历试炼,才能明白,无论事情演变成什么局面,神的手都会扶持着他们。像所有罪人一样,以色列百姓很容易陷入自我满足、不需要神的境地。

其次,他们需要看见,自己心中暗藏不信靠神、不愿意遵行他诫命的倾向。

第三,他们需要常常看见神大能的显现,所以他们不会对靠自己无法克服的事物心生畏惧。

这些试炼并没有让神的品格因此遭受质疑,反倒成为神守约施慈爱的记号。神确实知道自己正在做什么!他的眼目定睛在每一个孩子身上,他的耳朵留意每个孩子的哭泣。然而,神会增加困难度,好让属他的子民有能力去面对摆在他们前头的挑战。

以色列百姓的问题,并不是遇见试炼,而是如何回应试炼。真正使以色列百姓陷入麻烦的,是存在于他们心中的想法与欲望。他们错误诠释了自己的试炼;这些试炼没有证实神的良善,反而成为怀疑神良善的原因。他们宁可追求舒适与安逸,而不愿追求为了在应许之地的属灵预备——眼前等着他们的试炼。

从某种程度上来看,以色列百姓就像我们一样。如果你足够谦卑并对自己诚实,你不得不承认,他们的反应非常令人熟悉。在遇见试炼的当下,你也有过相同的回应。你成为容易激怒与生气的人;你寻求他人作为代罪羔羊;你虽然口口声声向神说你爱他,心中却质疑神的美善。这也是为什么保罗在《哥林多前书》十章说："这些事都要作为鉴戒,并且写在经上,正是警戒我们……"目的就是为了避免使我们落入同样的疑惑与罪中。

我们仍在旷野之中

我们在地上的生活,是一个如同在旷野里的生活。每一天,我们所面临的那些预期之外的困难(甚至是祝福),都会中断我们日常生活的路径!无论是哪种情况,神都在作工,为要暴露我们的心思意念,帮助我们成长与改变。他并没有将你遗忘,或者收回他给你的应许。在你能力及智慧不及之处,他也不会弃你于不顾。在你的炎热处境里,神正与你同在;尽管有时让人费解,但在许多方面,这是相当令人称颂与荣耀的。神正呼召你转离对他的质疑,好察验你的内心。你在何处质疑他的良善、恩典与慈爱呢? 你是否正在盘算,怎样才能回到埃及去呢? 什么时候,你忽略了每日的读经与敬拜呢? 你在何处挣扎于愤怒、嫉妒、沮丧与怪罪当中呢?

请选择在你目前的工作和生活中,常常使你陷入挣扎的一种困境,或是某种人际关系。当你在困境或人际关系中全力应付时,你是怎样思想神? 又是怎样思想你周围的人,甚至是怎样看待自己的呢? 什么是你所渴望的("假如,只要我有……")? 你如何回应处境? 回应其他人? 甚至是回应神呢? 当你思考你如何回应生活中的炎热时,你对自己的认知与了解又是什么?

请参考下列各项，看看哪些是最能使你身陷其中的：

- 在人际关系中的问题？
- 在工作上的困难？
- 在婚姻中的失望？
- 在你的教会中的难处？
- 在婚姻关系上不和谐？
- 健康问题？
- 教养儿女的压力？
- 一个安排过度的日程表？
- 文化的压力？
- 财务的压力？
- 无法满足他人的期许？
- 工作晋升的试探？
- 环境影响的试探？
- 教会事工中的困难？

在你的炎热处境中，神从来没有离开过你。《诗篇》四十六篇 1 节提醒我们，他是"在患难中随时的帮助"！当你在炎热的景况里，你总是不知不觉将自己摆在神的关爱与照顾的范畴之内；而神仅仅是带领你到你不想去的地方，为要让你在你心里生出靠你自己无法获得的品格。当你安歇于他的慈爱时，你会看到回应景况之后那一颗心的真实面貌；所以，你就能够在对神所呼召你的"信、望、爱"上更加成熟。炎热的处境仍然会存在；因为，这个世界是一个败坏的世界；并且我们仍然需要成长与改变。但是，不管环境如何、困境有多大，神的恩典够我们用的。神的慈爱和恩典永远伴随我们，永远不会离开。

第 **9** 章

什么事情缠累着你

——荆棘篇(上)

　　有件事在这里讲出来的确有点惭愧,但我想这能够代表许多人的感受。太太说好六点钟来接我,当我六点一刻打电话给她时,她说再过五分钟就到。结果,她竟然六点半才到。我心里相当生气。难道她不知道,我今天已经在公司工作了整整十二个小时了吗?难道她不知道,我已经快要累死了吗?我心想:若要准时接我下班,她也出门太晚了吧。在回家的路上,她试图和我说说话,但是我并没有理睬;我想让她知道,她的表现让我很生气。

　　所幸,这样尴尬的局面,只持续了几分钟而已。我赶快对付自己不对的地方,之后我们之间就没事了。但是这样愚蠢的插曲,反映出身为罪人的我们在与罪挣扎时一些重要的事情。诚然,基督为我们受死、他的同在改变了我们是谁的事实。即使身处于充满"炎热"的世界中,在基督里,我们仍是新造的人。但是,我们都知道我们容易遗忘那些身为神儿女所拥有的美好赏赐。我们也相当容易被脑中的思绪、情感,以及那些早就不该再辖制我们的欲望所摆布;我们常常让眼前的困难决定自己的身份,而不是借由基督的恩典来告诉我们,究竟我们是谁。所以这也是为什么你需要记住,你已经具备了唯有在基督里成为新造的人才能拥有的新品性和行为样式。因着基督的恩典,神已经赐给你一颗新心,也从根本上彻底改变了你。日复一日,你已经开始经历一段内心重建的渐进过程,而这就是此时此刻神在你生命中工作的重心。

庆祝这个事实的唯一方法就是谦卑询问神:"神啊!在我心中还有哪些是你呼召我要改变的?哪些是你已经应许给你儿女的品格,但是还未活现在我心中的?还有哪些是你要我来更认识你的?"

我在前面所举的例子(太太接我下班)中的挣扎,显现出以上这些问题的重要性。神的恩典在我生命中有很明显的印证;正因为如此,我才能很快意识到我在态度上的错误。尽管如此,这个小小的插曲也说明了,从一开始,我在愤怒上的挣扎证明了在我内心深处,我还需要成长的地方。就着这件事,让我们来看看图 6−1(请参阅第156页)荆棘丛的部分。

荆棘丛所代表的是,身为罪人,我们都倾向以罪性去回应生活中的各样景况。我们会扭曲事实:"好的好的,支票马上就寄到了。"我们会心怀怒气和苦毒:"我简直不敢相信,我对她这么好,她竟然恩将仇报!"我们会责怪他人:"我本来是要这样做的,但他非要劝我不要这样做,我只好听他的了。"我们会操控他人以达到我们的目的:"做这份工作,没有人比你更称职了。"我们会得理不饶人,用刻薄的言词和论断的态度与人交往："这种事我想都没想过，简直不敢相信你居然会傻到这种地步！"我们借着事业、物质或财产来麻木自己："昨晚的事，本想好好跟你解释清楚，但我实在是太忙了，脱不开身。"我们企图从别人的肯定与自我表现当中获得自我价值和身份："在我们教会里，没人比我参与的事奉更多了。"我们放纵情欲，想尽各种办法复仇："我希望她得到报应，也让她尝尝伤害我的滋味。"我们总是处处自我防卫、自我保护："我不想谈论这个问题！"我们以自私和欠缺思考的方式来回应身边的每一件事："今晚我想一个人静一静，她有什么需要不关我的事！"我们用很不礼貌的态度谈论他人的事，并且嫉妒他人所拥有的。我们也试图巩固与谋取我们的权势。我们用冷战或拒绝的态度，作为咒诅彼此的手段。类似上述的表现不胜枚举。

上面所列举的行为表现中，你有没有看到自己的影子？你是否认出，在你的生活中对待某种困境的一些固有模式呢？在哪些地方，你生命中的荆棘丛胜过于好果树呢？我们知道没有一个人可以完全恢复到像主耶稣基督的样子；因此，我们的生命多多少少都会笼罩着上述表现的阴影。这就是我们为何要察验荆棘丛的原因。当我们将荆棘丛与好果树相互比较时，我们将开始明白，在哪些特殊地方，神正呼召我们做更进一步的改变。换句话说，认识到我们的生命就像荆棘丛一样，正是神改变我们成为好果树的主要方法之一。

不满足是神的设定

　　下面让我们来看看约翰的例子。约翰的问题是,他太容易满足于现状了。他与神的关系早就达到一个相当稳定的状态。他对神有坚强的信心,对教会的参与也相当热心;但是,他生命中有一些缠累他的荆棘却常年挥之不去。举例来说,约翰急躁的脾气像个炸药桶。只要遇到交通堵塞,他一定会大发雷霆;在家里也会因为与太太一起做家事,就对太太大发脾气。他去参加儿女的体育比赛,也会和裁判、筹办人员意见相左,很少控制自己的怒气。

　　约翰也有财务上的困难。他的眼睛总盯住那些属于男士的时髦玩具。他开着最新款的车子,住在不是他能负担得起的房子里。尽管有一些加薪的机会、合理的预算,约翰对物质主义的追求终究会将他推入负债的深渊里。

　　约翰与太太麦琪的关系也存在着相当大的问题。与其说他们的关系是两人本该具有的温馨、彼此关爱、同心合一,倒不如说更像是军事紧张局势的暂时缓和。麦琪与丈夫不常吵架;只是白天忙着各自的事情,晚上才回到同一张床上睡觉。麦琪觉得与约翰没有亲密的关系,就在许多朋友那里吐露她的喜怒哀乐。

　　在今天的教会中,不乏像约翰这样的基督徒。他们虽然信了主,但是很明显,他们的生命极需改变。是的,他们虽然身处一个教会群体当中,但是他们却没有明显或是感到迫切的迹象,认为自己个人的生命需要成长与改变。

神呼召你做一个不满足的人。你应当培养饥渴慕义而不安于现状的态度！基督徒的生命应该处于感恩的不满足或是喜乐的不满足的状态中。换句话说，就是在每日生活中，我感谢神奇异的恩典从根本上将我改变了；但是，我仍然不满足。为什么？因为每当我诚实省察自己时，我必须承认，我还有许多地方需要成长与改变；在基督里，我尚未达到神造我时应有的品格和样式。是的，我感谢神，若非他的恩典，我的生命无法到达今天这样的丰盛；但是，我仍然无法满足于只获得部分的产业！

从这个角度来看，若我仍然觉得不满足，那是正常的。我要拥有在基督里属于我的全部！因此，神不愿意我安于现状，更不希望我们只能享受他所赐给我们的一小部分丰盛。他乃是呼召我们继续奋斗、默想、察看、慎思、警醒、自省、修正、奔跑、忍耐、认罪、抵挡、顺服、跟从及祷告，直到我们完全被神改变过来，成为他的样式为止。

这种自我省察与"喜乐，但不满足"现状的生命，不能和自我谴责而软弱不堪的生命混为一谈。神并没有呼召我们厌恶自己；相反，当我们持守"在基督里，我是新造的人"的盼望时，他要我们时时省察自己对生命的反应。这个盼望的根基，不仅是罪得赦免的应许，亦是个人得释放和关系蒙修复的应许。那个当时赦免我一切过犯的恩典，如今也同样每时每刻彻底改变着我。我不应当感到满足，直到神的善工完成为止。《希伯来书》中的一段经文，可以帮助我们了解这个真理。

我们既然有一位已经升入高天尊荣的大祭司,就是神的儿子耶稣,便当持定所承认的道。因我们的大祭司并非不能体恤我们的软弱,他也曾凡事受过试探,与我们一样,只是他没有犯罪。所以我们只管坦然无惧地来到施恩的宝座前,为要得怜恤,蒙恩惠,作随时的帮助。

凡从人间挑选的大祭司,是奉派替人办理属神的事,为要献上礼物和赎罪祭。他能体谅那愚蒙的和失迷的人,因为他自己也是被软弱所困。故此,他理当为百姓和自己献祭赎罪。这大祭司的尊荣,没有人自取,惟要蒙神所召,像亚伦一样。如此,基督也不是自取荣耀作大祭司,乃是在乎向他说"你是我的儿子,我今日生你"的那一位。

在另外一处,他又说道:

"你是照着麦基洗德的等次永远为祭司。"

基督在肉体的时候,既大声哀哭,流泪祷告,恳求那能救他免死的主,就因他的虔诚蒙了应允。他虽然为儿子,还是因所受的苦难学了顺从。他既得以完全,就为凡顺从他的人成了永远得救的根源,并蒙神照着麦基洗德的等次称他为大祭司。

(《希伯来书》四章 14 节～五章 10 节)

当我面对生活中的属灵挣扎，并看见我那些仍然需要成长与改变的地方时，我的盼望在哪里呢？对于这一点，《希伯来书》的作者为我们指出了以下六点：

1. **神不会对我的挣扎感到惊讶。**我心里所有的问题，神早就全盘了解。我们的罪再深重，也不会使神感到震惊或不知所措。这正是为什么他差派他的独生爱子耶稣基督来到我们中间的原因。

2. **圣经是写给像你我这样的人的。**《希伯来书》四章 15 节说："我们的大祭司并非不能体恤我们的软弱，他也曾凡事受过试探，与我们一样，只是他没有犯罪。"这就是告诉我们，圣经是写给我们这些在信心与品格中经历相同挣扎的普通人。

3. **基督亲自介入我的挣扎与困惑当中。**他也曾经历相同的处境，也曾经历所有我面临的试探。他深知面对这些试探时，究竟是怎样的一个处境。

4. **基督必定帮助我。**我可以十分确定，当我经历挣扎时，我并不孤单。耶稣将会在我最需要的时候，赐下他的怜悯与恩典。

5. **在天父面前，基督为我代求。**在我所有的挣扎当中，我拥有一位辩护律师。他为我的好处向天父辩护,直到我从所有试探中脱离出来为止!

6. **我可以坦然无惧来到天父的面前。**我不需要将自己收拾得干干净净或轻描淡写地看待自己的挣扎。我可以按照自己的本相,来到天父面前,并且获取一切所需。在我挣扎的时候,我大可不必远离神;相反,我应该全力奔向基督,领受唯有他才能赐给我的一切。

我真正的盼望,不在乎我的外在表现、成熟度、神学知识或是我个人的完美与否。我真正的盼望,也不是立基于我的品格、名声或是我在事工上的成就。我的盼望,就是基督!他永远住在我的生命里,用温柔与慈悲的目光注视着我。基督将会一步一步将我转变,直到他的善工完全成就为止。这就是我们真正的盼望;它能帮助我们即使面临荆棘遍布,我们仍能不屈不挠,坚持到底。

不要像外邦人一样生活

《以弗所书》四章 17 节至六章 18 节,是圣经里一段关于不安于现状和喜乐的不满足的经文。这段将新人与旧人生活方式的对比,建立在以下几点:第一,欢庆基督的大爱(参考《以弗所书》三章 14~19 节)。第二,因圣灵内住,使神的能力在我里面显出来(参考《以弗所书》三章 20~21 节)。第三,基督在教会中设立了各样职分,并且给予教会各样的恩赐(参考《以弗所书》四章 11～16 节)。我们应当怎样享受并庆祝这些从基督而来的美好礼物呢?乃是借由委身于一个"喜乐,但不满足"的生活方式;在这个生活方式中,经常自我省察将作为一个常规。这是《以弗所书》第四章所要传讲的重点。

所以我说,且在主里确实地说:你们行事不要再像外邦人,存虚妄的心行事。他们心地昏昧,与神所赐的生命隔绝了,都因自己无知,心里刚硬;良心既然丧尽,就放纵私欲,贪行种种的污秽。

你们学了基督,却不是这样。如果你们听过他的道,领了他的教,学了他的真理,就要脱去你们从前行为上的旧人,这旧人是因私欲的迷惑渐渐变坏的;又要将你们的心志改换一新,并且穿上新人,这新人是照着神的形象造的,有真理的仁义和圣洁。

所以,你们要弃绝谎言,各人与邻舍说实话,因为我们是互相为肢体。生气却不要犯罪,不可含怒到日落,也不可给魔鬼留地步。从前偷窃的,不要再偷,总要劳力,亲手做正经事,就可有余,分给那缺少的人。

污秽的言语一句不可出口,只要随事说造就人的好话,叫听见的人得益处。不要叫神的圣灵担忧,你们原是受了他的印记,等候得赎的日子来到。一切苦毒、恼恨、愤怒、嚷闹、毁谤,并一切的恶毒,都当从你们中间除掉;并要以恩慈相待,存怜悯的心,彼此饶恕,正如神在基督里饶恕了你们一样。

（《以弗所书》四章 17～32 节）

从第 17 至 24 节,保罗描述了新、旧两种对比。外邦人（旧行为,荆棘丛）的生活方式,根植于虚妄的想法（17 节）、错误的私欲（19 节）,结果是对生命作出错误的回应。请注意下列的项目：贪行种种污秽（19 节）;谎言（25 节）;毁灭性的愤怒（26 节）;偷窃（28 节）;污秽的言语（29 节）;嚷闹、毁谤、不饶恕的心（31、32 节）。这里的重点是：你不能一方面庆贺在基督里已经赐予你的那些圣洁美好的事物,另一方面又同时满足于你在罪中的生活。

然而,不可否认,这些罪的种子仍然存在于我们每个人里面;就像当我们在海边时,看见形形色色穿着泳装的男女,仍然会苦恼于心中浮现的污秽思想一样。当压力来临时,我们仍会钻真理的漏洞;在报税时逃漏税;对办公室用品顺手牵羊。我们允许自己对朋友、父母、配偶、孩子乱发脾气,并且默许太多的冲突存在于我们的生命里。我们不假思索地说闲话,破坏别人的名誉。我们紧抓住别人冒犯自己的地方,迟迟不肯原谅;而这些饶恕的功课,往往是我们也必须寻求他人给予我们的。因此,我们都需要不断问自己："在我的生命当中,有哪些属于外邦人的旧有行为（荆棘丛）,依然明显存在?"

在第 20 至 24 节中，保罗将属于外邦人（荆棘丛）的旧有行为模式，与新的行为模式——"认识基督"（好果树）作了一个对比。这个新的模式乃是根植于新的思考方式（20～22 节）和心志（22～24 节）上。这些新的想法和心志，能从根本上带出一个新的回应：与邻舍说实话（25 节）；生气却不犯罪（26～27 节）；乐于施予的生活方式（28 节）；在与人的关系中，是以恩慈相待，存怜悯与彼此饶恕的心（32 节）。当你自我察验时，你会看到许多这些好果实的反应，也出现在你自己的生命里。我们不应该以理所当然的态度来看待这些好果实，因为这些好果实确实是基督同在的记号。神已经改变了你！你不再是从前的你了！然而，这个蜕变的过程是一直持续的；所以，我们也必须不断委身于新的成长与改变。

当我们的心已经改变，并以敬虔且崭新的回应结出好果实时，保罗在《以弗所书》五至六章中向我们显示，这样好的改变会怎样临到一般人的各种处境中：日常人际相处（五章 3～7 节）；与周围世界的互动（五章 8～14 节）；与基督身体的关系（五章 15～21 节）；婚姻关系（五章 22～33 节）；亲子关系（六章 2～4 节），工作场合（六章 5～9节）——简而言之，就是包含在我们生活里的全貌！

最后，在《以弗所书》六章 10 至 18 节，保罗提醒我们，这就是所谓的属灵争战。

我还有末了的话，你们要靠着主，倚赖他的大能大力作刚强的人。要穿戴神所赐的全副军装,就能抵挡魔鬼的诡计。因我们并不是与属血气的争战,乃是与那些执政的、掌权的、管辖这幽暗世界的,以及天空属灵气的恶魔争战。

所以,要拿起神所赐的全副军装,好在磨难的日子抵挡仇敌;并且成就了一切,还能站立得住。所以要站稳了,用真理当作带子束腰,用公义当作护心镜遮胸,又用平安的福音当作预备走路的鞋穿在脚上。此外,又拿着信德当作藤牌,可以灭尽那恶者一切的火箭;并戴上救恩的头盔,拿着圣灵的宝剑,就是神的道。靠着圣灵,随时多方祷告祈求,并要在此警醒不倦,为众圣徒祈求。

每当我们听到"属灵争战"这个词汇时,我们的脑海中常会联想到被鬼附身及赶鬼等事情。但是,使徒保罗在这里明白指出的一点就是:"属灵争战"其实是一个非常普通的概念。"属灵争战"的战场到底在哪里? 答案是: 属灵争战发生在生活中的各个层面、各式各样的人际关系当中。世上最大的争战,不是发生在国与国之间、民与民之间。世上最大的争战,是我们内心的争战。但是,靠着我的救赎主——基督的降生、受死与复活,他已经战胜了一切。所以,现今我有权利、特权与义务将靠主得胜的战利品,每日应用在我的心里和我的生活中。

因为,基督徒的生活是一场争战;所以,我们不能以和平时期的心态来过生活。此时此刻，我们的灵性不是休息、撤退与松懈的时候，因为，我们还没有到达目的地。所以，让我们带着盼望的态度与对基督的信赖，继续跟随、争战、警醒和祷告；并且相信明日的我们会比今日更好。

更具个人化的进程

圣经呼召我们要有一个"喜乐，但不满足"的生活型态，而回应这个呼召的方法是以图 6‐1（第 156 页）的眼光——果树和荆棘丛的对比——来看待你自己。请思考以下的问题：

- 你生命中的荆棘在哪里？
- 在你的行动、反应及回应中，哪些没表现出信心的果实？
- 此时此刻，在你目前景况与人际关系中，身为一个蒙恩的罪人，你在哪些方面的反应和表现仍带有罪性？
- 在哪些地方，你经历了因你用荆棘回应所招致的后果？
- 在哪些地方，你变得偷懒、怠慢？
- 在什么时候，你容易发怒？
- 在哪些地方，你已经心灰意冷、放弃行善了？
- 在什么时候，你用不友善的态度说话？
- 在哪些地方，你容易责怪他人？
- 在什么时候，你曾归咎于神？

- 你曾经做不健康的事,来排解你负面的感受吗?(例如:饮食
过量,疯狂购物,疯狂加班;看过多电视节目或小说来逃避生
活;过于追求外在物质,诸如服饰、外表、房子、车子等。)

神呼召你走到这个地步,是要你不再用广角镜来看一切,而是将
镜头拉到近距离的角度,以谦卑的心,仔细审视你自己。借着你对自
己如何回应生活负起责任,他呼召你相信,且以福音对赦免、重建、智
慧、力量、释放与能力的应许来行事。所以,若要获得结实累累的好
果树,通常要从辨识荆棘丛开始;就像培植一个茂盛、漂亮的花园,第
一步必须先将杂草除去的道理一样。

荆棘丛对困难的回应

假如你细心观察周围的人,会发现不同的人在面对障碍、试探、
苦难与困难时的回应方式,不见得是相同的;同样,每一个人对祝福、
丰盛与成功的回应方式,也迥然有别。这是因为我们的回应,是由个
人心中的想法及欲望所控制。尽管如此,看看以下几种人们如何回
应生活的典型方式,对我们是颇有帮助的。在这些回应当中,你看见
自己属于哪种类型吗?

否认、避免与逃避。这里指的是一种自欺欺人的表现形式。当
事情本身不好时,我们假装没事;当我们自己不好时,也假装什么事
情都没有发生。任何会带给我们悲痛的事物,我们都想办法避免,极

力逃避。我们逃避的方法，也许是喝酒、吃迷幻药、忙于工作、交际、疯狂购物、暴饮暴食等。有些人也许会种植花草、看电视或从事大量公益活动来逃避。总之，不管选择用什么方法，我们就是拒绝去面对过去发生在我们生活中的事物，拒绝正视这些我们心中真正暴露出来的渴望。

举例来说，安迪几乎被他与妻子乔伊斯的婚姻问题与教养四个幼儿的重任所压倒。虽然在公众场合中，他还能勉强做出一个基督化家庭美满幸福的样子，但是，日益增加的责任令他越来越无力招架。在这种情况下，工作变成他的避难所。既然生意全由自己打理，早出晚归便是名正言顺的事情。这样，他便可以逃避面对家庭生活中没完没了的责任和压力。

夸大、膨胀与灾难化。在这里我们会有一种心态，就是以一段痛苦时刻来为我们的人生下定论。我们认为真实的人生毫无美善可言，没有真理，没有美善，没有任何值得好好活下去的理由。我们戴上"苦难"的镜片来看整个世界，所见的只有痛苦、损失和缺乏。我们试图说服自己，世界没有人和我的遭遇相同。当我们越专注于自己的痛苦时，就越看不见每天真实经历的祝福。

举例来说，虽然莉萨已经有足够多的事情值得感谢，但她却是一个不懂得感恩的人。对她而言，生命不过是从一个困境滑向另一个困境的悲剧。在这个破碎的世界中，她和我们一样有许多失望之处，但是她并没有承担任何特别大的苦难。可是，她就是以这样的心态来看待她的生命,她看见痛苦多过于祝福,也用这种负面的世界观来看她未来的每个新经历。

变成浑身带刺、过度敏感。当我们经历困境时,很容易看见一些其实不存在的痛苦。当我们沉浸在心中的愤怒与苦毒时,很容易浑身带刺、过度敏感。这是一种"我曾被伤害过一次,绝不会让这种事再次发生"的倾向。当我们不再以主当作我们的安慰和避难所时,我们所有的感官都高度警觉,随时搜寻周围可能的危险信号。一有风吹草动,就会认定别人不尊重我们,或是用不公正的标准对待我们。这样会导致我们活在自我防备与自我保护中,总是心存戒心。

在许多处境中,乔安妮老是觉得别人没有对她所付出的给予应有的肯定与赞许,所以她总是把注意力集中在别人是否怠慢她、不尊重她。最近,她的上司邀请所有部门的女同仁外出午餐,但是唯独她没有受到邀请。所以,乔安妮觉得备受伤害、愤怒异常;她觉得被人当众羞辱了。于是,第二天,乔安妮与上司当面理论,结果却得知,她之所以没有被邀请,是因为上司相当满意乔安妮在公司里的表现;而其他人的表现令上司担心,才会把她们请出去谈谈。

以恶报恶。这里所提的是一个被怨恨、苦毒、操控、自怜、恐惧、自以为义、抑郁、愤怒、妒忌、报复所吞没的人生。满脑子充斥的是谁如何错待了我们,以及我们如何报复他们。苦毒和以恶报恶的恶性循环,将既有的问题弄得更加复杂。在这过程中,我们不仅破坏了自己与人的关系,也破坏了自己与神的关系。

比尔的妻子珍妮对他不忠,每当提及此事,比尔都会十分清楚地表示:"我希望看到她受报应,也尝尝伤害我的滋味。"但是,他却不知道,这样的想法正影响了他对妻子珍妮所做的一切的回应。那永无休止的批评与不合作的态度,使得本来就脆弱的婚姻关系,变得更加难以维持。而这一切,其实就是报复的诡诈形式。

身陷泥沼、自甘堕落、落入网罗。这是描述一个人在面对苦难时,放弃了一切。他不再和基督徒朋友交往,不再阅读圣经,也不再祷告。他参加聚会的次数骤减;他停止服事。他认为他的损失太大,没有一样事物值得他再投资。所以,他就放弃属灵上的敬虔追求,以至于把自己摆在一个更大的试探当中。

亚萨在《诗篇》第七十三篇作出最佳描述:"我实在徒然洁净了我的心。"基本上,他是说:"神啊!我曾如此顺服你;但是,这就是我所应得的吗?"有时我们看人生,似乎好心没好报、恶人当道。你不免会怀疑:如此继续顺服神,值得吗?有些时候我们变得消极,甚至自甘堕落,因为我们所面对的生活,让我们深感无能为力。

自我推托、自以为义。在不知不觉中,我已经不再看我自己是一个罪人;而且将我生命中的大罪都归咎在别人的身上。当我看不见自己心中的罪恶,就会变得不能宽容别人、对别人充满论断。而且,越来越多将自己的失败归罪于他人。

举例来说,汤姆有一位性情冷漠、不易亲近的父亲。成长在这样的家庭中,对汤姆的童年生活来说并不容易,而汤姆的愤怒与叛逆将他自己的生活搞得更糟。目前,他可能无法完成高中学业,而驾驶执照也被吊销。但是,当他看自己生活中的问题时,他竟将所有责任都归到父亲身上。如此一来,他既有的窘境就更加困难了。

我们皆须承认:即使只是一会儿,我们或多或少都有类似反应。身为罪人,上述表现是我们对待困境很自然的反应。但是,当我们在圣经的光照下,以谦卑的心检视自己对生命的回应、找寻在炎热的试炼中正在生长的荆棘时,我们就能在基督里成长。我们可以满有信心与盼望,因为在基督耶稣里,恩典总是属于我们的。对每一个你辨认出来的荆棘,神都有丰富的恩典供应,使你的荆棘可以变成既甘甜又美丽的果实!

每一项负面回应都是从我们心中流露出来的。这些回应暴露了我们内心真正的思想、真正的渴求、真实的信赖、真切的盼望究竟在哪里。换句话说,这些回应帮助我们更清楚看见那些取代了神的替代品;我们的心在服事这些替代品,却没有服事神。

好果树对困难的回应

当我们作出那些荆棘丛般的回应时,神的心意从来没有要我们停滞不前。他呼召我们悔改,领受基督的赦免;并且倚靠他的大能,以好果树的反应来取代荆棘丛的反应。下面让我们来看看这是怎样的一幅图画:

面对现实。当苦难来临时,我们会经历苦难带来的忧愁、悲伤、痛苦与疼痛，这是相当正常的。诚实的忧伤是仁义所结的果子。耶稣自己从来不曾过着表面平静和抹煞情感的一生。耶稣曾经哭泣；当巨大的痛苦来临时，他也会悲哀。当人面对困境时，有适当情感表露，例如：心中悲哀、痛苦等，绝不是没有信心的表现。

蓓蒂面对她的离婚时，她并不以极力克制自己的情感与"无论如何都要赞美主"的态度来回应。她的日子中有眼泪、掺杂着对婚姻被破坏的深度哀伤，以及因离婚导致的侮辱与义怒。虽然她没有沉湎于自哀自怜、伺机报复的愤怒情绪当中，但是她也没有竭力克制自己的情感，不让它宣泄。对蓓蒂所历经的痛苦而言，她悲伤的反应完全符合圣经。

以适当的强度来作回应。悲伤、痛苦、哀伤，需以适当的程度来表达；因为总有比目前更令人心痛的事。就算我曾被出卖，或是失去一些极珍贵的东西，我生命中最美好的事物却没有人可以拿走。我与神的关系、我在基督里的身份、神话语的真实可靠及永恒的荣耀，这一切仍然坚如磐石，巍然不可动摇（参看《哥林多后书》四章 7 节～五章 10 节：使徒保罗将我们今日的痛苦和现在、未来救赎的事实，作了一个比较）。

乔治突然失去了工作。他被解雇是他始料未及的，也是不公平的一件事。虽然他感到震惊、悲伤与愤怒；但同时，他亦经历到一种出乎意料的平安与自制。乔治明白，虽然他的老板可以拿走他的工作，却无法挪去他生命中最宝贵的东西。虽然他觉得被出卖了，但同时也看到即使在这样的困境里,他仍有许多值得感谢的事情。

时刻警醒。 苦难的目的,是要将我从属灵的自满中唤醒。苦难是神的工作室,将我雕刻成主耶稣基督的样式。因此,这是我开始行动、操练和坚忍的时刻;也正是在这样的时候,我可以用全新的方式向世人宣告,我所信的真理如何带给我真实的盼望。

塔玛拉所说的话真令人感到惊讶。她说:"我要为我的一切经历感谢神!从前我以为我认识神,但是我现在才真正认识他;从前我以为我了解自己,但是我现在才明白,其实我对自己并不是十分了解;从前我以为我相信神的应许,但是我发现神挪去的东西,才是我心中误以为我可以赖以生存的核心。我希望,我不需要再次经历这些事,但是假如同样的事再次发生,我知道必有它的目的。过去我是沉睡了,但是神将我唤醒,要我采取行动。如今,我要向着过去前所未有的目的而活。"

建设性的行动。 在悲恸与痛苦的时刻所采取的行动,通常会导致我们活在后悔当中。我们感到恐慌,以至于逃离;我们会中断某些人际关系,或背弃与人的承诺;我们怀疑神;从人群中退缩,甚至伤害自己。在这里,神呼召我们去做美善的事;寻求神,奔向基督的身体(教会——神的家);在神的话中寻求安慰;按照神的心意继续过正常的生活。在此,请反问你自己,是什么掌控着你现在所采取的行动:你的反应是让顺服神的心来决定,抑或是因为害怕失去什么,所以由恐惧所支配?

从痛苦的经历当中,吉姆学习到神呼召我们热心为善的价值。虽然他曾想放弃,但是他仍采取行动。神的话语是他的安慰;基督的身体成为他智慧和力量的泉源;每日的祷告,使他得力。此外,别人对他中肯的批评和建议,吉姆皆认真、虚心听取,并且付诸行动,力求生命的改变。在每日的作息中,他排定时间阅读信仰纯正的属灵书籍。他拒绝被痛苦的经历所压倒;他不但有所成长,还积极地服事他人。

谨记。福音中一切的盼望与应许,都是属于你的!在基督里,你已是新造的人!因为神爱你,他不要你只经历到部分的产业,而是享受在神里面全部的丰盛。而这个产业,正是他差他的独生爱子赐给我们的。他正在每一个处境当中作工,为要完成我们个人生命蜕变的工作;而这项蜕变的工作,他已在我们心中及生命里开启。

我们每天应当提醒自己,神的安慰与呼召是如此简单。首先,神以他的同在和大能来安慰我们,呼召我们信靠他。我们应当将每日无法掌控的事交托给神。其次,神呼召我们顺服他;当我们顺服他时,他应许必要祝福我们。故此,无论在顺境或逆境中,我们都要问自己:"神究竟呼召我做什么?在基督里,他已提供了哪些资源,好让我能完成他的呼召呢?"

在基督里,我不再需要粉饰自己心中的罪,也不需要掩盖、迁就罪疚感所带来的羞耻;取而代之的,我可以坦白承认我的确需要成长与改变,而不必一次又一次责怪自己。当生活中遇到困境与苦难时,我可以在主前尽情表达、流泪哭泣；同时，又不去玩弄推卸责任的把戏，勇敢承担自己没有做好的责任。我不需要企图掩盖我的罪、竭力修饰我的名声，或是一一向人罗列我的丰功伟业。我可以用充满热切的心及盼望来迎接我的明天。是的，在这个破碎的世界里，我仍是一个不完美的人；但是，我对我自己的认知不是充满黑暗与令人沮丧的，因为福音将盼望充满在我生命里。基督与我同在，他住在我心里。世上没有任何一种困境、任何我需要面对的人际关系是他的大能无法拯救的。尽管在我身上还有许多地方需要改变，但那些已经不再使我灰心丧胆了。我正经历个人蜕变的善工；这样的过程通常是充满痛苦的，但这一切都是与我有益的。

当你自我省察并揭露那些仍然在你生命里的荆棘丛时，请相信，即使你面对困境或生命中的"炎热"使你炙热难耐时，你仍然可以结出美好的果实。在你的讶异、痛苦与沮丧当中，请不要远离你的救赎主！他关心你，了解你。在你生命改变的过程中，他最知道在什么时间，为你提供最能适合你、帮助你的恩典与慈爱。

第 **10** 章

为什么你会被缠累？

——荆棘篇(下)

　　为什么我会犯罪呢？如果你是基督徒，相信你一定不能回避这样的问题，或者说，相信你也不能只是寻求一个简单的答案，敷衍了事。为何当儿女不愿意做一些家务时，作父母的会焦躁、生气呢？为何一个男人或女人会禁不起同事的献媚或性诱惑呢？为何青少年对朋友的冷淡与回避，会感到如此失望与生气？你所做的事情，究竟是出于什么原因？它似乎看起来是一个再简单不过的问题，其实并不简单!

　　你所面对的问题，就像一个医生面对病人所要做出的反应一样，先要诊断症状在哪里。事实上，你如何回答这个问题，将会决定你所认定的治疗病症的方法。假如医生的诊断是某处有炎症，那么她就会开一些抗生素;如果她的诊断是癌症，那么她就会让你去做放疗或是化疗。只有正确的诊断，这些治疗才可能奏效。如果诊断是错误的，接下来的治疗很可能会带来很大的痛苦，甚至是致命的结果。同样的，当我们关注属灵健康的状态时，若是误诊了，可能会导致同样致命的后果。或许刚开始时,事情看起来有所改变,但是随着时间推移,病症会更加严重。

在上一章,我们探讨了因为罪的缘故,我们身陷缠累的多种不同原因。在本章,让我们来看看我们为什么会犯罪。你对这个问题的答案,会决定你所采用的治疗方法是什么。圣经中诊断的方法能直接穿透一般世俗那些表面的理论,甚至也能穿透许多基督徒的论点。如果我们真想找到治本的方法,我们需要圣经里清楚与正确的眼光,来帮助我们看见我们所做的事情,究竟是出于什么原因。

我们若想有效帮助别人,我们所提供的建议必须带着能力及智慧的答案。就拿玛丽和乔这对夫妇来说,他们已经结婚二十二年了。在这些年的婚姻生活中,玛丽渐渐觉得她被压得喘不过气来,几乎就要崩溃了。当他们讲述这段婚姻时,我很明显地发现,玛丽事实上是嫁给了一个脾气相当暴躁的丈夫。在他们结婚之前,乔从来没有显示出爱发脾气的模样;但结婚之后,乔就像完全变了一个人一样。蜜月还没结束,乔就第一次向玛丽发脾气。那不是一个令人愉悦的情形,但玛丽以为这只是乔准备这场婚礼压力太大所致。几个星期后,乔因为下班回家后晚餐有点冷了,又向玛丽大发雷霆。就这样,往后的二十二年中,乔不断地在一些日常生活中渐渐失去在婚姻里该有的样子;而初婚之时大发雷霆的状态,只是开始而已。因此,孩子们在一个需要随时提防父亲会爆发坏脾气的家庭成长;同时,惧怕与苦毒也伴随着孩子们成长。二十二年过去了,不管是许多牧者介入,还是心理辅导,乔和玛丽的家庭始终摇摇欲坠,他们的婚姻眼看就要走到尽头。靠着神的恩典,他们仍然继续寻求帮助。但是,他们的婚姻被充满愤怒的丈夫及被恐惧、苦毒缠身的妻子所破坏;景况相当糟糕。

这对夫妇之所以愿意这样多年寻求帮助,我们应当归功给乔。但可悲的是,所有对他坏脾气的诊断,都不够深入。所以,毫无疑问,这些治疗的方法都没能给予他有效的建议,以至于他的改变无法维持久长。有一小段时间,乔可以耐着性子不发脾气,但是维持不了很久,乔的脾气又爆发了。现在,他已经对寻求外界的帮助绝望了,干脆又恢复到从前的老样子。然而,这无法改变他的罪已经伤害到周围其他人的事实。面对困境,由心中的荆棘丛所结出的果实就是这样。这么多年来,给予乔的不同诊断与治疗都证实了,这些不仅没有效用,也无法产生真实的改变。下面,让我们来看看当前社会对这类问题最常见的几种诊断和治疗。

为罪找寻合理的借口

他人的错

在过去这些年中,乔对自己的坏脾气总结出一个结论,那就是他娶错了老婆。玛丽对他很冷淡,并且避免和他谈话;但他总是觉得玛丽并没有尽到百分之百的努力。她很随性,又不会妥善安排事情。乔的结论是,如果玛丽没有老是躲着他,并且好好管理这个家,让所有事情都井井有条,他易怒的问题就可以解决了。而事实上,玛丽过去二十几年来,一直都在这方面下功夫。的确,当孩子们非常需要她时,她实在忙不过来,家里难免零乱。那时,乔就开始烦躁,抱怨玛丽不会好好做家事。这也是事实,与乔相比,玛丽的本性是个缺乏管理技巧的人。时间久了,她甚至开始认定,自己是这一切问题的根本原因。每当乔发怒时,玛丽的罪疚感和失败感就一次次啃噬着她的心。她付上双倍的努力,尽力把家中打理好。因为乔说,除非她把家中整理好,他才会变成一位更和善的人。乔还告诉她,她需要好好学习怎样处理冲突。但是乔自己看不见,他根本不是一位你会想坐下来跟他好好谈一谈的人;因为只要一拉开嗓门,他就会高声斥责,在吵架中占上风。

他们的牧师曾经建议玛丽求教于那些比较擅长管理家务的人。这位牧师认为这样会给双方减少一些压力,他们之间的关系或许会趋于和缓。教会里自发组成家政小组,每周到他们家帮助玛丽清洁、吸尘,将家里收拾整洁;他们还帮助玛丽制定一周的食谱。这个办法刚开始似乎奏效,但是后来乔却变本加厉,对这些自发帮忙的弟兄姐妹更加需索无度、蛮横无理。他有一种不可思议的能力,总是有办法依据他个人的偏好,在房子里四处找到不够干净、整齐的地方。有几次还打电话给牧师,抱怨这些来帮助的人没有善尽职责;他甚至建议牧师遴选其他一批弟兄姐妹来帮忙,还列出了一张名单,写下他认为在教会中善于操持家务的姐妹。更不可思议的是,教会居然还按照他的要求办到了。起先他说的方法似乎管用，但没过多久，乔对他亲自挑选的这一批人，又变得不满意了。因此，玛丽一下子又成了问题的焦点。乔对她说："都是因为你，要是你懂得把家里打理得井井有条，我们就不需要这些人到我们家里来帮倒忙了。她们根本就不知道自己在做什么！"

见到这些解决办法渐渐失效，牧师又建议找其他人来帮忙，好让他们在沟通上作一些调整。当他们第一次与辅导员见面时，乔用令人难以置信的方式，铿锵有力地诉说玛丽诸多失败的地方。乔把整个时间全部占用，仔仔细细列举了玛丽如何不懂得沟通技巧、如何缺乏解决冲突的能力。可想而知，玛丽因此获得了很多改进沟通方式的建议。辅导员告诉她："回答柔和，使怒气消退。"（参考《箴言》十五章1节）所以，玛丽开始学习如何坦诚沟通，并用最委婉的方式表达她的想法与意见。谁知道，这样一来，乔的怒气越发暴躁。他抱怨玛丽不顺服丈夫的带领，故意挑起争端。第一个月还没过完，众人的努力都付诸东流了。

其实，乔的问题和《创世记》第三章一样，渊源已久。当神呼叫亚当，并叫他解释原委的时候，他口中的第一句话就是："你所赐给我、与我同居的女人，她把那树上的果子给我，我就吃了。"当人类几千年来面对罪时，我们用得最自然、最舒适的解释，就是推卸责任。"我的问题都是因为你，因此你需要改变。如果你变好了，我就会变好了。"很明显，这样的诊断不够深刻。

原生家庭的错

另一个解释我们的罪最常用的诊断，就是归咎于过去。我们常听到这样的借口："我之所以会有这种行为，是因为我在不健全的家庭长大。"如果这个假设成立，我们每个人都可以适用这一套招术；因为我们每个人都成长于充满罪人的家庭里，而这些罪人或多或少都曾得罪过我们。在乔和玛丽的个案中，乔小时候受到许多体罚，甚至还曾被性侵，但这些问题从来没有被乔处理过。乔从小生长的环境，就是父母亲常常大声争吵，冲突不断；而玛丽的家庭，则是安安静静、尽量避免冲突。乔能够很快指出玛丽家庭中不愿面对问题的缺点，而这样的指正使玛丽更加害怕直接面对乔易怒的问题。乔还把他的问题归咎于他孩童时期的经历。他说："我父亲就是一个爱发脾气、动不动就高声大吵的人。我就是在这样的环境下长大的，所以让我不大声讲话很难。"

紧接着，乔可以不用任何喘息的时间，把责任全都推卸在玛丽身上。"她的妈妈就是一个完全不懂打理家务的人，而且总是躲着她的丈夫。玛丽简直和她妈妈一模一样。"乔相当擅长将自己的问题归咎在别人身上。这些他列举出来的事情不仅解释了他为何常常勃然大怒，还为乔的行为找了一大堆借口。乔这样说："至少我不会像当年他们对待我那样来对待你。""我比我父亲好多了。""至少，我还在寻求帮助吧！"这些说法让乔看起来像是一个好人，并将怪罪的矛头指向别人。

每当乔谈起他的原生家庭,通常都会变得情绪激动,有时候还会流下眼泪。玛丽得到的忠告,都是尽量同情乔在孩童时期所经历的痛苦,并且避免去碰触那些敏感的按钮,免得引起他情绪失控,大发雷霆。玛丽尽了许多努力,用良善、耐心来对待乔。但是,当她安安静静不讲话时,乔会抱怨她冷漠;当她试图表达自己的意见而与乔沟通时,乔又说她太固执。将他们的问题归咎于彼此生长的家庭,是一种过分简化的诊断;此外,若将这样的诊断视为乔常发脾气的原因,无怪乎这样错误的诊断与治疗的方法无法维持长久。

"今天不是我的好日子!"

这个解释同样把自己应当承担的责任,转嫁到其他事物上,只不过换个手法罢了。在这个例子里,我真正的问题是因为我生活上的困难。乔常常抱怨,说"今天不是我的好日子"、工作不顺、没钱等。有一天他下班回家,居然把情绪失控归咎于交通堵塞。"我刚刚要转弯,有一辆车子竟然直接插到我前面,我一下子就光火了!"当他见到玛丽时,他开始把她三周前所发生的旧账翻了出来,对着她大吼大叫。最后,当他终于承认自己有些过分时,他责怪那位插队的司机。他虽然向玛丽道歉,但是他从来没有对自己的行为承担过责任。

"是我的身体叫我这么做的!"

在现代医学的伪装之下,渐渐流行一种普遍的说法:身体上的软弱有可能成为犯罪的起因。乔常常把他的易怒归咎于睡眠不足。

假如他没有按时吃药,他就把这个当成他情绪失控的主因。虽然身体不适有可能更容易使我们对困境产生负面反应,但是圣经从来都没有允许我们把心里的罪归咎到身体上。现代医学的研究成果,充其量只是对所谓"病症"的模式进行一些推理和臆测。即使医学试图从生理角度,寻找易怒的情绪及犯罪的原因,它们也不会成为导致某种行为的主因。医学研究的成果最多是帮助我们了解,为什么某些人会比较倾向于某些特定的挣扎。

还有许多其他例子,都是以"炎热"的处境作为借口的错误诊断,以及错误的解决方式。以上列举的几项,是被用来解释行为最普遍的借口。尽管外在环境有可能对我们的生活产生相当大的影响,我们不应当忽视它的存在;但是圣经告诉我们,这些影响力只是营造了一些容易犯罪的机会而已,而不是你犯罪的导因。生活中的艰辛不能使我们犯罪。我们的成长背景、人际关系、外在环境、身体状况等问题,会制造机会或场合,让我们内心的状况在我们的思想、言语和行动中充分表达出来。所以,我们的心才是导致我们回应的真正主因,而心也才是属灵争战的真正所在。

警诫的话语

或许你已经发现了一条共同的线索:这些为我们带有罪性的反应所作出的解释(借口),全都着重于外在的条件。在乔的个案中,所有那些失去效用的诊断将生活中的炎热(外在环境)变成为乔犯罪的原因。因此，一点都不让人惊讶的是，解决办法自然指向如何改变外在环境。如果他人是导致我犯罪的原因，那么我只需要改变他人，或是努力躲避他人就好了。如果我真正的问题是因功能不健全的家庭所导致，那么我只需要与这个家庭保持距离，或再找一个人"重新养育"我就好了。如果我真正的问题是苦难，那么我的解决办法就是竭力去追求舒适的生活，永无止境。如果我真正的问题是由那些未被满足的"需要"而来，那么解决办法就是填满我里面的缺乏就好了。如果我真正的问题是因为我的身体状况所致，那么我就可以去睡个觉，或是找到对的药物，让身体恢复正常就好了。

我们不可以忽视外在环境对我们生命所产生的影响，也不可以轻视所经历的苦难。这也是为什么我们在第七至八章中，用很大篇幅来探讨苦难的问题。在圣经里充满了很多在困境中的例子，其中有许多人更是曾被严重地得罪了。圣经不断提醒我们，必须正视苦难，不可轻描淡写，一笔带过；因为我们的神从来都没有轻视苦难的破坏力。圣经最核心的内容，恰恰让我们看见了，神从来没有掩饰苦难，并且付上相当大的代价，为苦难画上了终结的句号。神为我们差派他的独生爱子作为救赎主；基督与我们一同受苦，为要在生命的挣扎之处，赐给我们盼望、意义与持久忍耐的能力。然而，耶稣所成就的，远远不止是一个"伟大的同情者"。他应许我们，他还会再来。到那时，所有不公义的事、世上一切的腐败、所有的伤害，都将一并彻底铲除。作为跟随基督的信徒，我们今天仍旧生活在充满苦难的世界中，神呼召我们奉他的名服事众人。这世上的残破是不容忽视的。
C. S. 路易斯在他的《返璞归真》一书中这样写道[1]：

> 基督信仰并非让我们减少对世上的残暴和背叛的憎
> 恨，对这一切的憎恶，我们心中不应有丝毫减少。我们实在
> 应该恨恶它们……但是，基督信仰的确希望每一个信徒，恨
> 恶我们自己心中的罪恶，也像恨恶世上的残暴与背叛一样。

既然我们谈到心是我们对生命发出一切回应的泉源，我们就不
能低估自己及他人所遭遇的苦难。然而，我们必须辨明促使犯罪的
动机与导致犯罪的原因。区分这两者是非常重要的，因为它会决定
你如何思考解决问题的办法，至终也会决定是你得着荣耀，还是基督
得着荣耀？如果你的问题是出自外在环境，那基督根本就是多余的，
所有解决方法中，一概不需要他的参与。一切经历耶稣慈爱、恩典、
大能的机会，统统被其他事物所替代了。

犯罪的动机与导因

在我们探讨犯罪的动机与导因时，有个非常重要的层面不容忽
视。一些以上讨论过的"解决方式"，纵然不是最终的解决办法，但是
让某些人借此对付他们的困难，也不失为一个解决途径。例如，假若
其中一方的生命已经遭受威胁，暂时让其与另一个人分开一段时间，

是一个合宜的解决办法。假若一个人被严重虐待了,此时提供安慰是迫切需要的,尽管仅仅提供安慰对解决问题来说远远不够。你不是以迎合某人以自我为中心的需要为做事准则。在人们遭遇苦难时,耶稣基督在许多场合为人提供食物;他用许多话语安慰人,并行出许多神迹。耶稣所行的这一切,目的不是为了证明他的神性与权能;他所做的,是因为他对受苦受难的人心中充满了怜悯。

但是,在一天将尽的时候,耶稣知道,在心灵深处有更重要的问题需要被对付。因此,他从来都没有绕过人心这个层面(参考《路加福音》六章 43~45 节)。尽管我们正视别人的苦难,并且以基督的怜悯服事他们,但这种帮助还是远远不够的。因为它没有针对心来解决,所以它无法帮助人拥有显著并持久的改变。此外,这个针对外在环境的解决方法也绕过了福音最核心的部分。在这种解决问题的过程中,主耶稣要么是多余的,要么就只是解决方法中的一部分而已。

你最大的问题是什么?

当我们正确辨识出自己的问题所在,就开始在解决路径上经历基督恩典的旅程。但是,我们必须先承认自己才是问题本身!问题出在我们心里,它深藏在心底某处十分黑暗的角落。听到这个消息,你心中作何感想? 你震惊吗? 失望吗? 觉得被冒犯了吗? 还是感到愤怒难耐? 我敢确定,这不是我们想要听到的消息。当我对孩子们失去耐性、大发雷霆时,我最不愿意承认的,就是承认那是我的错。我只想怪罪于我的孩子,急于替自己的罪辩护! 但是,如果不去正视自己的罪,就永远无法找到真正从根本上解决问题的办法。我们会小看圣父、圣子、圣灵那救赎的大爱,或者干脆完全绕过我们需要救赎的事实。这才是最致命的问题,没有其他任何事比这更严重!

圣经上说,我真正的问题并不是心理因素(自卑感)、社会因素(糟糕的人际关系)、历史因素(我的过去),或是生理因素(我的身体)。尽管这一切对我们的生命、生活的影响都十分巨大。我们真正的问题是属灵上的(心远离了神以及对基督的需要)。我用其他事物取代了基督,而后果就是心中失去了盼望和能力。这个回应反映出内心被捆绑的事实,而造成捆绑的原因是,心中事奉了基督以外的事物。至终,我真正的问题就是,我们在敬拜的先后次序上出现了偏差! 以下经文强调了心与我们对生命作出的不良回应之间的重要关联。

诫命与心

单单从表面上看圣经中的十诫,你或许并不认为这些诫命与心有很大的关联;但是如果仔细研读,你就会看到这个论点其实存在。

"我是耶和华——你的神,曾将你从埃及地为奴之家领出来。除了我以外,你不可有别的神。"

"不可为自己雕刻偶像，也不可做什么形象，仿佛上天、下地和地底下、水中的百物。不可跪拜那些像，也不可事奉它，因为我耶和华你的神是忌邪的神。恨我的，我必追讨他的罪，自父及子，直到三、四代；爱我、守我诫命的，我必向他们发慈爱，直到千代。"

"不可妄称耶和华你神的名；因为妄称耶和华名的，耶和华必不以他为无罪。"

"当照耶和华你神所吩咐的守安息日为圣日。六日要劳碌做你一切的工，但第七日是向耶和华你神当守的安息日。这一日，你和你的儿女、仆婢、牛、驴、牲畜，并在你城里寄居的客旅，无论何工都不可做，使你的仆婢可以和你一样安息。你也要记念你在埃及地作过奴仆；耶和华你神用大能的手和伸出来的膀臂将你从那里领出来。因此，耶和华你的神吩咐你守安息日。"

"当照耶和华你神所吩咐的孝敬父母，使你得福，并使你的日子在耶和华——你神所赐你的地上得以长久。"

"不可杀人。"

"不可奸淫。"

"不可偷盗。"

"不可作假见证陷害人。"

"不可贪恋人的妻子；也不可贪图人的房屋、田地、仆婢、牛、驴，并他一切所有的"。

（《申命记》五章 6～21 节）

头三条诫命的重点是要我们留意自己全心敬拜的对象是谁，以及他的本相是什么。当我们将神以外的事物当作神来敬拜时，神的谴责与定罪就在于此！这些诫命的次序是相当重要的；因为诫命一开始就着重于我们的心，而我们的心不停地在寻找一个代替神的偶像来敬拜。这就是为什么在《申命记》六章 4 至 5 节中，特别强调我们敬拜的中心应该是什么。这两节经文抓住了十诫中前三条诫命最重要的地方：

> 以色列啊，你要听！耶和华我们神是独一的主。你要尽心、尽性、尽力爱耶和华你的神。

我们很难遵守第四至十条的诫命，是因为我们无法守住第一至三条的诫命。一旦你失守前三条诫命，你也会破坏后面的七条诫命。所以，生命中那些带着罪性、像荆棘般的回应，都是从心里敬拜神以外的事物生长出来的。

让我们来看看以色列人当时的处境。以色列人原本在埃及为奴，神赐给他们自由，又带领他们从为奴之地出来，在旷野中徘徊，准备进入迦南这片应许之地。他们在前往应许之地的旅程中，充满了试炼、试探、仇敌和困苦。尽管如此,这些事实(或未来即将面对的)对神来说,似乎都不是神最关心的问题;对神而言,最重要的是他的子民所敬拜的究竟是谁!他知道真正的争战,乃是发生在每一个从埃及为奴之地被拯救出来的人心里。即使这些百姓亲眼目睹了神借着摩西所行的伟大神迹而经历了神对他们的慈爱,他们的心仍旧容易受诱惑,想追求其他事情,却不一心一意跟随神。神早已知道,如果这些百姓不能忠心敬拜他,一旦进入应许之地,他们一定会被那里的假神所诱惑,跌进罪的深渊之中。

让我们来看看十诫中第四至十条诫命。你知道为什么以色列百姓常常不能持守这几条诫命吗?你知道为什么你我也经常无法遵守吗?

- **第四条诫命——守安息日。**第四条诫命的核心,是呼召我们在自己的敬拜、工作,甚至是休息的时候,尊崇与顺服神。但是,当前三条诫命无法持守时,我就会尊崇与敬拜自己,并且把时间用在自己感兴趣的事情上。让工作成为我的主宰、我的神,用事业的成功与否来定义人生的价值;或将个人的舒适与平安凌驾于神之上。

- **第五条——孝敬父母。**第五条诫命的核心,是呼召我们借着尊重有权柄的人来荣耀与顺从神。但是,当前三条诫命无法持守时,追求个人的荣耀和意愿,就会变成最重要的事。

- 第六条——**不可杀人。**第六条诚命的核心内容,是呼召我们借着关爱他人、饶恕他人对你的过犯、服事有需要的人,来尊崇与顺服神。但是,当前三条诚命无法持守时,我只会一味要求别人来关爱我,要别人来服事我。一旦有人冒犯了我,我一定就会寻求报复。

- 第七条——**不可奸淫。**第七条诚命的核心内容,是呼召我们借着持守在婚姻当中的忠贞以及坚持对婚约的委身,来荣耀与顺从神。但是,当前三条诚命无法持守时,我个人的欢愉就会支配着我的生活。

- 第八条——**不可偷盗。**第八条诚命的核心内容,是呼召我们借着心甘乐意,将自己所拥有的资源与人分享,来尊崇与顺服神。但是,当前三条诚命无法持守时,我就只会为自己寻求好处。

- 第九条——**不可作假见证陷害人。**第九条诚命的核心内容,是呼召我们说诚实话来彼此建造,进而荣耀与顺服神。但是,当前三条诚命无法持守时,我的话语就只用来高抬自己,但对别人却说出贬抑的话。

- 第十条——**不可贪恋人的妻子,也不可贪图人的房屋、田地、仆婢、牛、驴,并他一切所有的。**第十条诚命的核心内容是呼召我们:当他人蒙福时,真心为他们感到高兴,以此尊崇与顺服神。但是,当前三条诚命无法持守时,我会想得到你所拥有的,而且不希望你拥有它!

十诫正是教导我们,我们之所以无法持守这些诫命,是因为我们心里出了问题,而不是外面。我们用永生神以外的事物来缠裹自己的心,并且相信若没有那些东西(不管是什么),生命就毫无意义了。

明白了这些诫命,再回头来看看乔的例子,就更好理解,为什么他是一位如此充满愤怒的人。在他心中有一些东西代替了神的位置。这些东西才是真正主宰他,是他所敬拜的。乔说,他希望他的太太"尊敬"他。对他而言,这个欲望在他的心中,远比神来得更重要。他珍爱"得到尊敬"这件事,以它为至宝,比他的救赎主更重要。每当他这样做时,他已经无法持守前三条诫命;并且,当他用没有得到他为之而活的尊敬时,他就破坏了第六条诫命"不可杀人";相比用带着耐心、良善、关爱的态度对待玛丽,他却用具有伤害性的言语,将玛丽"杀害"了。如果她得罪了乔,并用不尊重的态度对待他,乔不但拒绝饶恕玛丽,反而心中记恨,用苛刻的话语指责玛丽的错,不断骚扰她的宁静,使她惧怕、难过。尽管玛丽不是一个完美的人,但玛丽也不是乔破坏第六条诫命的始作俑者(原因)。乔触犯了第六条诫命,是因为在这之前,他早已无法持守前三条诫命。不管是有意、无意,乔已经做了一个选择,他把生命的目的、意义和盼望,建立在神之外的事物上了。

不可否认,在乔的生活中,所有外在环境造就了他这些带着罪性的反应。我们不能忽视乔在孩童时遭到性侵这个事实；而且，别人也的确在其他方面冒犯了他。但是同时，在这里必须指出的是，乔不是被性侵以后才变成罪人的。在这之前，他已经是罪人了，而且长久以来，以有罪的方式来回应生命中所发生的事情。当我们用神的怜悯来安慰乔时，我们需要提醒他，神对于侵犯他的罪行是极端恨恶的；同时我们也必须帮助他看到，他从前的经历及他对受害经历所做出的反应，已经形成了一个相当普遍的罪恶模式，严重破坏了他与妻子之间的关系。

乔向妻子所要求的尊敬，实际上已经演变成一种控制妻子的欲望，期盼妻子对于自己的意愿完全顺从。这完全背离了圣经中所教导的"妻子敬重为她牺牲、舍己的丈夫"。乔的表现，完全把尊敬（也就是控制和隶属关系）放到了最重要的地位，乔视他自己是否得到尊重远比他是否尊崇与顺服神更加重要。所以"我们的生命应当荣耀神"的想法，早已被他摆在生活的边陲，一点都不重要了。乔作为一个信徒，怎么会落到这样一个地步呢？

乔需要看到，他童年时期的遭遇，从来都没有容让福音转变人心的大能，医治自己曾经破碎的地方。取而代之的是，他决定自行处理。乔告诉自己再也不会让任何人伤害他。这种充满防范、自我保护的反应缔造了一位掌控自己的小世界、不能再被拒绝、不能再被人占一点便宜的乔。每当乔感到玛丽表现出对他有一丝一毫的反对，他就会对她大吼大叫，压制她，使她停留在"顺服"的状态中。在乔的心中，由于神的地位被其他事物取代，他没有留下任何空间，让神教导他那些有关于如何倾听玛丽的心声、承认自己的罪，以及寻求饶恕的功课。他对被拒绝的恐惧，以及对尊重与不断寻求肯定的渴望，使他牢牢地被罪捆绑，成为了罪的奴隶。他那些不敬虔的解决方式，反而将自己捆锁在他终其一生都想逃离的困境里。此外，他也使自己的家庭受到悲惨无比的伤害。在实际生活中，乔不是一个自由、谦卑、爱好和平、关爱人、敬畏神的人。假如我们要来帮助乔在生命中有所改变与成长，我们是不可以忽略这些事实的。相反，就是这些事实才成为乔盼望的核心；因为这些事实将乔的心指向基督。

好的事物转变为坏的事物

到目前为止，可能有人会说："乔希望自己的妻子尊敬他有什么错呢？难道妻子不应该尊敬她的丈夫吗？"

尊敬是一件好事，盼望得到他人尊敬也不是罪。但是乔追求尊敬的方式，恰恰说明了罪迷惑人的地方以及人心骄傲与任性的本质。《罗马书》一章 25 节，帮助我们了解人心中到底出了什么问题。让我们来看看这一段经文：

> 因为，他们虽然知道神，却不当作神荣耀他，也不感谢他，他们的思念变为虚妄，无知的心就昏暗了。自称为聪明，反成了愚拙，将不能朽坏之神的荣耀变为偶像，仿佛必

朽坏的人和飞禽、走兽、昆虫的样式。

　　所以,神任凭他们逞着心里的情欲行污秽的事,以致彼此玷辱自己的身体。他们将神的真实变为虚谎,去敬拜事奉受造之物,不敬奉那造物的主。主乃是可称颂的,直到永远!阿们。

这段经文的最末一节,最能帮助我们理解罪与人心倾向敬拜神以外的事物的狡猾互动。人总是受诱惑去爱慕并服事受造之物,而不是去爱慕创造者。当我们想到拜偶像或事奉假神的时候,我们常常以为那些是很显而易见、一眼就能识破、虚假有罪的事物。尽管这些是可能的,但是在《罗马书》一章 25 节,保罗告诉我们,偶像崇拜通常是将神创造的美好事物转变成最终必须寻求到的东西。在我们的内心与生活中,这些美善的事物(受造之物)僭越了只有造物主才配得的至高地位;因此,这些受造之物主宰了我们的内心和生命。

　　当神创造万物时,他声称是"好的"。这些受造之物的本身是好的;但是如果遭到误用,被高举过神的地位,这些事物就会变成我们生命中的偶像。请思考以下的例子:

- 一位父亲盼望他年幼的孩子尊敬和顺从他;这样,当孩子长大之后,他不会对有权柄的人具有敌意。这是一个好的想法,也是神的命令。但是当这个要孩子尊敬顺从的欲望成为父亲心中至高的目标时，这个欲望就晋升为实际、可操控的神了。它使得这位父亲操控他的儿子，要求他的儿子顺从他。如果这个父亲的控制欲很强，每当孩子的行为稍有不妥，他就会大发脾气。当他的孩子有任何失败时，他也会变得沮丧和失望。或者这位父亲可能会显得自义、骄傲，或者对一些拥有较不顺从孩子的父母们表现出轻视的态度。这位父亲与他儿子的关系，就像乔与他的妻子玛丽的关系一样。

- 一位年轻人渴望有一天可以找到一位配偶结婚。他认为婚姻是神所设立的，因此是好的，应该向往、追求。但是，他与女性的关系很容易走到极端。当女性忽略他时，他会变得非常沮丧，并且对性方面的诱惑没有抵抗力。当女性对他有好感时，他又变得异常热情，以至于女友觉得喘不过气来，而破坏了彼此间的关系。

- 一位很有才华的女子在事业上相当成功。她知道工作是神所创造的一件好事，是一个可以运用她天赋的地方；每当她服事他人时，她可以体验到人应当有的尊严。然而，渐渐地，她越来越担心自己是否把该做的工作都完成了。于是，她开始将工作带回家，担负起过多的责任；很快地，工作压力影响到她的睡眠，以至于她有了睡眠上的问题。

这些人将一些美好的事物，诸如顺服的孩子、婚姻或工作，当作

他们生活的中心。而神这位造物主,却被他所创造的受造之物所取
代。当这些美好的事物实际上成为我的神时,它们就成了我的偶像。
敬拜这些"神的替代物"会使一个人的生命中出现荆棘般的态度、思
想、情绪和行动。很明显,这些人领受了神赐给我们的美好礼物,却
将它们变成比施予者更重要的事物。祝福篡夺了给予祝福之神的地
位;被造之物凌驾在造物主之上。当这样的事情发生了,人在生命中
面对困境时就不可避免地会产生带着罪性的反应。

再回过头来,从这个角度看看乔的生活。我们看到在他的生命
中,他用本来是美好的事物,取代了神的地位,篡夺了神应有的权柄
和荣耀。从表面上来看,乔对被人尊敬与肯定的渴求似乎不致造成
什么伤害,但这实在是对神叛逆的一种表现。当乔允许这些事情成
为他生命中的主宰时,这些事情就会损毁他对救赎主的委身,并且将
他的心转向效忠神之外的事物。当他人适切地敬重与肯定我们时,
这些尊重和肯定是神给予我们的礼物,我们应当抱着感谢神的心态。
但是当这些事物成为我们最终追求的目标时,就会有相当大的破坏
力。乔把从玛丽得到的尊敬与赞美,看得比从神那里得到的更可贵、
更重要。同时他也断定,不能相信神能够提供保护,使他不再受伤
害,因此,他必须仰仗自己的力量,全力掌控他的小世界。

对乔来说,想在神的恩典中成长、改变,放下心中对人、对环境的
控制欲,他必须先看清,他究竟如何用一个谎言来取代了神的真理。
这个谎言告诉他,得到人的尊敬比敬畏神更有价值。这个谎言实际

上是说，神不是美善、充满智慧、慈爱的，所以我们不能信靠他。所以，乔所得出的结论是，唯一能够保证他的世界不受侵犯的人，就是他自己。

乔已经没有持守前三条诫命了，在乔的心目中，被人尊敬已经成为他珍视并顶礼膜拜的对象，得到人的尊崇比神在他心目中的地位要高得多；所以，紧接着，持守十诫中其他几条诫命的吩咐也随之破碎了。在经营自己的生命里，他视自己的力量远远超过神的力量，因此，他就成了家里的暴君。在这种情况下，愚拙的人才会一味劝说玛丽去顺服、鼓励丈夫，而不去指出乔带着罪性的怒气，由控制欲所产生的对家人的伤害，并呼召乔向神悔改、认罪。乔为自己所找寻的借口，再加上玛丽被指控的那一些错误，无异于火上浇油。这样一来，只能使他们夫妻裂痕更深，纵容乔继续在不敬虔的路上越走越远。

在辅导乔的时候，我们必须一方面着重以福音带给我们的盼望与安慰来滋养他的心；另一方面也必须指出，乔是以一个带着罪性的心来回应他过去的痛苦经历。一个符合真理教导的改变，是要求乔能够正面看到他过去的掌控行为有多么严重。他需要将自己儿时所经历的被性侵的"炎热"，带到主基督的面前，寻求帮助。他需要分辨清楚，他不必为别人性侵他的罪负起责任；但是，出于对伤害的那些带着罪性的反应，他要负起直接的责任。很明显，这一点对乔来说，不是那么容易，但这确是通向另一种新生活的必经之路。这时候，充满智慧、谦卑的主内弟兄，必须以爱心、敬虔的辅导及祷告，陪伴在乔的身边。当乔再次渴望人的肯定,用愤怒来操控家人时,这些弟兄需要站出来,呼召乔在神面前认罪、悔改。

玛丽也同样需要帮助。她需要一个教会——属灵的群体,为她提供帮助;当乔再次发怒时,她能以充满恩典与勇气的态度来回应他。她需要属灵群体的帮助,使她放弃报复的心态,学习并操练饶恕的功课。她需要知道,当她挑战乔的怒气时,教会的属灵领袖会为她伸冤辩护。从全备的圣经来看,如果缺少以上的帮助与提醒,将无法使他们感受到神真正的爱。

《雅各书》的一个例子

《雅各书》提供了一个既坦率直白又充满爱的讨论,它提到怒气与冲突的起因与解决方式。在第四章,雅各被神的爱驱使,所以他使用的言词一点都不矫揉做作。在他的话语中,同时蕴含了慈爱与真理。当神所造的美好事物成了我们实际上的神时,如果我们有任何人想要生命得着改变,我们也需要慈爱与真理的组合。

你们中间的争战、斗殴是从哪里来的呢?不是从你们百体中战斗之私欲来的吗?你们贪恋,还是得不着;你们杀害嫉妒,又斗殴争战,也不能得。你们得不着,是因为你们不求。你们求也得不着,是因为你们妄求,要浪费在你们的宴乐中。

你们这些淫乱的人哪，岂不知与世俗为友就是与神为

敌吗？所以凡想要与世俗为友的，就是与神为敌了。

（《雅各书》四章 1～4 节）

当人与人发生冲突时，我们很容易看见，外在表现就是争战。但是，雅各在此做出一个结论。他说，外面的争战是每个人内心争战的表露。因为私欲没有被满足，所以人们就彼此攻击，期盼利用这样的攻击来满足心中的私欲。在第 4 节，雅各更是明白指出了事情的真相。他说，那些介入不敬虔冲突的人们，已经在敬拜神以外的人事物了。对他们而言，有一些东西已经变得比神更重要；从这一刻，他们已经犯了属灵上淫乱的罪。属灵上的淫乱是以另一种方式来说明拜偶像的心态，形容犯淫乱的人将自己交给了虚假的爱人。

用这个简单的想法来解释"我们所做的每一件事背后的动机"，会对一个人的生命发挥极大作用；能有这样震撼力的原因，是因为一旦明白我们的心在敬拜偶像，会为我们开启应用福音的大门。我们终于抵达事物的根源，不再只是在表面上做文章了。我们知道，神定意要借由基督和圣灵的工作，将我们的心意夺回。当我们看见内心的荆棘时，可帮助我们辨识出自己的偶像、那些取代神的事物以及辖制我们的心究竟渴望什么；我们会看见自己的心在何处正需要成长与蜕变，并且激发我们渴求神的恩典。这也正是《雅各书》四章 5 至10 节的重点。

你们想经上所说是徒然的吗？神所赐住在我们里面的灵，是恋爱至于嫉妒吗？但他赐更多的恩典，所以经上说："神阻挡骄傲的人，赐恩给谦卑的人。"故此，你们要顺服神。务要抵挡魔鬼，魔鬼就必离开你们逃跑了。你们亲近神，神就必亲近你们。有罪的人哪，要洁净你们的手！心怀二意的人哪，要清洁你们的心！你们要愁苦、悲哀、哭泣，将喜笑变作悲哀，欢乐变作愁闷。务要在主面前自卑，主就必叫你们升高。

在第 5 至 6 节，雅各说到神是一位"恋爱以至于嫉妒"的神，他不允许你将心中所爱慕的，与任何其他人分享，你的爱是专属于他的。"嫉妒"这个词，用在人与其他人事物的关系中，都有消极含义，唯独用在人与神的关系中，这是一个正面并具有积极含义的表达。当我们谈及神的爱时，"嫉妒"这个词甚至可以用"狂热"来替换使用。神对我们的爱是如此热切，他想重新赢得我们对他的情感；因此，他差派圣灵动工，要将我们的心意夺回。这是一件多么奇妙的事啊！在世上，一般遭受冷落的情人绝不会重新寻回那位不忠的配偶；但是，你的神却不断将你寻回。如果你是他的新妇，神不会让你在外四处飘零。或许他允许困境临到你的生活中，是为了使你再一次将注意力转回到他的身上。

第 5 至 6 节，讲的是神与你亲近；到了第 7 至 10 节，就讲到他邀请你就近他。当我们悖逆神、偏行己路时,神用他的恩典对待我们;当你悔改并谦卑自己时,他应许在你的生命中赐下更丰盛的恩典。他乐意厚厚浇灌他的慈爱给心存谦卑的人。

因此,你是否能在神的恩典中成长,经历真实的生命改变与更新,最重要的先决条件,是你是否愿意辨识出那些使你以不敬虔的态度回应生活的事物究竟是什么。雅各说:"心怀二意的人哪,要清洁你们的心!"让我们省察一下内心,看看到底我们允许了什么事物,成为比神更吸引我们的偶像。雅各继续说道:"有罪的人哪,要洁净你们的手!"将我们带着罪性的回应,重新转回敬虔爱主的行动吧! 这一切都要靠着神的恩典才能成就,但是这并不表示,我们只是消极被动地敷衍了事。基督徒的成长与改变是一场属灵的争战。想要找到使我们远离这位荣耀主的原因,是一项艰巨的工程;但这是一场值得打的争战。

接下来的一系列问题,可以帮助我们更具体、更有效地找出内心真正的问题所在。除非我们的悔改是具体与充满智慧的,否则都无法达到真正悔改的功效。我们所犯的罪从来都不是抽象、模糊不清的,而是相当具体、有迹可寻的。既然这一点不可否认,我们就必须在生活中诚实地做一次自我省察,不但检讨自己的行为,更要省察内心的动机。在属灵层面有这样的醒悟和觉察,是一个很大的祝福。从这样的过程中,我们才能经历生命的成长与改变。请利用这些问题转离偶像,并奔向基督的恩典与大能。所有属于他的资产,就是你的资产。你所有的罪已经在十字架上被对付了,因此你不必害怕,好好来省察自己吧!

X 光问题扫描[2]

1. 你心中所热爱的是什么?在你心中是否有一些东西,你对它们的爱多过爱神,多过爱你的邻舍呢?

2. 你所想要的是什么?你的欲望是什么?什么是你热切渴望和希冀的?你顺服在谁的欲望之下?

3. 你所寻求的是什么?什么是你个人的目标与期盼?针对这个目标,你的期盼是什么?动机是什么?你工作的目的是什么?

4. 你将自己的盼望寄托在哪里?什么盼望驱使你努力向前?你的生活围绕着什么中心而建构?

5. 你所惧怕的是什么?惧怕与欲望是一体两面。举例来说:如果我渴望你的接纳,那么我会害怕你拒绝我。

6. 你心里想做什么?这是欲望的同义词。有时候我们想把整桶冰淇淋全部吃光、赖在床上或拒绝说话等。

7. 你认为你需要什么?一般来说,一个人觉得需要的东西,正描绘出他们心中的偶像与渴望是什么。经常,我们所谓的"必需品"事实上是支配我们内心的蒙骗大师。它们之所以能掌控我们,是因为看来很有道理,表面上似乎没那么糟糕,而且,想得到它们并非罪恶。然而,我绝不能被这些需求所操控：例如,觉得自己满不错的;感到被爱和被接纳;有些许成就感;经济上有保障;有好的健康;过一个有秩序、毫无痛苦并且快乐的人生。

8. 在你的工作和生活中,你有哪些目标、计划、策略,是你策划周详,预备去完成的事情？ 在你的人生当中,什么是你真正追求的境地与人际关系？ 你努力工作而想获得的东西是什么？

9. 什么事可使你一跃而起？ 你生活中的"太阳"是什么？ 你从哪里能够找到快乐泉源？ 能够照亮你世界的是什么？ 什么是你生命中赖以生存的食物？ 对你而言,什么是真正要紧的事？ 你究竟为什么而活？

10. 你在何处找到你的避难所、安全感、舒适与逃避？ 当你惧怕、沮丧、心烦意乱时,你会往哪里跑？ 你是奔向神来寻求安慰和安全,还是奔向其他事物？（食物、别人、工作、独处?）

11. 你真正信赖的是什么？ 你能够真正在主里找到安息吗？ 你真的在神的同在和应许中得享安宁吗？ 还是你会在其他事物、其他人那里寻求安息呢？

12. 你最在乎谁的表现？ 这个问题会挖掘出我们自我依赖或自以为义的心态;它同时也让我们看到寄托于他人来活出自己的事实。当你做错事或失败时,你会变得非常沮丧吗？ 你是否将你的希望,寄托在某个人身上? 你过于倚赖你的先生、妻子、孩子或朋友的表现吗?

13. 谁是你必须讨好的人? 谁的意见才算数? 从谁那里你希望得到肯定,或畏惧他的拒绝? 你用谁的价值观当作衡量自己的标准? 你在谁的眼光下过生活?

14. 你所崇拜的英雄人物是谁? 谁是你所敬重的? 你希望自己能像谁一样? 谁是你的"偶像"? (在我们的文化里,"偶像"这个词被使用于"成为榜样"。)

15. 如果有一种盼望,能够长久支撑你的生命向前走,这个盼望是什么? 什么是你觉得必须在生命中陪伴着你的? 你认为你若失去了什么,你的日子就无法过下去?

16. 在任何具体景况中,你如何给成功或失败下定义? 你的标准是神的标准吗? 你将成功定义为能达到你目标的能力吗? 或是从别人而来的尊敬和肯定? 成功的定义是,拥有某种地位或是有能力去维持某种程度的生活方式吗? 是富裕? 是外表? 是接纳? 是住在什么小区吗? 是成就吗?

17. 什么让你觉得富足、安全和兴旺? 什么样的财富、经验和享受会令你感到快乐? 在这里,圣经运用了财宝来作为比喻。

18. 什么事物会带给你最大的喜悦? 最大的悲哀?

19. 哪些政治力量能让你在每一件事上更顺利? 请不要单单从国家的政治制度角度来思考。请思想一下,你所处的工作场合与所属教会。谁的建议是你所乐观其成的？为什么？

20. 谁的胜利与成功会让你感到生活得更快乐？你如何给胜利与成功下定义？

21. 你认为什么是你的权利？你认为应该拥有的基本权利是什么？你觉得什么是你有权去期待、寻求、坚持与要求的？

22. 在什么景况下，你会觉得有压力或感到紧张？何时你觉得自信与轻松自在？当你感到有压力时，你转向何处？在压力下，你想些什么？你惧怕什么？什么是你设法逃避的？你逃去何处？

23. 你真正想从生命中得到什么？从你所做的事情里，你想得到的利益是什么？在工作上，你想得到的报酬是什么？

24. 你祷告时，所祈求的是什么呢？事实上，我们祷告，并不表示我们已经达到我们该有的灵命程度；相反的，祷告的内容却可以直接反映出我们心中所膜拜的那个偶像。祷告可以表露出内心的模式——自我中心、自以为义、物质主义，以及惧怕人对自己的看法（畏惧人，而不是畏惧神）等。

25. 什么是你最常想到的事情？占据你思想的事情，通常都是些什么？在早晨时，你的心会本能地飘向哪里？当你做一些不费心的工作或独自驾车时，你的心中通常都被什么样的事情占据着？你的心态是什么？

26. 你通常都喜欢谈论些什么？什么是你与他人谈话的主要内

容？什么是你一再会与你的朋友谈论的主题？圣经说到，我们内心所想的，嘴里就说出来。

27. 你如何运用你的时间？日常生活中，你的优先次序是什么？在每天生活里，什么是你特别花费时间去做的事？

28. 你幻想的内容是什么？你夜间所梦到的是什么？而你的白日梦又是什么？

29. 什么是你的思想体系？对生命、对神、对你自己与他人，你所持守的信念是什么？你的世界观是什么？有没有一个是你个人虚构的"神话"，你会用这个"神话"来解释一些事情？对你目前的处境，是否有你独特的信念，这信念是什么？你所看为有价值的是什么？

30. 你的偶像或虚假的神明有哪些呢？你将你的信赖及盼望置于何处？你不断转向哪里去寻求帮助呢？你常常在寻求些什么？哪里是你的避难所？谁是你世界的拯救者、审判者和掌控者？你所服事的对象是谁？有哪些声音在支配着你的行动？

31. 在哪些方面，你在为自己而活？

32. 在哪些方面，你活得好像撒但的奴役？在哪些地方，你容易被它的谎言动摇？在哪些地方，你对它的欺骗让步？

33. 什么时候你会说："要是怎样……就好了"？事实上，我们的"要是怎样……就好了"的心态，定义了我们对天堂的看法。

这些话语描绘出我们最深的惧怕与失望，也显露出我们最容易嫉妒他人的地方；描绘了在何处我们的盼望能改写我们生命的故事，盼望重新来过；最后，也描绘出我们不满足和渴望的地方。

34. 你的直觉告诉你，什么才是对的呢？对于这些你觉得是对的事物，你的看法如何？

这些问题可以帮助你，对于你目前所做的事情背后的动机，展开更清楚、更深入的思考。回答这些问题也可以帮助你认清通常有哪些事情，本身并不是坏事，却被你转化为"神"，以至于变成了你生活中顶礼膜拜的偶像。这些发现其实是个祝福，因为它们可以帮助你看见神的恩典是如何丰盛和慷慨。

本书所使用的关于人如何改变的模式图，呼召我们每一个人在内心诚实地自我省察。在乔与玛丽的个案中，在他们能够经历十字架改变生命的大能之前，他们需要清楚明白在他们生命中的炎热，和那些带着罪性、像荆棘丛般的反应。假如乔没有做到这一点，他在罪恶捆绑下的坏脾气仍会持续，而且很有可能最终导致婚姻破裂。他的生命很明显就会变成"福音无能"的范例。假如玛丽没有做到这一点，她无可避免地就会滑向惧怕的深渊，终日活在恐惧当中；或者她会不敢表达自己，心中充满绝望和苦毒。

值得庆幸的是，神为我们预备了另一条出路。当我们将自己的罪诚实地带到神施恩宝座前时，这条出自圣灵智慧和能力的道路，会使我们经历自由与释放的改变。我们必须诚实面对一项事实，就是我们会将原本美好的事物转变成顶礼膜拜的偶像。这个过程，多数时候都需要外界的帮助，才能看清楚，继而认罪、悔改。要放下一些我们原本认为是与生命同等的事物，是一件令人恐惧的事。要将我们认为与自己的生命同等重要的东西、我们多年紧紧抓住的东西，放手交给基督，是一件很难想象又可怕的事。即使知道放手之后，我们将得到的是耶稣自己，要真正做到还是十分困难。我们的心常常被一些微不足道的、取代神的事物所掳获；我们常常以为，这些事物对我们来说比真神更加重要。一旦辨识出这些神的替代物，我们的生命就会开始改变，并且踏上通往自由的道路。

福音的好消息是，越是在人心中罪孽深重的黑暗之处，越显出其恩典的光芒；所以，我们不必惧怕审视这些事情。当你着手回答这些问题时，请花些时间祷告，并用以下眼光来衡量自己：你已经与基督连结；神给你的承诺，就是要用恒久忍耐的爱来爱你，在他的爱中改变、更新你的生命！如果你开始了这种敬虔的自我省察之旅，你就已经预备好即将经历十字架福音的大能。在接下来两章，我们将重点放在讨论十字架的工作。

第 **11** 章
新身份和新潜能
——十架篇(上)

我们都不喜欢遇到麻烦,只喜欢知道解决问题的方法。我就是一个不喜欢阅读说明书的人。每当我见到"无需组装零件"的产品,我心中的平静与喜悦顿时油然而生！但是,这个坏习惯常常使我陷入非常难堪的局面。不只一次,我试图自己摸索,把零件组装在一起,常常都进行到一半以上才发现,某些零件没办法组合起来。所以,持续不断地将零件强行装在一起,常常使我恼怒、气愤不已。只有到了那时候,我才会翻开说明书,一步一步检查到底哪里出了差错。有时候,我不得不把前面所有装好的东西重新拆下来,从零开始。这是我最讨厌的情况了！本来只需要半个小时的工作,结果用了两个小时还没做完,这都是因为一开始我选择不愿意慢慢来、逐字细读说明书,按照说明书做事。

假如你也和我一样,在对待人际关系和处理个人情绪的问题时,就会犯同样的错误。我不愿意花时间,耐心地针对我的问题,寻找智慧与符合圣经的教导。我发现自己会采取强硬措施去对待某一个问题,以为这样更节省时间。到最后,我才发现自己的作法铸成大错。当你组装的是像脚踏车一样没有生命的物品,用这样的方法装错了,不会造成多大伤害。但是,如果你用同样方式来处理人际关系,后果会是非常具有破坏性的。

本书从头到尾都在慢慢仔细讲述,深入思考有关生命成长与改变这项严肃的议题。有很多时候,身为写书的作者,非常想跳过前面那些基础章节,直接从本章开始探讨如何改变。但是,假如我们真的那样做,无疑是将你引导到失败与误解的境地。基督的恩典,以及合乎圣经改变的诸多教导,必须建立在我们的环境和我们带着罪性的反应的框架上,如此才能让人完全明白。我们必须省察这些具体的炎热(不论是困境或祝福)、那些带着罪性的潜在反应及行为动机底下的真正问题究竟是什么。若没有从这些层面来分析,本书顶多只是空洞、不诚恳的话语堆砌而已。虽然耶稣仍然是我们最终的解决办法,但因我们跳过了问题最关键的本质,所以你无法明白他是一个何等伟大的神、究竟提供了怎样绝佳的解决方式。俗话说:"如果你不费时慢慢面对一个坏消息,那好消息看起来就不那样美好了。"但是,如果你确实花了时间、仔细并诚实检视自己真正的问题,基督的恩典就会发出闪耀无比的光芒!

在本书第九和第十章,我们生命中那些荆棘的反应,其实是从我们内心的根源所结出的果实。尽管在堕落世界中的生活如此艰困,但并不是这些困难导致我们做出不当的回应;我们的回应乃是被心中的想法和动机所影响与塑造的(参考《希伯来书》四章 12 节)。当我们对受造之物的喜爱取代了我们对造物主的爱慕时,我们将会以荆棘(有罪)的反应来回应祝福及困难这两者。

　　在本章,我们开始思考,在基督里,我们如何运用所拥有的资源,来对付我们内心的挣扎。当我们与难以捉摸却极具威力的偶像争战时,基督的位格与所成就的救赎大工赐给我们什么? 当我们明白我们最大的问题不在于外面,而是里面时,十字架如何成为我们唯一的盼望呢? 当我们以十字架为中心的盼望来过我们的生活时,我们的生命将如何改变?《哥林多后书》五章 15 节提到,基督来到世上,为的是"叫那些活着的人不再为自己活,乃为替他们死而复活的主活"。下面两章所要强调的是,这个在基督里对新生命的应许,将会救我们脱离影响生命和支配我们行为的偶像敬拜。

圣灵与新造的心

　　每个人心里都知道自己具有或是缺少某种潜能。每次当我和太太又生出一个小宝宝时,我们都十分期待宝宝迈出第一步的时刻。当孩子长到一定的身量时,他们都会先用手扶着沙发或椅子,将身体挺直,用双脚站立起来。在往后几周内,小宝宝就会试着松开手,摇摇晃晃地向前迈出几步,而不用其他辅助的家具! 我们几乎都可以从宝宝的眼神中,读出他们心中的想法,仿佛在对自己说:"我能放手了吗? 我有这个潜能自己走路吗?"当他们真的放开了手,往前迈步时,他们脸上的表情既惊喜又惊愕。他们会在摔倒前,在空中挥舞着小手,跌跌撞撞地走两步。即使摔倒了,也会马上爬起来再试试。你知道当小宝宝在学习走路时,他们究竟在做什么?他们正用最简单的方式,在心中估算自己的潜能。根据他们对自己潜能的估量,他们的信心逐步增强,最终能够放开手,迈开小脚向前挪步。面对要自己走路的挑战,他们心中无疑是惧怕的,但是他们心中的信念最终会克服恐惧。

成年人也总是在估量自己的潜能。当你的老板、教练或老师交待你做一件新工作时,你心里会衡量自己有没有潜力去完成它。当你为了整修房屋去五金器材店购买零件和工具时,你心中也在盘算自己到底能不能把房子修理好。当你腹中的胎儿还有一个月就要呱呱落地时,你心里会一直揣测,自己到底会成为什么样的母亲。当你预备向女友求婚时,你心中一定会不停地问自己,我是否具备了做一个好丈夫的条件。不管在生命中面对的是极大的挑战,或只是微小的挑战,我们都在估量自己的潜能。我们有获得成功的把握吗?我们给予自己的回答,会影响我们决定是否继续完成某一件事情。如果我们认为自己不具备成功的条件,大概不会决心去做摆在眼前的事情。

当你站在生命的旅途中面对所有祝福及困境时,你如何衡量你的潜能?有什么事情会让你说出"我是注定失败的,这件事我根本做不了"?有什么事情会让你说出"我已经做好完成这件事情的准备了"？你用什么来衡量自己的潜能呢？或许你会说"我出生于一个优良传统的好家庭"？也可能你会说："我受过良好的教育。""我拥有做这件事所需要的才干。""我的人生阅历丰富，让我受益匪浅。""从我过去成功的经验来看，这一次，我还是一样会成功。"

身为一个基督徒，以上每一件事对你都有其价值；因为你知道你的主掌管你生命中每一个经验和每一段人际关系。借着每一件事，他已经在预备你去做他呼召你去做的事。然而，与此同时，这种衡量自己潜能的标准，对于一个信徒来说，却忽略了关于潜能真正核心的部分。例如，它忽略了一个基督徒有可能自认为能力不够，但同时，内心深处的信心告诉他，他可以靠着神来完成这项任务。它忽略了就算你意识到过去的失败和现今的软弱，却仍然迈步向前，去做你从未做过的事，或以崭新的方法去做事。它忽略了为什么在我们当中，有一些人承认自己没有优良传统的家庭榜样和成功事迹可寻，但在我们的环境或人际关系里，我们仍能有行善的潜能。它亦忽略了为何基督徒仍能心中充满盼望和勇气，来面对昨日的失败，并且相信从今天开始，他们可以有能力去做崭新、美好的事。诚然，家庭背景、教育水平、优秀的才能、经历和成功都有价值，但是它们皆忽略了我们身为神儿女的真正潜能。从以上的观点，我们要进一步探讨，在基督里，身为神儿女的身份，怎样使我们拥有了崭新的潜能。

你的潜能：内住的耶稣基督

在《加拉太书》中，保罗试图向这些对福音的理解有很大偏差的人解释福音真正的含义。早先他说了一些非常奇妙，以至于我们无法理解的事！他说："我已经与基督同钉十字架，现在活着的不再是我，乃是基督在我里面活着；并且我如今在肉身活着，是因信神的儿子而活；他是爱我，为我舍己。"（《加拉太书》二章 20 节）请让这些话深入你的心里，试图明白保罗此处到底在说些什么。当我们仔细思想的时候，我们就会明白，作为基督徒，我们的潜能在哪里。

保罗在此所强调的不是十字架让我能够蒙神接纳，成为神家中的一份子（这当然也是相当重要的一项真理，不过我们将在下一章深入探讨）。在这里，保罗希望我们能看见借由圣灵的赐予，我们在基督里拥有崭新的生活。清楚认识这一点是相当重要的；因为，许多信徒很容易倾向把十字架想成只是进入与神相交的入口而已。但是保罗说，十字架确实是那个入口，但是十字架有更深、更远的含义！此外，请你也注意到，保罗在这里强调的也不是永生。是的，十字架保证我们与主同享一个没有罪、没有痛苦的永生；但同样地，许多信徒很容易把十字架想成是一条脱离永远刑罚、进入永恒乐园的逃脱之路。再一次，保罗要说，十字架确实是一条逃脱之路，但它的意义比这个更大！

那么，保罗在这里究竟强调的是什么呢？他希望我能明白，十字架定义了我在此时此刻的身份和潜能。我们有基督的圣灵住在我们里面。《加拉太书》二章 20 节，一定要参照另外一处经文——《罗马书》八章 9 至 10 节——就更能够看到这一点的重要性：

> 如果神的灵住在你们心里，你们就不属肉体，乃属圣灵了。人若没有基督的灵，就不是属基督的。基督若在你们心里，身体就因罪而死，心灵却因义而活。

依据保罗所说的，是基督借着圣灵住在我们里面。他赐给我们一颗崭新的心，让我们拥有崭新的能力，去展现出完全不一样的新潜能。让我们思考以下保罗所主张的三大要素。

三大救赎事实

救赎事实："我已经与基督同钉十字架，现在活着的不再是我。"

保罗在此所说的，不仅仅是基督为他钉了十字架，以及基督的十字架所带给他的好处。他说，当基督钉十字架时，他（保罗）也一同钉了十字架！这是什么意思呢？他的意思是说：当耶稣在肉体上死的时候，保罗（和所有信徒），从属灵层面来看，是一同被钉死在十字架上的。所以，保罗看他自己，以如此的方式与基督的死相连结，所以他可以说："现在活着的不再是我。"这又是什么意思呢？

我们每个人从一出生，就在罪的掌管和辖制之下。基督的死不是失败,乃是胜利(参看《歌罗西书》二章 13~15 节)。借着他肉体的死,基督粉碎了罪在我们心灵上的辖制。请再看下面这句话,"我已经……同钉十字架",这里的动词指出在过去一个已经确定的动作,以及它所产生的一个持久的结果。当年基督在十字架上所做的事,已经永久改变你现在是谁,以及你将来会持续拥有的身份。但是,保罗更进一步又说:"现在活着的不再是我。"保罗是说,他里面发生一项本质上的改变,这改变对身为人的他是如此彻底,好像他已经不再活着似的!是的,他仍旧是保罗;但是,因他在基督里的死,保罗的本质已经全然不同了。

身为一名信徒,当你领悟到在你里面这个根本的改变时,你会开始认识到你真正的潜力——你和从前不再一样了;你已经永远被改变,不再活在律法的重担和罪的辖制之下。基督的死已经成就了律法的要求,粉碎了罪的权势。你不需要再屈服于罪了。当基督的肉身死了,你在属灵层面上也死了;同样面对与从前一样的困境,如今你有能力活出崭新的生活方式。这个本质上的改变是永久的!你是否用这样的眼光来看待自己的潜能呢?

现今实际光景:"乃是基督在我里面活着。"

但是,保罗尚未结束!对保罗来说,基督的死让他成为新造的人,这是不够的。保罗后面所要讲述的事实,远比这些还奇妙得多。他说,当他死时,旧的保罗不像一个更新的版本,只是在原有基础上做了一些修正和改进而已。保罗所强调的是,他乃是被基督自己所取代！他不只是说,新的保罗比较善于控制心中的罪,他所说的是比那些更荣耀、更实际、更有盼望的事！他乃是说,过去曾被罪所掌控的地方,现在有了基督的内住和掌管！我们的心过去是在罪的辖制之下,如今成了基督的居所,他乃是公义、智慧、恩典、能力和爱的终极来源。

有关我们潜能的福音就在于此。我们必须与基督同钉十字架,他才能永远住在我们心里。旧的我已经死了,并不是被一个更好的我所取代——取代我的乃是基督！因为基督居住在我心里,所以我的心是崭新的。因为基督居住在我心里、赐给它生命,所以我的心是活的。因为我的心不再被罪所辖制,而是被基督充满恩典的掌管所释放,所以我的心可以用崭新的方式来回应我的生活。这就是为什么我的内心和对生命的回应,可以有惊人的成长与改变的潜能。

每日生活结果:"并且我如今在肉身活着,是因信神的儿子而活,他是爱我,为我舍己。"

保罗在这里彻底说明了,现今因基督住在我们心里,我们所拥有的益处。我们倚靠一个新的律而活:不是旧有的罪和死亡的律,这个新的律是因为现今住在我们里面的基督所赐的能力与恩典而有的。当保罗说"是因信神的儿子而活"时,这就是他所说的意思。我们不再以评估自己所拥有的能力、品格和智慧(从家庭背景、教育水平和经验)来过生活;我们乃是基于一个事实,就是——因有基督在我里面活着,不管我们面临何种特别的祝福或痛苦,我们都能有正确的愿望、思想、言语和行动。我们的潜能就是基督！当我们对此深信不疑,并且照着这个事实活出来,我们开始明白属神儿女的真正潜能,也开始看见崭新又令人惊叹的果实在我们生命中长大、成熟。

当一位基督徒母亲不再以过去呵斥的方式,而能满有耐心地说话时,她其实是在经历基督内住于她心中的事实。当一位丈夫下班回家,虽然感到疲累,却仍然体贴、服事他的太太时,他其实是活在基督内住的大能之下。当一位朋友,过去因别人的小错不再来往,而如今选择宽恕并重拾友谊时,他正是选择以"基督在我里面"的信心来过生活。所以,保罗在这里所阐明的事实,是非常实际、而且可以随时拿来应用的。这事实具有彻底改变我们生活方式的潜能,能扭转我们每日回应生活的方式。

救赎的涵义

我若以"与内住在我心中的基督连合"为基础来衡量我的潜能,我的生活会像什么样子？当我面对自己的生活,并坚信基督住在我里面、赐我能力去做出正确的事情,那样的情景看起来会像什么？

你会过一种正直的生活

你会愿意从神的视角来审视自己,以便对自我有实际和准确的认知。你有从合乎圣经的视角来看待自己吗？

你会愿意接受一项事实,改变需要在群体中进行。你会感到有需要,盼望得到在基督里的弟兄姐妹所给予的帮助,也为着有这个群体而心存感激,活出开放、谦卑及容易使人亲近的人生。

你会对内心挣扎抱诚实的态度。你在基督里的信仰会允许你表现出合神心意的情感;这些情感包括悲伤、痛苦、惧怕、焦虑、嫉妒、愤怒、快乐、感恩和期待。请审视一下你的内心,看看你是否还有什么地方是表面上不敢承认且害怕向人适当表达你心中真正感受的?

在你与他人的关系中,你会制造一个充满恩典的环境

你会原谅别人,就像你已经被神饶恕一样。这表示因为你已蒙怜悯,你对他人的失败和罪也当抱持怜悯的态度(参考《马可福音》十一章 25 节,《马太福音》六章 1～15 节)。你是否在心里牢牢抓住别人曾经对你的冒犯而迟迟不肯原谅呢?

你会随时准备好请求别人的饶恕。让基督将你从自我防卫、合理化、责怪他人,或其他形式的自我辩护和自我赎罪中释放出来。你是否曾经得罪了某人,却拒绝承认自己的罪,拒绝承担自己应当承担的责任呢?

你会愿意寻求实际的方法,给予他人适合的帮助,并且愿意服事他人(参考《罗马书》十二章 14～21 节)。此时此刻,在何处,神正呼召你来服事其他人呢?

当你禁不住想从困境中逃开时,你仍然选择坚忍下去。圣经中每次说到这颗新造的"心"及其品格特质,就会用坚忍、节制、长久忍

耐、耐心和坚持等词汇来形容。贯穿其中的道理就是：即使环境极其炎热，不管再怎样艰难，我们仍旧选择做对的事情。在你生命中，是否有哪些地方你不愿意面对，想尽办法逃避、放弃，甚至一走了之呢？

你的行事为人会带着具有勇气的恩典和建设性的真理

你会以诚实、坦白的态度说话，以期追求祝福与平安（参考《利未记》十九章 17 节，《以弗所书》四章 29 节）。在什么地方，你是否用沉默避免纷争？你是否试图歪曲事实，以逃避冲突呢？

你会乐意原谅任何一个寻求原谅的人（参考《路加福音》十七章 1～10 节，《以弗所书》四章 30 节～五章 2 节）。在什么地方，你心中积蓄苦毒、渴望报复；而且这样的情绪似乎相比施恩典及饶恕人更吸引你？

对于你的反应，你愿意委身，更多让救赎主的心意塑造，而不是被你自私的欲望、别人的需求和期待，或是环境压力所左右。在何处，你需要向你天然人的罪性说"不"，以至于你能够听从他的呼召，喜乐地说"是的，我愿意"？

在我们日常生活的言行举止中，"基督在我的里面"、以十字架为中心的生活提供了我们新的目标和方向。我们做事的动机不再出于满足内心自私的目的，而是出于对神恩典的回应；现今，我们渴望让世人看到神在我们生命当中所成就的善工。同时，也盼望自己的生命能参与到神在其他人生命中所做的善工中。这样的影响，不仅仅在我们生活四周，也遍及世界各个角落。也因此，我们的行为、决定、言语会展现出惊人的果实。从前我们制造冲突的地方，现在我们缔造和平；从前我们畏惧别人的看法、为了讨好他人而频频表示赞同，如今我们被神的心意所激励，并且明白在何种适当的时候，应当起身拒绝。从前我们滥用神所赐的才干，只为了给自己得好处，添荣耀；现在我们把自己的才干用来造福他人，为的是荣耀神的名。从前我们为了得到眼前的利益，不惜歪曲事实，扭曲真理；现在我们乐于公开坚持神的真道，即使这样做会让我们付上极大的代价。从前我们牢牢抓住报复的权柄，任由苦毒在心中滋生；现在我们把伸冤的主权交到神手中，宁愿主动伸出双手，饶恕别人对我们的过犯。

当我们察验生命中所结出的这些善果时，我们应当说些什么呢？我们是应当说："看哪，我们是一群多么优秀的基督徒啊！"不是的，我们只能谦卑地来到主的面前，承认说："现在活着的不再是我，乃是基督在我里面活着。"我们生命中所结出一切美善的果实，都像一首首赞美的诗歌，颂赞着我们救赎主的恩典、慈爱、智慧、权柄以及大能。

万一你失败了呢？

从来没有一天，我们能完全达到基督期盼我们做的事情。不管有多少恩赐从我们与主连合的事实里满溢出来，罪仍然蛰伏在我们里面。这也是为什么你必须知道耶稣已经打败了罪的权势——因为

罪与我们同在的事实仍然存在！我们不需要为属灵争战仍在心中肆
虐而感到震惊。虽然还没有达到完美的境地，但我们已经被改变了，
而且神还将他的大能赐给我们。

当你犯罪、跌倒的时候，你应当怎么办呢？你是否遍寻借口，替
自己辩解呢？还是沉溺于自我定罪，在内疚与后悔当中度日呢？十
字架呼召你远离这两种反应。十字架赐给你自由，好让你承认你的
罪，并且悔改。你的罪是不可能让这位为你钉十字架的主所吓倒的。
每当你失败时，十字架同时也赐给你自由，好让你能寻求饶恕，也接
受赦免。你的肩上并不需要再扛着基督已经背在他身上的罪。他为
我们付上无法偿还的赎价，所以我们永远不必再去偿还罪债。

当你犯罪、跌倒时，眼睛要定睛注视主耶稣和他的十字架；奋力
向着他的方向奔跑，千万不要远离他。到他面前接受赦罪的恩典；在
哪里跌倒，就在哪里再站立起来；重新再一次追随他。并要知道，每
一次跌倒，你就能够体验基督为你而死的独特身份。每一次失败都
提醒我们，为什么他必须被钉在十字架上的事实；每一次忏悔也都提
醒我们，只有十字架才能赐予的赦罪之恩。

在下一章，我们将要探讨如何操练信心，以及认罪悔改的生活方
式。我们还会探讨借由主基督，我们所得到的更多的奇妙祝福。借
着圣灵，我们不只拥有一颗崭新的心；在基督徒的日常生活当中，我
们还拥有全新的基础，带给我们信心与盼望。

第 **12** 章

十字架与日常生活

——十架篇(下)

有些婴儿出生得很顺利,呱呱坠地之后就迫不及待发出第一声哭喊。而另一些婴儿则慢吞吞地来到这个世界,出来之后不哭也不闹。虽然每个婴儿出生的时候都表现得不太一样,但他们已经来到世上这个事实却是相同的。每个人成为基督徒之后的表现,就跟婴儿出生的状况一样,各有不同。

在上一章,我们庆祝了一项事实:当一个人接受了耶稣基督,就会经历心灵深处奇妙的改变。神充满大能的恩典,将圣灵赐给已经灵死的人,好让他们的灵重新苏醒、重获活力。对有些人来说,这种立即又强烈的重生体验,带有浓厚的感情色彩。对其他人来说,他们的改变稀松平常,需要随着时间的流逝,才看得出改变的轨迹。不管外在形式如何,圣经上说,在每一位信徒的属灵新生命中都可以发现,他们内里的实际却都是相同的。关于这一点,使徒彼得这样说:"叫我们既脱离世上从情欲来的败坏,就得与神的性情有份。"(参考《彼得后书》一章 4 节)约翰引用主耶稣的话说:"人若不重生,就不能见神的国。"(参考《约翰福音》三章 3 节)使徒保罗在《哥林多后书》五章17节,形容这种经历为"新造的人"。在旧约《以西结书》三十六章 26 节,先知用"除掉石心,赐给肉心"作为比喻(另外参考《耶利米书》三十一章 31～34 节)。在《罗马书》二章 29 节、《歌罗西书》二章11 节,保罗引用旧约外在的有形割礼,形容在新约时代,我们从内心重生得救的事实。众圣徒在主耶稣基督里所受的不是人手所行的割礼,乃是圣灵所行的割礼。

如果一位信徒想在基督徒的生活中有所长进,他必须深信这个强而有力的崭新事实。借着圣灵,我们个人与主连合。因为神已经内住在我们心里,所以我们拥有新的资源与潜能。骤然间,每一个信徒属灵的基因发生了剧变,我们成为涵盖整个宇宙的救赎故事里的一份子!

圣灵的工作:彰显基督

继圣灵内住的工作以后,随之而来的是一个崭新的经验,那是在信主以前,我们无法看见的一些事物。从那一刻起,信徒可以明白属灵的真理。在《哥林多前书》二章 6 至 16 节,保罗说,众圣徒有了神所赐予的属天智慧。请特别注意这里所提及有关智慧的具体细节:

> 然而,在完全的人中,我们也讲智慧,但不是这世上的智慧,也不是这世上有权有位将要败亡之人的智慧。我们

讲的，乃是从前所隐藏、神奥秘的智慧，就是神在万世以前预定使我们得荣耀的。这智慧，世上有权有位的人没有一个知道的，他们若知道，就不把荣耀的主钉在十字架上了。如经上所记："神为爱他的人所预备的，是眼睛未曾看见，耳朵未曾听见，人心也未曾想到的。"只有神借着圣灵向我们显明了。因为圣灵参透万事，就是神深奥的事也参透了。除了在人里头的灵，谁知道人的事？像这样，除了神的灵，也没有人知道神的事。我们所领受的，并不是世上的灵，乃是从神来的灵，叫我们能知道神开恩赐给我们的事。并且我们讲说这些事，不是用人智慧所指教的言语，乃是用圣灵所指教的言语，将属灵的话解释属灵的事。然而，属血气的人不领会神圣灵的事，反倒以为愚拙；并且不能知道，因为这些事唯有属灵的人才能看透。属灵的人能看透万事，却没有一人能看透了他。"谁曾知道主的心，去教导他呢？"但我们是有基督的心了。

圣灵在我们心里，帮助我们"能知道神开恩赐给我们的事"（12节）。神将基督赐给了我们，连同与基督有关的一切，也赐给了我们。换句话说，属天的智慧其实就是认识一个实实在在的人，这个人就是耶稣他自己。在《约翰福音》十六章 5 至 15 节中，耶稣为我们描绘了圣灵是如何帮助我们认识他、经历他：

现今我往差我来的父那里去,你们中间并没有人问我: "你往哪里去?"只因我将这事告诉你们,你们就满心忧愁。 然而我将真情告诉你们,我去是与你们有益的。我若不去, 保惠师就不到你们这里来;我若去,就差他来。他既来了, 就要叫世人为罪、为义、为审判,自己责备自己。为罪,是因 他们不信我;为义,是因我往父那里去,你们就不再见我;为 审判,是因这世界的王受了审判。

我还有好些事要告诉你们,但你们现在担当不了。只 等真理的圣灵来了,他要引导你们明白一切的真理,因为他 不是凭自己说的,乃是把他所听见的都说出来,并要把将来 的事告诉你们。他要荣耀我,因为他要将受于我的告诉你 们。凡父所有的,都是我的,所以我说,他要将受于我的告 诉你们。

圣灵帮助我们认识耶稣,并认识在耶稣里面我们所拥有的一切 资源。

基督徒每日的生活

为什么明白圣灵的工作是如此重要呢? 因为我们仍然必须与罪 争战。在本书第三章,我们探讨了当我们彻底改变成主耶稣的样式, 那是一幅何等美好、荣耀的图画。第十一章,我们也看到,神对重生的工作——基督为我们的罪而死,好让我们成为拥有新心的新造之人。这样的过程已经开始了,并且就我们站在神面前的地位(我们是神的儿女)而言,这个过程已经完成了!

但是,假如你也和我一样,知道这个美好的新生命会与现实生活中围绕在我们四周的罪相互抵触;而且罪也残留在我们里面。你也许会问一个问题:"如果以上所有关于圣灵的论述都已经成为事实,为什么我和其他基督徒仍在罪中如此挣扎呢?如果我的内心是崭新的,为什么我感觉起来像是没有任何改变,也没有任何事情更新呢?"

正因为如此,了解圣灵持续的工作是非常重要的。圣灵将我们的心思意念,与主耶稣及他为我们所成就的一切紧紧连结。圣灵降临在我们心中,为的是帮助我们过一个以十字架为中心的生活。我们必须天天注目耶稣的原因,可以在我们日常生活的片段中找到。下面这故事,是我自己的一个具体实例。

真实的世界(第一幕)

我喜欢舒适、安逸的生活。不,更准确地说,我爱极了舒适、安逸的生活!每天结束了辛苦的工作之后,在回家路上,我就开始期盼回到温馨舒适的家里,好好享受安静、轻松的休闲时光。每日工作中我所面对的炎热(困境),使我十分向往一个能够让我喘息的地方,享受一段安静时光。现在我们要说的是,喜欢舒适、安逸的生活并没有错;神也将休息、娱乐的祝福,交织在他创造的世界里。神自己甚至在创世第七天的时候,歇了他一切的工。

但是,正当我沉浸在关于"舒适"这个想法当中时,有一些事情发生了。我的心思意念转到了《罗马书》一章 25 节所说的:"他们将神的真实变为虚谎,去敬拜事奉受造之物,不敬奉那造物的主。"一些美好的事物成为被我尊崇的对象,取代了在我心中的真神。在我的心里,并不只是享受一件美好的事物,我开始觉得拥有这些享受,是理所当然的。难道不是吗? 我工作了一天,不应该休息一下,享受舒适的生活吗? 我的心,每天都向往着回家享受安静休息的时光。等到我把车子停到家门前时,我的心早就已经被舒适所诱惑,迫不及待地扑进舒适生活的怀抱里。这时候,舒适再也不是一件应当可以享受的事了,因为我对舒适的需求已经高过对神的需要了。

当我走进家门时,我贪恋舒适的偶像马上遭到威胁! 我的两个孩子向我跑了过来;他们不是用拥抱来迎接我,而是向我抱怨对方独占电脑,不肯轮流使用。正当这两个孩子抱怨之时,其他两个又来要求我帮忙解决作业上的问题。接下来,我太太说了以下的话,作为这个场景的结语:"这一整天忙下来,我也累坏了。"言下之意就是,她期盼我独自解决这些难题。

当舒适主宰、支配着我的心时,这样一个场景马上把我变成一个训练营的军官。我转身面向我前面的两个孩子,厉声说道:"让你姐姐先用半小时,然后你再用半小时。"如果他们不服抗议,我一定会提高音量,甚至威胁把电脑关掉,谁都别想用。当这两位"舒适掠夺者"

被我镇压之后,我马上转向其他两个孩子,对他们的功课扯开喉咙、大声指挥命令一番;如果他们胆敢回嘴,我可以用对付前面两个孩子的策略,对后面两个孩子照本宣科,毕竟那样的方式对前面两个孩子而言,似乎相当管用。目前,四个小孩表现得相当得体、有序了,所以我现在可以有一点时间来和太太"沟通"一下:"你怎么会在我回到家前,没有把这些孩子都搞定呢? 一整天的工作辛劳之后,我不应该享有这种一回家就被这些荒谬的密集炮弹轰炸的待遇吧?"很自然的,这时我太太也会有一些激怒人心的话从她口里传达出来!

在这里究竟发生了什么事呢? 我的心被我的罪所缠累,这样的结果从我的行为表现出来。我敬拜的对象不再是神,而是用舒适、安逸取代了神,并成为我的偶像。这种垂直关系出现的偏差,立刻就影响到横向的家庭关系。我利用操控来达到目的,不仅以有罪的行为得罪了我的家庭,更使神的名蒙上阴影。我破坏了十诫第四到第十条诫命,因为在回家的路上,我无法持守第一到第三条诫命。在我的生活中,我允许我的心被神以外的其他事物所掌控。我需要在敬拜的先后次序上做一个极大的调整,才能用正确的态度来爱家人,给他们带来祝福,使神的名得到荣耀。除非有十字架作为我生活的中心,否则我是无法做到这一点的。

以十字架为中心的生活

以十字架为中心的生活究竟代表什么意思? 请注意,使徒保罗在所写的书信中,自始至终都用十字架作为重点。在《哥林多前书》一章23节,他说:"我们却是传钉十字架的基督,在犹太人为绊脚石,在外邦人为愚拙。"在《哥林多前书》二章1至2节中,他又说:"弟兄们,从前我到你们那里去,并没有用高言大智对你们宣传神的奥秘。因为我曾定了主意,在你们中间不知道别的,只知道耶稣基督并他钉十字架。"在《歌罗西书》一章28至29节,他说:"我们传扬他(耶稣基督),是用诸般的智慧,劝戒各人,教导各人,要把各人在基督里完完全全地引到神面前。我也为此劳苦,照着他在我里面运用的大能尽心竭力。"

当保罗讲述以上经文时,他着重于十字架上的刑罚,并用十字架来总结基督所做的工作。保罗不是只教导信徒耶稣在十字架上的死,如果你还看见其他圣经作者的教导,你会发现保罗更是包含主耶稣在创世之初就有的天上的荣耀;他的道成肉身;忍辱顺服以至于死,且死在十字架上;他的复活;他的升天;他替我们在天上祈祷,以及他将会再来审判这个世界……当保罗与其他圣经作者着重在十字架时,他们特别强调一个事实:若失去耶稣为我们的罪而付上牺牲自己性命的代价,我们根本不可能享受在耶稣基督里的任何益处!我们需要耶稣成为公义的桥梁,好让我们能坦然无惧来到神的施恩宝座前。因此,每当我们讨论以十字架为中心的生活时,我们包含了所有关于耶稣的层面:主耶稣替我们所做的赎罪工作;因为他,我们可以享受的益处。这些益处包括我们蒙拣选、神的呼召、重生、称义、收养为神的儿女、成圣，以及至终的荣耀。

让我们先从以下方向开始思考：所有的人，都是依据他所认定的身份来过每日的生活。这些感受包括我们自己是谁、我们像什么、我们究竟有多少价值。我们其中绝大部分的人并不明白这些对自己的定义是什么，但是，这些看法都会决定我们在日常生活中如何回应所面对的每一件事；特别是当我们在生活中遇到炎热（困境与逆境）时，这些看法也会影响我们如何回应。

从第十一章中我们看到，身为基督徒，我们对自己的定义是："在基督里新造的人。"基督徒的里面是崭新的，石心已经被肉心取代。在这一章中，我们将更详细说明，在基督里，你究竟是谁？此外，也会解释"认识并且看我们是新造的人"会如何帮助你去认罪悔改，好让你在恩典中成长。所以，基督徒应当拥有以十字架为中心的眼光来审视自己，并且由"基督的生、死和复活，已将他转变成新造的人"来定义自己。

你的身份：我是谁？

很多基督徒并不明白，以十字架为中心的生活究竟是什么意思。就这一点，你有多少了解呢？你对自己的认识，有多少程度是按照"耶稣基督在十字架上为你所成就的事"这个角度来衡量的呢？早晨起床时，有什么实际身份影响你每天生活的方式？有什么身份是建立在你所从事的工作，或是建立在你所拥有的技能上？也许你会说：

"我是一位商人。""我是一个牧师。""我是一位全职父亲、母亲。"请问你有没有注意到,这些功能上的身份是如何成为你对自己身份的认定;而我们对身份的认定,并没有建立在神对我们的呼召之上。或者,你以过去的经历来对你自己下定义?"我是被性侵的幸存者"、"我是个酒鬼"、"我在一个不健全的家庭里长大"。还有一些人,将他们眼前所面临的挣扎,当作自己身份的象征。"我有忧郁症"、"我是躁郁症患者"、"我是个容易暴怒的人"。

尽管基督徒不应该忽视自己的恩赐,也不能置过去的遭遇于不顾,更不能逃避目前所面对的困境;但是,所有这一切,都不可以替代信徒在耶稣基督里的真实身份。"在基督里,我是一个新造的人。这个新造的人,刚好选择了'做生意'、'牧师'、'全时间教养孩子'作为工作。"是耶稣来定义我这一个人,不是我的呼召或是我的工作来为我下定义。"虽然我在过去曾被别人伤害,在忧郁症与愤怒当中挣扎;但是,我是一名基督徒。"我最根本的身份建立在十字架上的基督,而这个身份超越了我正在经历的所有挣扎。

你是否明白"以十字架为中心过每天的生活"到底代表什么意思,又是怎样的一种境况?有不少基督徒认为,十字架是为了让你变成一个基督徒,可以进入天堂。他们认为,我需要求得神的赦免,当我死时我才能避免神的审判;一旦我成为基督徒之后,我需要努力表现,好追随基督圣洁的典范。但是,这个观点的狡诈在于,只有部分正确而已。一旦你成为一名基督徒,你确实是不断追求灵命的成长;

你确实是在信心中积极追求顺服主的生活（参考《罗马书》一章 5 节；《罗马书》十六章 26 节；《加拉太书》五章 6 节）；你也确实是致力于属灵争战当中。然而，在成为圣洁、效法基督的过程当中，你绝对不能缩减对基督十字架持续不断的需求。

基督徒的平常生活是怎样的？

请来看看安迪的例子。安迪五年前接受耶稣，成为一名基督徒。在信主后的头三年里，他每天早上都花一个小时读经、祷告。他从不缺席团契的聚会，积极与信徒相交，并经常和人分享他在新生命中所得着的。但是在过去两年中，安迪一直在罪恶感当中挣扎。他渐渐与其他信徒疏远，也不像从前那样热衷于谈论基督在他生命中的工作了。此外，安迪也开始挣扎于饮食过度的问题，有时他也会上网购物，随便买一些不必要的商品。他表示，当他心情不好时，网购能让他觉得快活。换句话说，安迪在不知不觉中又回到他成为基督徒之前那些操控他的旧习惯中。

安迪的朋友认为他开始出现问题时，大约就是他第一次忽略灵修的时候。因此，安迪就更加卖力地读经和祷告，但是与过往比较起来，整个情形似乎不再一样了。圣经变得干涩无味；祷告时，安迪也不能够集中他的思绪。安迪究竟是出了什么问题呢？绝大部分的人给安迪所下的结论，与他的朋友差不多。他们都认为是因为安迪变懒了，他没有运用神给他的一切经历——读经、祷告、团契、事工与服事来帮助他成长。诚然，所有这些都是影响安迪属灵状况下滑的因素。

但是，安迪的问题其实比这些更深一层。他真正问题的开始，远比他第一次忽略灵修的时间更早。安迪出现问题的时间，几乎与他决志信主的时间同时开始——安迪忽略了他其实应该经常需要基督的十字架。假如你认识安迪的时候，是他基督徒生命中的头三年。那时，他正在努力埋首于基础的灵命造就之中；你所遇到的安迪，是一个充满自信的人。当其他人挣扎于个人灵修和生命见证时，他会很快地跳起来，指正别人的软弱。

尽管安迪已经来到基督面前，承认除了基督的怜恤之外，他是毫无盼望、迷失方向的人；然而，他很快就以基督徒生命的长进皆须靠他自己的心态来过生活。安迪对自己实际身份的看法是，"基督领我进入他的国度，我则须完成剩下的工作；所以，一切就看我的了。"在头三年里，他相当自傲；因为他付出了许多努力，他的改变是显著的，他前进的速度可以说是很成功的标志。也正由于他靠自己的努力和成就，他非常自信。他认为自己的罪已经被神赦免了，此外，又看到自己在灵命上一步一步向前走，于是，耶稣基督的十字架已经不再是他所需要的了。因此，"被神接纳"这个概念，很快地从"基督为他做了什么"转变为"他为基督做了什么"。同时，因为他的努力很有成效，他就不免自以为义，用他的成就来论断那些不如他的人。当有人指正他的态度时，他就会表现出非常强烈的自我保护意识。

在过去两年当中，虽然他外在的行为模式已经有所改变，但是他的问题却依然如故。对于自己追求正义的努力，安迪不再感到骄傲，反而感到内疚、羞愧，有时他还会感到极度忧郁；此外，他也变得容易妥协于旧有的试探。他觉得自己像个失败者，因为他已无法维持先前拥有的规律的属灵生活。安迪真正的问题究竟在哪里呢？在安迪两个不同阶段的基督徒生活当中，基督在十字架上的工作已被彻底忽视，取而代之的是安迪自己的努力。在安迪的基督徒生命当中，头三年显示出"没有基督的行为主义"（Christ-less activism），它产生了骄傲和自我满足；近几年则显示出"没有基督的消极主义"（Christ-less passivity），它产生了罪咎感、忧郁、很多的坏习惯。在外表上看来，"没有基督的行为主义"似乎并不太糟糕；但是，它和"没有基督的消极主义"比较起来，具有同样的危险。

不幸的是，安迪的例子并不是例外。许多基督徒在他们基督徒生涯的最初阶段，都十分清楚，他们需要基督；但是，很快地，他们便忽略基督必须自始至终贯穿在整个基督徒的生命当中。如果安迪在头三年基督徒的生活中，能持续将十字架放在核心的地位，他就可以避免自我骄傲与自我为义。因为十字架会每日提醒他：在他生命中所存在的任何好事，皆出于基督的恩典和大能在他身上作工的缘故，而他也就可以应付后两年的失败；因为十字架会每日提醒他：虽然他是软弱的，但基督已经给了他一个全新的身份和一个安全的避难所，来诚实对付他的罪。

信心与悔改是关键

你如何避免过一个没有十字架的生活？答案是，在每时每刻操练信心和悔改。信心帮助我们持守基督的恩典和怜悯，免得我们绝望；悔改帮助我们时时看到面对罪的挣扎，免得我们骄傲。这就是安迪在终其一生的基督徒生命里所需要的；同样的，这也是每一个基督徒所需要的。可是，今天仍然有许多基督徒认为，信心和悔改只是进入基督徒生活的方法；他们不了解信心与悔改必须贯穿在整个基督徒生命当中。信心与悔改能使我们具有对抗罪的能力，将我们与基督时时刻刻连结在一起。换句话说，信心是"看见基督的荣耀与恩典，并回转向他"；而悔改是"承认自己的罪，并转离罪"。它们是一个铜板的两面，在基督徒生命的成长与转变上，两者都是必要的。

信心：明白在基督里，你是谁

悔改、转离罪不是一件容易的事；因为，这表示你要承认你是错的。在每个人心里，有个倾向会使我们避免这么做。你最后一次承认你错了并请求别人的原谅是在什么时候？最困难的一点是什么？毫无疑问，你自己的骄傲是最大的绊脚石；除此之外，也许你害怕别人不会原谅你，或者抓住你承认的过犯来攻击你。但是，如果你事先就知道这个人会乐意接纳你，这会不会让你觉得认错和求饶恕是让你经历自由释放的途径？当然会！

《约翰一书》是呼召我们自我省察和追求圣洁的一封书信；在这

封信中,约翰为我们描绘了一幅"在基督里,我们究竟是谁"的美好图画。我们若要承认和转离自己的罪,注目在基督身上则是关键。在这里,《约翰一书》教导我们:借着在基督里的重生,我们的里面(心)是崭新的(参考二章 29 节),这也是我们在第十一章所论及的深奥真理。此外,《约翰一书》也教导我们:有一天,我们会完全被改变(参考三章 2 节),这就是我们在第三章所学习到的。最后,《约翰一书》又说:我们拥有一个新的地位——不仅被称为义,而且被神接纳并收养成为他的儿女。这些因素,在我们活出基督徒的生命时会发挥决定性的作用,不容轻看其中任何一项。在此章中,我们将重点放在探讨我们在基督里全新的地位,以及其不可动摇的合法性。这种理解会让我们渴望悔改和追求圣洁。

你已被称义

《约翰一书》二章 1 至 2 节,对我们的称义有相当清楚的描述。

> 我小子们哪,我将这些话写给你们,是要叫你们不犯罪。若有人犯罪,在父那里我们有一位中保,就是那义者耶稣基督。他为我们的罪作了挽回祭,不是单为我们的罪,也是为普天下人的罪。

在第一节中,我们看见基督徒一直在与罪挣扎。约翰视他的读者是基督里所生的孩子们一般。他渴望能看见他们在圣洁上多有长进；但实际上，他们的生命里仍然会犯罪。在第九至十章中，我们已经详尽探讨过这些；我们对十字架的需要永无止尽！

但是，第一节又继续说：基督是我们的辩护律师。约翰说，当我们犯罪时，耶稣代表我们向天父说话，并为我们辩护，说我们不应该为我们的罪受罚。因为我们的罪已经被偿还；在基督里，我们在律法上已经被称为义。他会说一些类似以下的话："天父啊！我知道_____犯了罪，他的生命需要改变；但是，你若要因他的罪审问他、定罪他并谴责他，那就不公义了；因为这是因着同一条罪，惩罚了他和我两个人。天父啊！那是不公义的。"《约翰一书》一章 9 节说："我们若认自己的罪，神是信实的，是公义的，必要赦免我们的罪。"神赦免了我们，所以我们是公义的，因为耶稣已经为我们的罪付上赎价。

有一件令人惊奇的事是，对于我们的称义，许多基督徒都没有看见，并且没有妥善应用：神不但因基督为你的罪付了代价，赦免了你的罪；他还因基督已为你完全顺服了律法而视你如同完全顺服了律法。基督是你的公义；这样的事实，着实让人惊叹不已！

你已被收养

好像我们的称义还是不够似的，神甚至做了更多的事！在《约翰一书》三章 1 至 3 节，我们发现了一段生动的描写，描述我们被神收养为后嗣。

> 你看父赐给我们是何等的慈爱，使我们得称为神的儿女，我们也真是他的儿女！世人所以不认识我们，是因未曾认识他。亲爱的弟兄啊，我们现在是神的儿女，将来如何，还未显明。但我们知道，主若显现，我们必要像他，因为必得见他的真体。凡向他有这指望的，就洁净自己，像他洁净一样。

第一节中显示出一件令人相当欣喜的事实：基督徒与神已经有一种崭新的关系。因为我们已被称义了，所以我们受到欢迎，受邀进入神的同在及神的家中。神不再是我们的审判官，而是我们的天父。从这节经文中可以看出，约翰的喜乐溢于言表，因为神所做的，比使我们称义更多。在以下三个方面，我们看见了这个事实：

1. 虽然在许多不同的英文圣经版本当中，这一点不一定很明显。从第一节开始，约翰是用"看啊"（Behold）这个字；他是在说，"请停下来思考这件事情！不要错过这个令人难以置信的真理。"

2. 被翻译成"何等"（How great）的词汇，若逐字翻译的话，意思是："从什么样的国家来"的恩典啊！若以更现代的方式来翻译,意思是:"这是从哪个星球(外星世界)来"的恩典啊！天父的爱是如此无法测度、难以言喻。唯一的解释就是,神自己就是这种爱的起源。

3. 当约翰说"我们也真是他的儿女"时,他几乎无法克制自己。他说:"你相信吗？我们不仅被称义,还成为神的儿女。这是何等令人惊奇的爱啊！"

第二至三节继续谈论到:天父的奇妙大爱,激励我们为他而活。当我们正确了解天父的慈爱时,必然会激动我们往圣洁的方向迈进,并在恩典中成长。所以这个次序十分重要:我是一个新造的人,被神完全接纳、收养与释放;所以,我要讨神的喜悦。我们不能说:我要尝试讨神的喜悦;这样,我也许可以成为一个新造的人,可以蒙神接纳,并且希望神会收养我,完全释放我！

这个事实就是,你已向罪死了(第十一章);因着基督在十字架上为你所成就的,你与天父已有一段崭新的关系(第十二章)。每日你都应该这样来看自己。圣父、圣子、圣灵已经完成了令人不可思议的大事——让罪人亲近神！在基督徒的生命当中,以上的真理应当产生什么样的果效？我们会深深感恩,并且获得崭新的自信,天天面对自己的罪,诚心悔改。此外,神收养我成为他儿女的事实也会提醒我,我已成为新家庭中的一员了——基督的身体(教会)。生命成长与改变的过程,应该在我与这些主内弟兄姐妹的关系中完成。

悔改：转离罪

当一位基督徒将自己立基于这个崭新的身份上时（第十一章），就会显示出一个悔改的生命。在《路加福音》十五章 11 至 32 节浪子回头的故事中，圣经让我们看见一个充满信心与悔改的图画，究竟会是一个什么模样。也因此，我们就可以了解罪的丑恶和十字架的美善。

> 耶稣又说，一个人有两个儿子，小儿子对父亲说："父亲，请你把我应得的家业分给我。"他父亲就把产业分给他们。
>
> 过了不多几日，小儿子就把他一切所有的都收拾起来，往远方去了。在那里任意放荡，浪费资财。既耗尽了一切所有的，又遇着那地方大遭饥荒，就穷苦起来。于是去投靠那地方的一个人；那人打发他到田里去放猪。他恨不得拿猪所吃的豆荚充饥，也没有人给他。
>
> 他醒悟过来，就说："我父亲有多少的雇工，口粮有余，我倒在这里饿死吗？我要起来，到我父亲那里去，向他说：'父亲！我得罪了天，又得罪了你；从今以后，我不配称为你的儿子，把我当作一个雇工吧！'"于是起来，往他父亲那里去。

相离还远，他父亲看见，就动了慈心，跑去抱着他的颈项，连连与他亲嘴。

儿子说："父亲！我得罪了天，又得罪了你；从今以后，我不配称为你的儿子。"

父亲却吩咐仆人说："把那上好的袍子快拿出来给他穿；把戒指戴在他指头上；把鞋穿在他脚上；把那肥牛犊牵来宰了，我们可以吃喝快乐；因为我这个儿子是死而复活、失而又得的。"他们就快乐起来。

那时，大儿子正在田里。他回来，离家不远，听见作乐跳舞的声音，便叫过一个仆人来，问是什么事。仆人说："你兄弟来了；你父亲因为得他无灾无病地回来，把肥牛犊宰了。"

大儿子却生气，不肯进去；他父亲就出来劝他。他对父亲说："我服事你这多年，从来没有违背过你的命，你并没有给我一只山羊羔，叫我和朋友一同快乐。但你这个儿子和娼妓吞尽了你的产业，他一来了，你倒为他宰了肥牛犊。"

父亲对他说："儿啊！你常和我同在，我一切所有的都是你的；只是你这个兄弟是死而复活、失而又得的，所以我们理当欢喜快乐。"

三个要素

由信心所驱使的悔改有三个要素。

觉醒：“他醒悟过来”（17 节）

若盼望改变持续发生，你必须看见你最大的问题是你自己，而不是你的环境。不管事情有多困难，你最大的需要是认识神，并且被神所认识。在浪子回头的故事中，困难与贫穷让他对自己的真实处境有所觉醒。而神不也是常常运用炎热（顺境与逆境），来带领我们对自我有一个醒悟吗？从初浅的悔改为起始，渐渐变成深入的悔改；你开始对许多列在下面的事物有所觉醒。当这些事情发生时，改变就开始了！

- 你开始认识到，原来生命在很大的程度上是与道德紧密关联的。
- 你对生命有了全新并且庄严的认识；你看到罪的真实、苦难，以及对恩典的需要。
- 短暂的欢愉不再吸引你的注意力。这是一个由合乎圣经教导的悔改所发出的生命。
- 当你思考你的处境时，你开始明白圣经中的真理。
- 圣经对你个人开始变得有意义；仿佛圣经就是写给你个人生命的启示。

- 你开始将你的心和行为连结到一起。
- 你开始看见神是一位满有恩典和怜悯的神。对你而言，他开始变得越来越荣美，越来越有吸引力。

正视真相："他承认他的罪"（18 节）

在觉醒之后，跟随而来的是真实的悔改。如果这些事情发生了，我们就不会轻看神的恩典，而且会包含以下三件事：

- 属神的忧伤，不是属世的忧伤。浪子看见了他的罪，不但得罪了他的父亲，也得罪了天。这是属神的忧伤，而非属世的忧伤（参考《哥林多后书》七章 10 节）。属世的忧伤只有在——你被逮着了；或是，你未能活出你自己的标准或潜能；或是，你正经历到你的罪所导致的后果时——所感到的忧伤。总之，属世的忧伤是自我中心的；属神的忧伤则是着重在对神的冒犯和对他人的伤害。属神的忧伤特别会让人看见我轻看了神的爱（而不只是轻看了他的诚命而已）。属世的忧伤会产生自怜的眼泪；但是，属神的忧伤则会产生真实的谦卑。
- 看见在罪行之下的罪性。你开始看见在你的行为表现之下，你内心的罪性；就是那些偶像崇拜的谎言，驱使你去做你正在做的事情。请记住，在你违反第四到十条诚命之前，你其实先违反了第一至三条的诚命；你为了追求外在的人事物，而遗弃了神的爱。悔改让你看见你在属灵上是何等盲目。你不再寻找辩解的理由、借口或怪罪他人，乃是诚实的自我省察。你开始愿意看到自我的问题，而不再为自己辩护，或是感到沮丧。

- 为自己的罪和自以为义而悔改。你开始为你的"义行"，而不是只为你的罪行悔改。这是什么意思呢？每当我们试图靠自己的努力，或在基督以外来建立我们的生活时，我们是想要靠自己称义。我们设法在基督以外建立另一个义，好让我们觉得可以让神接纳我们、让其他人接纳我们，甚至让我们能自我接纳。这种靠自己的努力去赢得神儿女身份的基督徒，最后所结出的果子，必然是荆棘丛的恶果。真实的悔改使一个基督徒不仅认识到靠自己所结的恶果，也能够分辨出自己心中所谓"行善事"的真实动机，其实来自于替代了真神的偶像。真实的悔改，同时也是在这些方面彻底悔改。

举例来说，你觉得除非为某人做一些事情，不然你就无法被神、被其他人或被你自己所接纳；那么，你被接纳的盼望就不是放在耶稣基督的身上，而是放在得到别人的认可，使自己在别人眼里貌似真正肯为他人牺牲的人一般。圣经中的悔改会让你后悔这些倚靠自己的行为，因为这些人为的努力并不会让你与神建立正确的关系。

改变重心：“他跑向他父亲慈悲的怀抱里”（20 节）

当你像这个浪子一样彻底认罪、悔改时，圣父、圣子、圣灵的爱开始变得十分宝贵；曾经如此诱惑人的虚假身份（自以为义、畏惧人而非畏惧神等）和偶像（替代神的事物），顿时失去其吸引力。你开始经历基督的爱；当这一切开始时，也就是你的生命开始改变时。在浪子的故事中，请注意那父亲对儿子的爱是多么慷慨；这位父亲甚至朝着他那谦卑、悔改的儿子奔跑而去。它告诉我们，真实的悔改看起来究竟像什么？

- 当你承认你的罪并寻求赦免和恩典时，你便开始在基督所成就的工作里找到了安息。
- 你变得越来越小，而基督变得越来越大；这种自我渺小的心态，与自我厌恶的心态大不相同。这是一种截然不同、合神心意的自我忘却。
- 你会定睛在基督身上，而非只专注在自己的罪里。
- 你会获得新的能力、喜乐、感恩、盼望、忍耐，以及全新的生活目标。

在第十一章里，我们看见基督为我们降生、受死和复活，让我们成为新造的人，粉碎了罪在我们生命中的权势。在本章中，我们又看见如何倚靠十字架来应付与面对持续不断的罪。一旦我们牢记自己已经被更新、被称义和被收养为属神儿女的新身份时，我们就会在灵命上有所长进。这个新的身份与大能使我们追求讨神喜悦的事，也承认我们的罪，转离罪恶。这是一个强大的动力，会给信徒带来奇妙的自由！

日常生活与基督里的新身份

好的神学应用在日常生活里，是具有能力的。我在本章开始时谈过对抗"舒适"这一偶像的争战，现在我们一起来看看如何从十字架的角度审视这一问题。

真实的世界（第二幕）

在办公室工作一天之后，我的脑子里开始梦想着回到温馨的家，好好安静一下，享受轻松的生活。但是，圣灵在我心里提醒我，不应该将过分追求舒适、安逸生活的心态，视为理所当然。我清楚记得当我过分追求舒适的生活，就会导致我用带有罪性的态度对待我的家人。所以，在我开车回家的路上，我省察了自己的心。首先，我意识到我最大的问题出在自己，而不是我的生活环境；并且，在基督里，我拥有一切所需来活出讨他喜悦的生活。其次，我意识到，自己对于舒适生活的向往，超过了对主的追求。我需要在这方面认罪悔改，同时找到一件更荣耀神的事情，重新抓住我的心思意念，使我不至于再偏行己路。我将"舒适"与"神的荣耀"、"在主里真实的身份"相互比较，忽然间,我的心中充满了感恩。

为了使我的心对准神的心意,我常常用《腓立比书》二章 1 至 11 节作为参考。这段圣经重点描述了耶稣基督如何离开荣耀的天家,降世为人,忍辱、顺服,以至于为我们的罪死在十字架上,并且让我们看到神是如何让他从死里复活,升入高天。在我的例子当中,我会这样自我省察:

1. 舒适生活,虽然在我的眼里,你是何其美好;但是,你可曾为了我离开你荣耀高贵的宝座,为我降卑吗?

2. 舒适生活,你可曾进入我的世界,为了拯救我而替我遭受苦难吗?

3. 舒适生活,你可曾流下你的宝血,只为洗净我的罪?

4. 舒适生活,你可曾为了我的好处,从死里复活呢?你可曾应许我,要赐给我新生命,给我能力过新的生活?

5. 舒适生活,你可曾应许我,要赐圣灵给我,使我的心意得到真实的满足;这种满足帮助我活出讨神喜悦的生活,不屈服于我对属世舒适的爱慕?

6. 舒适生活,你可曾应许过我,在天父面前为我辩护,好让我能在面临试炼时,仍能坚定不移?

7. 舒适生活,你可曾应许我会再来,将我从被世俗虚浮的荣耀所奴役的境况中解救出来?

我如此省察内心时，可以看见基督正在他自己的荣耀里，我也会看见我在他里面的一切好处。这时，我就能够因自己将舒适升高为偶像的罪而悔改，并且将舒适的欲望调整到正确的位置上。舒适、安逸的生活是神所赐的祝福，我们可以享受它，却不是用来敬拜、尊崇它。

在我开车回家的路上，圣灵在我心里动工。我经历了头脑能够理解的悔改与信心之旅，辨识出我行为上的罪其实是导因于内心深处的罪；我将福音实际应用到自己的生活当中。这时，追求舒适生活的根源开始枯萎；我将生命的根源更深连结于我真实的葡萄树——耶稣基督。

当我回到家、面对相同场景时，这个回归到神自己、垂直向上的重新定位，会改变我与家人的互动模式。我会以服事、照顾家人的心态来对待他们，我会试图用友善、耐心、温柔的态度来处理家事。或许，我还是需要对孩子们严加管束，但是，他们看到的爸爸，不会再是那个魔鬼训练营的军官；而是一个牧羊人，关心他们的需要。我的太太所面对的，也不是那个一味指责，认为提供舒适生活给整天劳碌的丈夫就是她的工作的人。她会遇见一位生活中的伴侣，愿意与她共同面对生活中的困境、承担生活中的挑战。同时，她也将看到一个在基督里找到真实身份的丈夫，并且会扶持她，在基督里活出同样属神儿女的身份与价值。

活出信与悔改的生活，是将出于罪性的行为钉死在十字架上，并且在正义的道路上越走越坚定。那位在天上呼召我们过顺服生活的天父,早已为我们预备了奔走天路所需要的一切资源。当我们跌倒时,他应许我们,永远不会离弃或掩面不看我们。他借着圣灵一次又一次赢回我们的心,并且当我们愿意悔改的时候,他都加倍将他的恩典赐给我们。正是因为经历过无数次这样的恩典,我这个为人夫、为人父的基督徒,才能有如此感恩的心态!

第 **13** 章

内心真实的改变
——果实篇(上)

本书第二章开头部分,我们读到这样一段话:"再也没有一件事情会比需要改变来得更加明确;但是,究竟需要改变什么以及改变是如何发生的,却不是人人都很清楚。"经过这么多篇幅的阐述,我们盼望当你此刻再读到这段话时,你的脑海中已经有了比较清楚的概念!当我们活在一个与救赎主相交的生活,并且拥有他所带来的一切益处时,我们生命的改变与成长是指日可待的。

诊断:只是开始而已

但是我们还没有完全讲完呢!我们很容易倾向只停留在分析问题究竟出在哪里,假装我们已经完成所有该做的事了。但是,根据圣经的说法,若我们只停留在这里,那么本书充其量只是一本相当拙劣的作品而已。除非我们在人际关系或生活中看见改变,否则生命的成长与改变绝对不可能真正发生。我们对事情的了解并不代表我们已经将问题解决了。

举例来说吧。假如你的汽车坏了,你将车子拉到修车行,修车师傅将车子连上各种精密的测量仪表,经过一番检查之后,得出结论说:"曲轴箱坏了!"然后,他把你的车子从升降机上卸下来,盖好盖子,递给你一张账单,告诉你,车子的问题已经解决了,请付钱吧！这时我相信十有八九你会让修车师傅把你的车子再放回到升降架上,给你换一个新的曲轴箱。

在基督徒生活中,也是同样的道理。只停留在诊断问题是不够的。你需要在你的行为上,真实活出具体的改变。在《雅各书》二章26节,雅各用一种毫不客气的口吻说:"*身体没有灵魂是死的,信心没有行为也是死的。*"使徒保罗在《罗马书》中表达了同样的意思,他说信心必定会导致行为上的顺服(参考《罗马书》一章5节,十六章26节)。在《加拉太书》五章6节,保罗说:"*唯独使人生发仁爱的信心才有功效。*"

当你此时回头再看前面的章节时,你是否能看见神的爱是如何使人战胜罪恶,并且克服罪所带来的毁灭影响？即使是在艰难的环境中奋力尝试,好的果实是绝对有可能的。活出一个以神为中心、倚靠基督的生活,进而展现出神的大能及美善,并不是只有为特别敬虔的弟兄姐妹所存留的。当任何一位信徒倚靠基督时,都可以拥有敬虔的经历。在本章中,我们将重点放在结出好果子的心究竟是哪一种。在第十四章中我们将探讨好果子的生活看起来是什么模样。

从心中所流露出来的[1]

圣经运用心(heart)这个字来描绘我们的本相。在希伯来文和希腊文中,有几处翻译成"心"的地方,都是用来描述某件事情、事物的"核心"(参考《申命记》四章 11 节——神在他子民的中心;《约拿书》二章 3 节——约拿在海浪的中心;《马太福音》十二章 40 节——耶稣被埋在地的深处)。所以,当圣经说到基督徒的生活时,吩咐我们要竭尽心力来爱神。神不能只活在我们生活的周围而已;除非我们将他置于生活的核心,否则他是不会满足的! 全心全意并喜乐地献上我们自己,是神对我们的期望。

以上论述和一般人对基督徒生活的看法,有相当明显的对比。对大多数非基督徒而言(也包含许多基督徒在内),基督徒的生活只是遵守一套教规和教条的生活。虽然神的确关心个人的行为,但是圣经为信徒的生活提供了一个更完整的救赎图画。在这幅图画里,它描述基督徒的生活乃是一个与神之间崭新又充满荣光的关系;而在我们的日常生活中,这层关系让盼望从我们心中流露出来!

一个基督徒与众不同之处,是在他的生命之中,有了神圣洁的爱。神在我们里面想要创造的回应,就是从我们心中向他发出纯洁、毫无掩饰的爱的回应。这也是为什么神用婚姻的比喻来描述我们与他之间的关系。这人世间最亲密关系的描述,不过是神与我们关系的起头而已,而这层关系亦帮助我们明白,为什么我们必须顺服神的诫命，追求过敬虔的生活有这么重要。

爱与规范并不冲突

假设有一位单身女士，在一个颇具规模和拥有许多雇员的公司工作。在办公室的尽头有一道门，外面挂了一个公告栏。这个办公室是老板的办公室，而这公告栏就是老板张贴员工守则的地方。假定她刚刚开始在这家公司上班，尚未与老板见过面，那么她对老板和他的公告栏会有什么感受？很可能，她对老板心中既充满敬畏，又有几分惧怕。因此，她对公告栏上的制度和规则或多或少也有些畏惧，甚至厌恶。这些企图规范她、使她的工作绩效提升到最大功效的规条，对她并无鼓舞和激励的功能；她反而将这些规则当作是为了避免被解雇而必须遵守的义务与职责。

现在，让我们想象一下：几个月后，这个老板（为了方便说明，我们假设这个老板是一位单身男士）与这位女员工发展了一段合宜的关系。他们开始花时间一起去教会、结识彼此的朋友，或在其他不同场合中同进同出。最后，他们结婚了。在这段期间，随着她对这位过去是老板、现在是丈夫的人在情感上所发生的变化，当她再看自己丈夫所制定的制度和条例时，她的看法也有了很大变化。现在，这些规则对她而言已不再是重担，反而变成为她心甘乐意逐条遵守的"爱之约"，只为了回馈丈夫的爱，荣耀他，使他的心得着满足。

是什么改变了？不是规则改变了，是彼此关系的本质与她对这位制定规则的人的心态改变了。虽然对办公室恋情议题而言,这不是一个相当完美的比喻;但对基督徒的生活来说,它却指出一些真理。一个崭新的生活方式,是信徒生活外显的果实。这个果实不是从"毫无感情、机械地顺从神的命令"这样的心中所衍生出来的,而是从"被神的爱牢牢吸引、真正明白制定律法的人的心意"这样的心态中衍生出来的。诚然,在信主后的生活中,有些时候,信徒的确还是会发现,完全遵守这些条规是很困难的一件事;但是,即使当挣扎的困难度已经超出我们能理解的范围,但是这些规范仍然在那里。存在的原因没有别的,只因为有一位神关爱着你。

　　整本圣经中,心被描述为动机的所在,我们甚至可以在圣经中找到九百多处有关"心"的描述。下面让我们来看几处经文,就可以看出心的更新与改变,对于顺服神的心意、遵守他的规范是多么重要。

顺服的心

　　如果有人请你用最简单的话来概括基督信仰,你会怎样回答?在圣经中,当文士(律法教师)逼问耶稣这个问题时,耶稣的回答是,真正的顺服是出于一颗被神更新、改变了的心。他这个回答再一次回应了几个世纪以来,神不断向人发出的启示和召唤,神看重的是从心里的顺服。任何减少,终将沦为空洞与伪善,因为心是一切成长与改变的核心。

有一个文士来，听见他们辩论，晓得耶稣回答得好，就问他说：诚命中哪是第一要紧的呢？

耶稣回答说："第一要紧的就是说：'以色列啊，你要听，主我们神是独一的主。你要尽心、尽性、尽意、尽力爱主你的神。'其次就是说：'要爱人如己。'再没有比这两条诫命更大的了。"

（《马可福音》十二章 28～31 节）

在这几节经文中，主耶稣总结了十诫中的前三条诫命，将重点放在人心的层面。一个真实的敬虔生活，必须是由心发出的。

旧约对心的阐述

在《撒母耳记上》十六章 1 至 13 节，先知撒母耳正准备拣选耶西八个儿子之一，膏抹他作以色列的王。神看中牧童大卫，因为他所看重的和世人不一样，他所重视的，是大卫爱他的心。

耶和华对撒母耳说："我既厌弃扫罗作以色列的王，你为他悲伤要到几时呢？你将膏油盛满了角，我差遣你往伯利恒人耶西那里去；因为我在他众子之内，预定一个作王的。"……

他们来的时候，撒母耳看见以利押，就心里说："耶和华的受膏者必定在他面前。"耶和华却对撒母耳说:"不要看他的外貌和他身材高大,我不拣选他。因为,耶和华不像人看人:人是看外貌;耶和华是看内心。"

耶西叫亚比拿达从撒母耳面前经过,撒母耳说:"耶和华也不拣选他。"耶西又叫沙玛从撒母耳面前经过,撒母耳说:"耶和华也不拣选他。"耶西叫他七个儿子都从撒母耳面前经过,撒母耳说:"这都不是耶和华所拣选的。"

撒母耳对耶西说:"你的儿子都在这里吗?"他回答说:"还有个小的,现在放羊。"

撒母耳对耶西说:"你打发人去叫他来;他若不来,我们必不坐席。"

耶西就打发人去叫了他来。他面色光红,双目清秀,容貌俊美。

耶和华说:"这就是他,你起来膏他。"

撒母耳就用角里的膏油,在他诸兄中膏了他。从这日起,耶和华的灵就大大感动大卫。撒母耳起身回拉玛去了。

神告诫先知撒母耳,不要用世人注重外表的眼光来挑选究竟是谁作王,应当更要看重人的内心。在日后的生活中,在《诗篇》一三九篇里,大卫印证了他持续不断学到这项自我省察的真理。"神啊,求你鉴察我,知道我的心思,试炼我,知道我的意念,看在我里面有什么恶

行没有,引导我走永生的道路。"(参考《诗篇》一三九篇 23～24 节)

当你省察自己的生活时,有多少时候,你把重点放在心的层面呢?

圣经相当明确地说,世人都犯了罪,偏行己路,没有行在神的心意之中。而真正的顺服,要求我们每一个人都要有从内心深处彻底的改变。在《耶利米书》三十一章和《以西结书》三十六章,我们看到真正的顺服是从一颗被永生神吸引的心所流露出来的,神愿意对这些顺服他的人赐予丰盛的应许。这些经文洋溢着乐观的景象,述说着神与我们另立的新约,以及被神更新的心。

耶和华说:"日子将到,我要与以色列家和犹大家另立新约,不像我拉着他们祖宗的手,领他们出埃及地的时候,与他们所立的约。我虽作他们的丈夫,他们却背了我的约。"这是耶和华说的。

耶和华说:"那些日子以后,我与以色列家所立的约乃是这样:我要将我的律法放在他们里面,写在他们心上。我要作他们的神,他们要作我的子民。他们各人不再教导自己的邻舍和自己的弟兄说:'你该认识耶和华',因为他们从最小的到至大的都必认识我。我要赦免他们的罪孽,不再记念他们的罪恶。"这是耶和华说的。

(《耶利米书》三十一章 31～34 节)

同样的,先知以西结也提到神所立的"新约",与我们的"新心"。

> 我必从各国收取你们,从列邦聚集你们,引导你们归回本地。我必用清水洒在你们身上,你们就洁净了。我要洁净你们,使你们脱离一切的污秽,弃掉一切的偶像。我也要赐给你们一个新心,将新灵放在你们里面,又从你们的肉体中除掉石心,赐给你们肉心。我必将我的灵放在你们里面,使你们顺从我的律例,谨守遵行我的典章。你们必住在我所赐给你们列祖之地。你们要作我的子民,我要作你们的神。
>
> (《以西结书》三十六章 24～28 节)

请注意,在这两处经文中,它们如何将神的律法与人心之间的关系连结在一起。在《以西结书》三十六章 27 节特别描述,因为圣灵催逼我们的新心,使我们能够真正顺服神的律例。同时,这样的顺服是来自于一颗被救赎主转化,以及被救赎主完全吸引的心。

新约对心的阐述

这些在旧约中的经文预表了将来要发生的事。在《以弗所书》中,我们看见了这些应许的完全实现。在使徒保罗为以弗所的信徒祷告的时候,他说:

因此,我既听见你们信从主耶稣,亲爱众圣徒,就为你们不住地感谢神。祷告的时候,常提到你们,求我们主基督的神,荣耀的父,将那赐人智慧和启示的灵赏给你们,使你们真知道他,并且照明你们心中的眼睛,使你们知道他的恩召有何等指望,他在圣徒中得的基业有何等丰盛的荣耀,并知道他向我们这信的人所显的能力是何等浩大。

(《以弗所书》一章 15～19 节)

正如主耶稣在《马可福音》十二章回应旧约时代摩西的教导一样,使徒保罗在此处同样看到,基督就是那一位实现了在旧约中所有应许的神。耶稣是那一位借着完全从心里顺服天父的旨意,并且承担了我们这些破坏了神律法的人理当承受的刑罚,好让我们能与神重新和好。耶稣并将圣灵赐给我们;让圣灵降临,好赐给我们这些信徒一颗崭新的心,将律法写在心版上,并赐下新的能力与意愿来顺服神的律例。在《以弗所书》四至六章中,使徒保罗详尽描述了基督徒的生活应该是一个什么样的情形。

再也没有什么能比这些经文带给我们更多的盼望与自由。我的人生不是从我成长环境、物质多寡、文化背景、情感经验或是其他的事物来决定!因为神已经成就了一切,他已经满足我所有最根本的需要——救赎;所以,我可以对自己生命是否改变的可能性充满全然的信心。我最大的问题——罪——已经得着解决!神已经救赎我并赐给我一颗新的心；因此，我有能力来过一个崭新的生活。

通常你对环境的回应是什么？在你的生命中，你看到了哪些美善的果实？在哪些人际关系中，你看见充满信心的生活所结出的美好果实？在那些常常惹你生气的人身上，在何处你以忍耐待他？对于平日让你感到惧怕的人，在何处你用爱心来指正他？在你最近遇到的难处当中，有哪些试验了你，并证明了你信心的真实？在你最近得到的祝福中，有哪些试验了你，并证明了你信心的真实？请选择以上问题中的一题，反思并察验你心中所结出的果子。在哪些方面，你曾进入智慧的安息，并仰赖于你的救赎主？有哪些特别的事情，是你需要悔改（脱去）与相信（穿上）的，以至于你有力量在神和其他人面前勇敢前行？有什么关于救赎主的新真理正开始满溢在你心中，并且正在转化（变）你的生活？

个案研习[2]

从纯粹神学的角度来谈论心的改变是一件事，但是若将改变的理论带到生活层面当中，又是另外一回事。请在心中思考以上现象，看看以下这位在生活中面临难处的人，并从他的经验中学习生命如何成长与改变。此时，使徒保罗正经历身体的疾病，饱尝环境艰难，不停地与内心的罪交战。在他后来写给腓立比教会的书信中，我们看到他对当时境遇的回应。

《使徒行传》十六章告诉我们，当时使徒保罗和西拉在腓立比建立了一家教会。当他们在那里时,因为医治一位使女而被下在监狱里。后来当他在罗马因为信仰而坐监时,保罗撰写了腓立比书,来激励在腓立比教会的基督徒,纵使在困难当中,仍然要有喜乐。他怎么喜乐得起来? 在面对牢狱、逼迫之灾时,是什么力量使保罗保持内心的平安和喜乐呢? 如果主耶稣的福音能够在保罗所处的困境中真实地发挥大能,那么在你我今天的生活中,福音也同样可以大有功效。

请通读腓立比书,思考以下七个问题。每个问题都是保罗对困境的具体回应,接着是我们个人的应用。在你回应这些问题时,你就有机会对本书之前所有学过的课程作个反思。这个操练能提供你一个具体的方法,好让你利用第六章大图画(鸟瞰图)的眼光,将炎热(七、八章),荆棘(九、十章),十字架(十一、十二章),以及果实(十三、十四章)全部连接起来,运用在你的生活当中。

炎热(困境)

1a. 保罗当时的处境如何?

什么是已经摆在保罗面前、可以预见的,即将发生在他身上的重担、压力、困苦、疼痛和试探?

保罗当时被下在监里,没有办法完成传福音的使命。不仅如此,在他亲手建立并挚爱的教会信徒中间,又有许多对抗和纷争。保罗的处境是相当艰难的,因此,他心中真正的想法会毫无掩饰地显露出来。

1b. 你现在的处境如何?

你此时所面临的困境又是什么? 或许是身体上的疾病;家庭不和睦;与上司、同事之间有冲突;备受论断和批评;被他人得罪,痛苦不堪。你是否正身处极大的诱惑当中呢? 是否对你的将来不确定,或是有着可怕的担忧?

使徒保罗无法逃避脱离这个充满罪恶与痛苦的世界,而我们也是。因此,请诚实面对你的处境。在你经历基督的恩典之前,你必须辨识出来有哪些地方,是你需要神帮助的。请回头浏览第七至八章,正确评估自己目前的处境。

荆棘

2a. 当人们在困难的处境时,你预期会看到什么样的反应?

因为腓立比书中只记载了面临困境时敬虔的应对方式,所以我们没有看到有哪些不敬虔的反应。请将你自己摆在使徒保罗的处境里,看看你会倾向做出何种回应? 有几个可能的反应: 愤怒、焦躁不安、沮丧、绝望、对神的美善和智慧产生疑惑、背弃信仰、靠自己、自以为义、竭尽全力保护自我的舒适。毫无疑问,罪的表现形式因人而异。

2b. 当你身处困难的景况时,你通常会有什么样的反应?

假如是你或其他人面临与保罗同样的压力时,通常会如何回应?

你的想法、言语、态度、情感和行动将会如何？再者，当事情顺利时，人们通常会如何反应？祝福会带来什么样的试探？当你尝试思想荣耀神时，神似乎允许一些事情拦阻你前进的脚步，这时你是否对神感到灰心挫败呢？当困难临到我们的生活时，我们常常怀疑神的智慧、良善、能力、怜悯。你知道吗？这可不是一个小小的罪而已。这种质疑诋毁了神的品格，扭曲了他美善的动机。当你面对难处时，你是否沉溺于自艾自怜的心态而不能自拔呢？当神没有按照你所设想的方式行事时，你是否立刻把他放到你心中的审判席，横加指责呢？请复习第九章中那些最典型的反应模式。你是否在其中看到自己的影子呢？

3a. 有什么渴望与信念容易掌管人的心，以至于产生不敬虔的回应？

当人面对使徒保罗所面对的困境时，有什么虚假的主宰会掌管人的心？以下列出保罗所遇到的情形：

- 一章 17 节；二章 3 节；二章 21 节；三章 19 节：自私的野心。
- 三章 1 至 7 节：自以为义。
- 二章 28 节；四章 6、12 节：焦虑。

3b. 有什么渴望与信念容易掌管你的心？

当外界压力越来越大时，你会试图让自己在整个处境或是在相关人员中占上风吗？当你认为会被人利用，或是被人愚弄时，你会不会对神缺乏信心呢？你会不会害怕别人如何看你、如何评论你或对你做出什么事情，而失去在基督里的勇气呢？你会因此而对人妄下定论、散播谣言，或是频频抱怨？你对试炼的反应，通常是哪一种：被舒适所驱使的反应？被恐惧所驱使的反应？抑或是讨好他人的反应？请回到第十章，看看究竟是什么掌管着你的心，并辨明在这些处境当中，一些浮在表面的具体事情。

4a. 出于罪性的回应，会带来什么后果？

当时腓立比教会受到怎样的恶性循环的威胁？也就是说，这些不良的回应会如何加重困境、产生新的问题，或是破坏了祝福？当你以恶行回应时，你会招致什么样的后果？

- 一章 15 至 18 节：人与人的纷争。
- 三章 18 至 19 节：个人的沉沦和永远的刑罚。

我们面对困境所做出的不同反应，会产生不同的后果。无论是用敬虔的态度回应，还是以带有罪性的心态来回应，都会产生一连串需要我们处理的困境。假如我儿子没有按照我的意愿行事，我对他失去了应有的耐心，结果就会产生另外一连串的新问题。一旦我犯罪，即使我儿子勉强依照我的话去做，问题不但不会得到解决，反而更糟糕。但是,如果我用敬虔的态度处理儿子不听话的问题,虽然不能保证儿子的反应一定符合我的意愿,但是至少神要在他生命里所做的善工,不会因为我的罪而受到拦阻。

4b. 当你以带有罪性的心态对困境做出回应之后,通常会承担什么样的后果?

当你用带有罪性的心态回应困境时,你看到了什么后果? 你是否明白问题的根源,是在你心中用其他事物代替了基督的地位? 请思想当你按照自己的努力试图补救的时候,如何使问题变得更糟?

十字架

5a. 有什么能从里到外改变我们的生命? 是什么掌管着我们的心,以至于带出敬虔的回应?

在《腓立比书》中,神是如何向信徒具体揭示自己的属性? 他是谁(他的身份)? 他像什么(他的样式)? 他为我们做了些什么? 他正在做些什么? 他将要做些什么? 尽管在《腓立比书》中不可能完全找到你想要知道关于神的所有事情,但是否有哪些事情对你来讲是特别突出的呢? 更明确地说,当保罗把目光专注在基督身上时,是什么抓住了他的注意力? 是什么掌管着保罗的心? 保罗的信心怎样决定了他的生活? 是什么掌控着他对眼前环境的诠释(或作回应)? 什么是让他知足、平安、感恩和喜乐的"秘诀"? 保罗所坚信的是什么? 他所信靠、惧怕、盼望、挚爱、寻求和顺从的是什么呢？对救赎主的信心，如何让整个世界看起来不一样？信心如何能实际改变我们？怎样理解感恩、使人和睦和知足，是直接来自对神的相信、倚靠和敬畏的心呢？

- 一章 2 节：借着基督而属于我们的恩惠和平安。

- 一章 6 节，二章 13 节：一位信实和权能的神。

- 一章 19 节：基督的圣灵。

- 一章 20 至 21 节：对复活基督的信心。

- 二章 1 至 11 节：看见基督为他子民的好处而做的卑微服事。

- 二章 1 至 8 节，三章 10 至 11 节：与基督的受苦认同（如果他已受苦，我为何假设自己不应受苦？我们不应该逃避苦难；经历苦难可以领受救赎的功效，是"我与基督连合"的实证）。

- 二章 9 至 11 节、16 节：仰赖已升为至高的基督。如果他已升为至高，那么有一天我也将如此！这个世界并非我的家。

- 三章 1 至 9 节：安歇于基督已为你成就的工作，他的工作能使你称义，毫无缺乏。

- 三章 12 至 14 节：看到基督已经得着了你，并且不会放手不管。

- 三章 20 至 21 节：基督荣耀地再来。

- 一章 1、5、14、25 节，二章 19 节，三章 17 节，四章 10、18 节：其

他人的榜样。

- 一章 9 节、19 节：其他人的祷告。
- 二章 12 至 13 节：当神给我们能力时，我们就能改变自己。
- 四章 4 至 7 节：对永生神的真实敬拜。
- 四章 8 至 9 节：在真理上默想。

5b. 有什么能从里到外改变你的生命？是什么掌管着你的心？

如果在问题三中，你能够分辨出在你心中容易替代主基督的事物，那你已经走在圣灵带领你悔改以及信心的道路上。请记住，你必须看见，在你没有守住十诫第四至十条之前，你早已破坏了前三条诫命。换句话说，你不能只是肤浅地承认表面罪行，而是要从心底的罪性中真实悔改。当你找到具体需要悔改的地方时，就可以帮助你看到在自己内心及生活的哪些地方，基督需要站在最重要的位置？请运用第十一至十二章，再次思考你在哪些方面需要具体看到基督的工作。在你反思、省察内心时，《腓立比书》中哪些真理特别凸显出来，对你的心说话？这些真理不只是认知上的知识，要来改变你的思维方式；这些真理是要帮助你，在心里对主的爱更加深入！

果实

6a. 你看到什么具体的好果实？

保罗对逆境和顺境是如何反应的呢？圣经教导你用哪些具体的

方式,去顺服神?

- 一章 3 至 11 节:爱人并为他人祷告。
- 一章 12 至 13 节、15 至 18 节:关切基督的声誉,而不是保罗自己的声誉。
- 一章 3 节:感恩!
- 一章 6、12、19 至 26 节,二章 9 至 11 节,三章 13、20 至 21 节:勇气。
- 二章 1 节:鼓励、安慰,与基督、圣灵的交通。
- 二章 2 至 4 节:谦卑、仁慈、对他人的怜悯。
- 二章 12 至 18 节:在困境当中,有活力追求圣洁。
- 二章 19 至 30 节:在情感上,经历合神心意的挣扎,而不是禁欲主义般克制情感的态度。
- 四章 11 至 12 节:知足;虽然保罗已明显被得罪,他也不扮演受害者的角色。

6b. 在你的生活中,你看到什么具体的好果实?

你在自己生命中,看到美善的果实了吗?你在个人操守方面有长进吗?你敢于面对自己心底最深处的罪,敢于把它们带到主的面前吗?你会向别人寻求帮助吗?在表达情感时,你所表达的方式是敬虔的吗?对于你过去得罪过的人,你能够主动当面请求原谅吗?

对于得罪过你的人,你可以主动伸出手来和解,表达愿意宽恕的心意吗? 当你需要面对别人的罪与软弱时,你有足够的耐心吗? 福音如何改变你说话的语气和态度呢? 当神用这样的处境使你敬虔时,你仍能够保持一颗喜悦的心吗?

7a. 保罗处理他自己景况的方法,产生了什么好结果?

保罗的敬虔的态度,营造出怎样一个积极的循环呢? 你看见了什么正向的结果呢? 有哪些挑战依然存在? 将来会有哪些新的压力出现呢?

- 一章 13 节:福音被传开了。
- 一章 14 节:其他基督徒被激励要勇敢不惧怕。
- 一章 19 节:其他信徒被鼓励去祷告。

当年使徒保罗所经历的,今天的信徒可以同样经历!

7b. 你正确处理困境的方式,产生了哪些好的果效呢?

过着一种敬虔的生活并不一定表示凡事平顺、安稳。保罗自己甚至身处监狱之中呢! 但是,有许多时候,敬虔的行为会在生命中带来平安与完整。在你的处境当中,你的行动如何缔造了正向的回馈? 你的行为又是怎样使你所在的环境变得更加具有挑战性呢?

圣经为我们描述了这样一个人的人生。在困境中,保罗以独特、出乎意外以及敬虔的态度回应。这样的行为是从一颗饮于福音之泉的心所发出的，随时支取福音为我们预备的资源。这些资源早就为我们预备，只是我们必须凭信心来领取。保罗的生命让我们看到，一个基督徒的生活远远超过机械式的墨守陈规！它是倚靠并与永活的基督有亲密关系的生活。当我们信靠顺服神时，我们是在荣耀他；当他赐给我们更多丰富的恩典时，我们也就能使周围人们的生命得到更多帮助。

第 **14** 章
令人耳目一新的善果
——果实篇（下）

不知道你是否想过，圣经中的诫命和原则在现实生活中为何难以践行？有时候，我们甚至怀疑基督的恩典是否真有足够的能力，让我们在面对充满困境及问题的世界时，仍然从心里结出美善的果实。下面一些质疑，不知道是否也是你的心声：

- 圣经上说："回答温柔，可以使怒气消退"；但是，写这句话的人家中一定没有孩子，才会如此说！
- 如果人家打我右脸，我还把左脸转过去给他打，那他可能会得寸进尺。
- 我已经尽了全力去原谅她，可是，每当我再见到她时，过去所她对我所做的一切又会重新浮现在我的脑海里。
- 我知道圣经上说"神的恩典，在我们软弱的地方显出刚强"，但是，在我软弱的时候，我感觉除了软弱，还是软弱。
- 过去我已经尽力服事别人，可是，现在大家总认为我应该是付出的那一位,而不应该寻求被人服事。

- 如果我对自己的家人或朋友都很难去爱了,我又如何能爱我的仇敌?

- 我知道我应该爱太太,就像基督爱教会一样。可是有时候,我太太简直快把我逼疯了!

- 面对一个态度这样恶劣的青少年,还要我和和气气的,这简直是不可能的事!

- 我们的上司对手下员工极其刻薄,这让我很难尊敬他。

- 当一个教会根本不把我的恩赐放在眼里时,要我委身在这个教会,实在是太难了。

圣经试图让我们摆脱惧怕、自满和小信的倾向。当我们迎接每一天的生活时,这些倾向就以令人吃惊的姿态,老老实实地展现在贫穷、不义、被罪辖制的生命、暴力、腐败的政权、人际关系的破裂、受造之物不可逆转的朽坏里。在圣经中,我们看到,甚至在富足和安逸时我们都没有办法有智慧地安然处之。所以,我们也看见富足时所带来的挣扎,也许和缺乏时所带来的挣扎一样巨大! 但重要的是,神的话语给我们带来了盼望;这个盼望让我们看到一幅美丽的图画,神赐予我们的可能性与潜力,是远超过我们所能预期的。一次又一次,圣经描绘出神的儿女,如同结实累累的树木,被永不枯竭的活水江河所浇灌(参考《以赛亚书》五十八章 11 节;《耶利米书》三十一章 12 节;

《以赛亚书》五十五章 1～2 节；《何西阿书》十四章 5～7 节）。当我们
所预期的是焦干的土地与枯萎的植物时，圣经让我们看到的，是在沙
漠中恩典的绿洲。

在本章中我们将察验，当基督用他的恩典来改变我们内心时，我
们的行动与回应会发生的一些基本改变。神与我们立新约的盼望，
来自于一颗每日被神更新的心。固然我们已经学习了整本书籍的内
容，我们当中有一些人可能仍会局限于神究竟可以在我们生命中成
就什么期望。我们也许会对自己这样说：

- "根据我过去多年的经验，对我来说，这些好事是不可能发
  生的。"
- "神的法则对其他人来说，也许能发挥作用；但对我而言，就是
  不管用。在试炼中，我尝试遵守这些法则，但我的生命中并没
  有因此结出果实，反而增加了更多挫折感。"
- "我祷告了，也努力了，就是想要胜过这个罪，但每一次都以失
  败告终。我没有希望胜过这条罪了。"
- "每次读到圣经中那些战胜罪恶的故事时，我都感到很兴奋。
  但是圣经中那些人所经历的，和我所经历的完全不一样。"

当我们对自己做出这些负面的假设时，对于其他人，我们也容易
做相同的假设。我们不相信在困难的炎热处境中能成长出好果实，

所以我们都放弃了彼此。这也就是为什么我们要不断提醒自己，神对我们心里的更新，如何帮助我们以崭新的方式来面对生活中的困境。

身处洞穴，我心安稳

下面我们将描述一个人物，当你一边读，请在头脑中一边想象，这应该是一个什么样的人。这是一位极度受人尊崇、拥有极大权能、影响千万人民的领袖；但是，在他自己家中却显得无能为力。他认清他的儿子有许多严重的问题。他的儿子不仅悖逆，他还发现，儿子正无所不用其极地想置他于死地、篡夺他的权位。他甚至还伤心地看到，他的儿子将许多曾效忠他的部属收买过来敌对他。单单说他有可能因此失去权力与高位就够糟糕了，更何况想到那个叛乱的教唆者竟是自己的儿子，岂不更令人心碎！正当他以为这些事情已经不可能更糟的时候，他发现儿子正在前来谋杀他的路上！在极度的哀恸中，他知道不能为了保住权位，与儿子拔刀相见，免得将自己的儿子杀掉；所以，他逃离自己的家园，躲藏了起来。

请将你自己放在这位父亲的处境上，想象一下他有多么痛苦与悲伤。我想，你不难勾画出这样一幅图画：一位心中充满苦毒、愤怒的父亲，正絮絮叨叨地述说一长串所有他为这个忘恩负义的儿子所做过的事，以及他曾给予儿子的一切美好的教训。特别是在过去，他是如此向神尽忠，难道你不认为他会因此而质问神？难道你不会想

象这个男人会对他身边周围的人大发雷霆？我们一定会预料，这位
父亲此时此刻已经到了绝望至深又愤世嫉俗的地步，以至于对其他
人提供的属灵忠告感到厌烦。

事实上，我们并不需要去假想这个情景。在《撒母耳记下》十四
至十八章中，已经为我们详实记录下来（请花些时间，读一读圣经中
这段历史的记录）。这位父亲就是大卫王，而这个儿子就是押沙龙！
可是在大卫身上，我们发现了一些和我们所预期的不大相同的事情。
他所说及、所做的，蕴含了一股令人震撼的带有盼望的力量，会让那
些愤世嫉俗的人感到羞愧和震惊。《诗篇》第四篇开启了一扇窗户，
让我们看见大卫在经历这场父子决裂的家族悲剧时，内心的真实景
况究竟如何。[1]

> 显我为义的神啊，我呼吁的时候，求你应允我！我在困
> 苦中，你曾使我宽广；现在求你怜恤我，听我的祷告！
>
> 你们这上流人哪，你们将我的尊荣变为羞辱要到几时
> 呢？你们喜爱虚妄，寻找虚假，要到几时呢？
>
> 你们要知道，耶和华已经分别虔诚人归他自己；我求告
> 耶和华，他必听我。
>
> 你们应当畏惧，不可犯罪；在床上的时候，要心里思想，
> 并要肃静。
>
> 当献上公义的祭，又当倚靠耶和华。

> 有许多人说："谁能指示我们什么好处?"耶和华啊,求你仰起脸来,光照我们。
>
> 你使我心里快乐,胜过那丰收五谷新酒的人。
>
> 我必安然躺下睡觉,因为独有你——耶和华使我安然居住。

(《诗篇》第四篇)

当大卫与他那一班忠诚的追随者,为了逃避押沙龙而躲藏在洞穴中时,他写下了《诗篇》第三和四篇,这两首诗歌是他清晨起床和晚上睡前的祷告,能帮助我们了解大卫的心思与行为。当你明白《诗篇》第四篇的故事背景时,你无法不被所读到的诗句深深打动。此时的大卫正在经历人生中最大的痛苦,让我们看看他都做了些什么。

1. **他没有远离神。**他没有质疑神的信实,或以苦毒的心态反复回想圣经的应许与原则是如何没有兑现。大卫再一次将自己置于神的手里。在试炼的环境中,相当容易让人怀疑神的良善,从而充满挫折地转离神;但是,大卫回转向神,请求他垂听他的祷告,并恳求神施行唯有他能做的事(第1~2节)。

2. **他提醒自己身为神儿女的身份。**你无法逃避一个事实:清楚认识自己的身份,在你面对困境时,可以帮助你做出积极正确的回应。大卫是这样告诫自己的:"我是神特别挑选出来的那一位,这一点我必须牢记在心。既然我已经被神所分别出来,我可以确定,当我哭求时,他必然垂听。"大卫身份的核心是:"我是属神的,神也是属我的,当我求告他时,他必垂听。"

3. **他察验自己的心。**当遭遇试炼时,大卫做了一件非同寻常的事情,这件事与我们一般人天然的反应完全不同。大卫的眼目并不专注在身外的环境和遭遇;他也没有唠唠叨叨地复述他所处的恶劣环境,以及他的儿子是如何邪恶,以至于越来越沮丧和苦毒;相反,他省察自己的里面(第 5 节),察验自己的心。试炼来临时,我们的心不仅受到攻击,心中所思所想也都被暴露出来。所以,我们需要知道并保守我们的心,因为我们在困难时所做的事情,不是被环境所逼迫,而是源于当时我们如何思想,以及心中的欲望如何驱动着我们。

4. **他敬拜神。**当我们处于伤痛与困难的时候,往往会忽略个人灵修、不再参加团体的敬拜;此外,我们也没有参加小组聚会,或决定不再参与事奉。因此,有意无意中,喜悦的敬拜被疑惑、愤怒、恐惧、沮丧、嫉妒、苦毒,以及愤世嫉俗的态度所取代。但是,当你读到《诗篇》第四篇,窥探到大卫在洞穴里的心态时,我们并没有看到大卫抱怨;相反,他却在敬拜神!

5. **他在服事人。**在《诗篇》第四篇,大卫并不是单独一人在洞穴当中,有一群忠心的朋友跟随着他。但是,当大卫敬拜时,这些人开始觉得恐慌。第6节中许多人说："谁能指示我们,我们所经历的这些困苦,难道有什么好处吗?"相较于你在困难时,或是当你面对造成困扰的人们时的反应,对于他们的惧怕,大卫是如何回应的呢? 他既没有以不耐烦的口吻教训他们说:"你们应当知道得最清楚了!"他也没有忽略他们的感受而转身离开;相反,他尽可能服事他们。他为他们祷告,希望他们能清楚看见神仍在掌管。在这个最痛苦的场景中,大卫为这些在他周围的人祷告,求神用他同在的祝福来光照这些人,使他们可以得着安息。

6. **他能安息。**我们一定会猜想,在那段日子里,大卫常常有悲伤与失眠的夜晚吧。的确,大卫是极其悲恸的;他的儿子公然反叛他;他也几乎失去所有神赏赐给他的东西,也许甚至连性命也危在旦夕了。他怎么可能不深深感到哀伤呢? 但是,他在诗中所谈论的,居然是喜乐与安然躺下睡觉! 为什么他没有被恐惧、苦毒、愤怒与害怕所胜过呢? 答案很简单,寓意却是十分深远的:因为他的心被神所管辖。大卫并没有失去他最宝贵的东西;因为神与他同在,大卫知道虽然他目前身处于洞穴之中,但是他就像在宫殿中一样安全。大卫仍然拥有能使他快乐和有安全感的支柱,所以即使在极度沮丧当中,他仍可以安然躺下睡觉。

当你阅读有关大卫的故事时，你的反应是什么？或许你会这么想："真有这样的人吗?"事实上，大卫选择犯下最糟糕的错误，并不是发生在困境中，而是在享受上好的祝福时（另一种形式的试探）所犯下的。当他在权力上所向无敌时，他却不满足。结果，他与另一位男人的妻子发生淫乱，还设计谋杀了那个丈夫。大卫和我们一样，都是软弱的罪人。

像我们一样，有些时候他记得自己是谁，且倚靠神对他儿女所赐的一切根基而活；但在另外一些时候，他并不是这样。所以，这也是为什么这首诗歌能带给人许多盼望，它反映了神在你我这样的罪人身上的善工。果树的确能在炙热难耐的骄阳下成长；同样，在这破碎的世界里，活在困境中的人里面的生命也会同样成长。

读完了《诗篇》第四篇，希望你不要说："我本来应该这样做的；但是，我没有这么行！"应当说："这是神也要在我身上完成的。这些事情在我身上也是有可能实现的；因为大卫的救赎主也是我的救赎主，那位掌管大卫的心和赐予他平安的神也住在我心里。所以，即使身处生命最大的困境中，我仍然可以做出美好选择、做出美善的事，并有好果实的收成！"

《诗篇》第四篇并不是在刻画一个人以僵化冰冷的态度遵守一套圣经原则。如果我们所需的只是学习如何用知识去回应困境；那么，耶稣根本没有必要来到这世上。在这首诗歌中，我们所看见的是神的恩典在人的心中动工，赋予他能力去做靠他自己不可能完成的事。

不管我们即将面临什么处境，基督在十字架上已成就的善工将同样的恩典赐给了你我。

这里的重点是：神所做的，远远超过只是将我们从炎热的处境中释放出来。他更是将我们从自我中拯救出来，好让我们可以在炎热下站立得稳；他所要成就的不只是让我们幸免存活，而是可以结出好果实来。在家庭困境的压力之下，爱能够生长；在不受人珍惜、牺牲奉献的炎热下，忍耐能够茁壮；在身体的病痛中，平安与坚定的信心越发缤纷绚烂；在缺乏中，施舍能在曾经像荆棘般存在的贪婪与自私的地方生长。在经济情况达不到预期时，心中仍能有平安常驻；在个人拥有成就与辉煌时，谦卑的态度可以让人成长茁壮；当人的拒绝如骄阳灼伤我们的时候，喜乐的心仍能存留；当心中充满哀痛悲伤时，神所赐予的盼望仍能绽放光芒！

沙漠中的活水江河

《约翰福音》七章 37 至 38 节，耶稣说了相当鼓励人的话：信的人，将会"从他腹中流出活水的江河来"。约翰在这里特别指出，耶稣是指着圣灵说这番话的。身为神儿女的我们，当圣灵内住在我们里面时，属灵的活水江河就在死亡之处留下生命。《加拉太书》五章 13 节至六章 10 节提到，借圣灵的同在与他的工作，生命中能长出各种果实。

弟兄们，你们蒙召是要得自由，只是不可将你们的自由当作放纵情欲的机会，总要用爱心互相服事，因为全律法都包在"爱人如己"这一句话之内了。你们要谨慎，若相咬相吞，只怕要彼此消灭了。

　　我说，你们当顺着圣灵而行，就不放纵肉体的情欲了。因为情欲和圣灵相争，圣灵和情欲相争，这两个是彼此相敌，使你们不能作所愿意作的。但你们若被圣灵引导，就不在律法以下。

　　情欲的事都是显而易见的，就如奸淫、污秽、邪荡、拜偶像、邪术、仇恨、争竞、忌恨、恼怒、结党、纷争、异端、嫉妒、醉酒、荒宴等类。我从前告诉你们，现在又告诉你们，行这样事的人必不能承受神的国。

　　圣灵所结的果子，就是仁爱、喜乐、和平、忍耐、恩慈、良善、信实、温柔、节制。这样的事没有律法禁止。凡属基督耶稣的人，是已经把肉体连肉体的邪情私欲同钉在十字架上了。我们若是靠圣灵得生，就当靠圣灵行事。不要贪图虚名，彼此惹气，互相嫉妒。

　　弟兄们，若有人偶然被过犯所胜，你们属灵的人就当用温柔的心把他挽回过来；又当自己小心，恐怕也被引诱。你们各人的重担要互相担当，如此，就完全了基督的律法。人若无有，自己还以为有，就是自欺了。各人应当察验自己的行为；这样，他所夸的就专在自己，不在别人了，因为各人必担当自己的担子。

在道理上受教的，当把一切需用的供给施教的人。

不要自欺，神是轻慢不得的。人种的是什么，收的也是什么。顺着情欲撒种的，必从情欲收败坏；顺着圣灵撒种的，必从圣灵收永生。我们行善，不可丧志；若不灰心，到了时候就要收成。所以，有了机会就当向众人行善，向信徒一家的人更当这样。

《加拉太书》五章 13 节～六章 10 节）

你可能在想，我知道圣灵住在我的里面，圣经把他比作"活水"。但是我不明白，这些如何能够帮助我面对试炼与诱惑。《加拉太书》五章和六章解释了基督在《约翰福音》七章所说话语的意思。

你有注意到这段经文从一开始就告诫我们，不要自我放纵（参考 13～15 节）。我们都知道，罪导致我们委身于自己，多过委身于其他事物。这也是为什么在车阵中或排队付账的时候，我们想抢在其他人前头；谁抢先使用浴室，或是谁得到盘子里最后一块饼干，常常出现在家庭生活中；在人际关系或工作上，谁得到比较多的关注或是谁的工作晋升，总会成为我们争论瞩目的焦点。罪使我们爱自己多过于爱其他人。罪也使我们考虑自身的利益多过于其他事情。这些以自我为中心的生活会摧毁人际关系，伤害他人。

然而,请注意!这段经文并不是以挣扎作为结束。它描绘出一群即使面对别人的罪时仍然委身于服事的人们;这些人寻求分担别人重担的方法,而且向人行善(参考六章 1~10 节)。虽然这段经文以荆棘丛的反应作为开始,却以一棵结实累累的果树划下句点!是什么导致这样不同的结局呢?是圣灵的活水江河!是住在每一位信徒心里的基督,他为我们,以及我们的罪性争战。因为他,我们无需向罪性让步(参考 19~21 节)。我们与基督的连合,使我们有能力向曾经操纵我们的欲望说"不",有能力拒绝肉体与情欲的诱惑,并且有能力往相反的方向行进(参考 24 节)。

当我们向内住的圣灵说"是"的时候,他的活水江河会在我们心中产生新的果实:仁爱、喜乐、和平、忍耐、恩慈、良善、信实、温柔、节制。这些品格特质,不是神向我们所提出的不切实际的标准,而是圣灵所赐的礼物在我们里面产生的结果。我们里面的改变,转变了我们对事情与周遭之人的回应(炎热)。它所产生的果实就是:恩慈的人,即使在困难的环境当中,仍然设法行善;忍耐与信实的人,当事情变得糟糕或有人犯错时,不会选择逃避;慈爱的人,即使有人得罪他,也会寻求方法去服事别人;温柔的人,看见别人挣扎时,会想办法替他分担重担。《加拉太书》五至六章中充满着希望。

我们必须拒绝一种想法,认为基督徒的生活应当着重于我们应该做什么,而不是着重于基督借着圣灵在我们心中成就的事。绝对不要有这种观念,认为神呼召我们去过的基督徒生活,是一件高不可攀、近乎不可能的事情,只有在永恒中才可能发生。我们也要排斥另一种观点,认为基督徒的生活不应当如此重视每日在我们心中肆虐不停的争战,而忽略了神正与我们同在、为我们争战的事实!圣经所提供的一幅图画是,神会在生活的试炼与挑战当中,与我们相遇。他赐给我们的不只是一套规则,而是他的独生爱子——耶稣基督!因为有他的缘故,我们被呼召去做的事情,不仅是相当实际的,也是完全有可能实现的。

圣经教导我们,在困境的煎熬中,果树能结出果子来。现在你要提醒自己:"作为神的儿女,我就是那棵果树。其上的果实是神的恩赐,是他的圣灵结出的果实。我结出的不应该是荆棘和蒺藜。神要我成为沙漠中结果子的树,这并非不可能的事。"

令人耳目一新的好果实

那么,这棵从心中结出好果子的果树,长得是什么样子呢?当我们仔细看看这棵果树时(在我们生活中的改变),请记得我们并不是只列出身为信徒当做的事,我们还应当记得耶稣所赐的究竟是什么。他赐给我们新的生命、新的智慧、新的品格、新的盼望、新的力量、新的自由,以及新的渴望。圣经将这一切简单地归纳为——基督在十字架上所成就的工,赐给我们一颗崭新的心。借着圣灵,我们的心才进入一个新生命的境地。当我们的思想、欲望、言语、行为都走在一条正路上时,那不是我们应当拍拍自己的肩、肯定自己,或将待办事项的其中一项删去的时刻。每当我们做了正确的事，都是在经历基督所供应我们的恩典。在前面第十一章，我们约略提到在基督里的果实。下面我们来做更详细的探讨。

我个人要过一个正直、廉洁的生活。 当神赐给我完全的赦免时，我再也不必害怕将神的话语当作一面镜子来省察自己。我不再需要替自己辩护，或给自己找借口。我也不再需要将我的罪合理化，或是玩弄推卸责任的把戏。我也不再需要否认或躲避我的罪。为什么会有如此大的改变呢？因为如果赦免、智慧以及大有能力的神真实地活在我的里面，为什么我需要惧怕去面对我的软弱、失败、不成熟或一切其他的罪呢？相反，我可以将自己委身于对自我的了解与认识上。我能因为有神的话语照亮我内心的镜子而感到欣慰。我可以为那些神放在我的生命里、帮助我更正确认识自己的人而高兴。面对可以看见自己的潜力并持续学习、成长与改变，心中着实欣喜万分。

同时，我也要寻求合乎神心意的帮助。再一次，神的恩典不仅将我从罪的辖制中释放出来，也向我开启了神恩典无穷尽的资源，而其中一项就是基督的身体。请以这样的角度来思考：如果我因为有最崇高的帮助者住在我的里面而备受激励，那么我要在基督的身体中，在他赐给我的所有资源里获得益处。因此，我不会选择过一个独立自主、自给自足的生活。在这个身体中，我将善用所有我能得到的圣经教导。此外，我会在小组或团契中彼此服事。我也会请求长老们作我的牧人，指导我属灵的方向。成熟的弟兄姐妹身上的智慧，也是我寻求的目标。亲密良朋所能提供给我的适时指点与提醒，我也要从中获得益处。最后，我要诚实面对我内心与行为的挣扎，以至于能够善用这些资源。

当我这样行时，我会表达出一种敬虔的情感。再也没有比髑髅山上更令人感动的场景了。当基督在十字架上受苦而死时，他曾向父神呼求，所以，十字架的恩典也邀请你向天父呼求。基督向着对他保持沉默而让他死亡的父神呼求，为的是让你也能向这位天父呼求；这位天父会垂听你的呼求，赐予你活下去的一切所需。

当你越多认识神，认识他要将你塑造成的样式时，你就会明白，基督徒的生活并不是一种毫无情感、甚至禁欲主义般的存在。基督在地上时已表现出所有不同的情感；所以，当你在基督里成长茁壮时，你亦会如此。成熟，表示在正确时间、以正确方式，表达出正确情感。所以，身为一位基督徒，我们应当是地上最忧伤的人（因为我们明白罪的破坏力），也是最喜乐的人（因为我们经历了基督的恩典）。

哀伤有时、喜乐有时、愤怒有时、惧怕有时、忧伤有时、嫉妒有时、快乐有时、感恩有时、忧虑有时、期待有时、后悔有时、悲叹有时、兴奋有时，真实情感的表达，都有其适当时间。信心的生命就像彩绘玻璃窗户一般，镶满各样不同情感的颜色；而基督的光芒，正穿透这些彩绘玻璃，闪耀在世人面前，熠熠生辉。

我会让十字架来塑造我与人的关系。我们既是蒙了神的恩典，浇灌在我们生命中，唯有将这恩典与别人分享，才是合宜的。在《马太福音》十八章 21 至 35 节中,耶稣基督用了一个故事来阐释这原则。

> 那时,彼得进前来,对耶稣说:"主啊,我弟兄得罪我,我当饶恕他几次呢? 到七次可以吗?"耶稣说:"我对你说,不是到七次,乃是到七十个七次。天国好像一个王要和他仆人算账。才算的时候,有人带了一个欠一千万银子的来。因为他没有什么偿还之物,主人吩咐把他和他妻子儿女,并一切所有的都卖了偿还。那仆人就俯伏拜他,说:'主啊,宽容我,将来我都要还清。'那仆人的主人就动了慈心,把他释放了,并且免了他的债。

> 那仆人出来,遇见他的一个同伴欠他十两银子,便揪着他,掐住他的喉咙,说:'你把所欠的还我!'他的同伴就俯伏央求他,说:'宽容我吧,将来我必还清。'他不肯,竟去把他下在监里,等他还了所欠的债。众同伴看见他所做的事就甚忧愁,去把这事都告诉了主人。于是主人叫了他来,对他说:'你这恶奴才! 你央求我,我就把你所欠的都免了,你不应当怜恤你的同伴,像我怜恤你吗?'主人就大怒,把他交给掌刑的,等他还清了所欠的债。你们各人若不从心里饶恕你的弟兄,我天父也要这样待你们了。"

因为在你身边的人（像你一样）仍然是罪人，所以他们会跌倒，会得罪你，会令你失望；那是个好机会，让你将从神那里领受的恩典在他们的生命中同样延续。我们的愤怒、急躁、不耐烦、谴责、苦毒及报复，永远不会在他们的生命中（或是我们的生命中）发挥美好的作用。但是，当我们愿意将他的恩典有形有体地活出来时，神就可以在他们的生命中，做出美好的事情来。当我们如此做时，我们成为神在他们生命中动工的一部分助力，反之则可能成为阻碍。那么，在实际生活中，"让恩典塑造你与人的关系"究竟代表什么呢？

这表示着：预备好、愿意和能够去饶恕冒犯我的人（参考《马可福音》十一章 25 节；《马太福音》六章 12～15 节）。首先，决定饶恕是你与神之间的内心交涉。就是你愿意放弃心中的一个欲望——将他对你的亏欠紧紧抓着不放（以某种方式去惩罚人）。取而代之的是你将这人和他冒犯你的事交托给神，相信神是公义与公正的一位。所以，你决定以恩典和饶恕来回应这个得罪你的人。当时机来临时，这个纵向的交通（介于你与神之间）就会让你预备好，去与冒犯你的人作一个横向的交通来彼此饶恕。

让我们面对这个事实：我们是罪人，并且住在世上其他的罪人中间；所以，没有一天我们不需要饶恕。拒绝原谅、脑海中一直重演别人的过错、想要惩罚与报复的念头，都会破坏神运用人际关系使我们更像他的善工。人际互动与其中的冲突原是神在我们生命中"恩典工作室"。在饶恕这个重要的领域中，有以下两个重点：(1) 神的恩典使我心被恩感,以至于盼望其他人也能认识基督买赎了我以及他的赦罪之恩。(2)这个恩典能改变我,使我能真正去饶恕别人。

十字架让我能够谦卑地寻求饶恕。当我寻求饶恕时,我承认我要对我得罪你的事负起责任,不自我辩护、不找借口或责怪他人。这样的态度所表达的语句会像是:"对于_____(某某事情),我错了,请原谅我。我为对你所造成的痛苦,深感抱歉。"这三部分的请求,为寻求饶恕定出极佳的定义。首先,寻求饶恕表示以谦卑诚实的态度,来到被我冒犯的人面前(对于_____[某某事情],我错了)。其次,寻求饶恕表示真心承认我得罪了对方;因此,我需要请求他成为饶恕过程的一部分(请原谅我)。所以,只说"我觉得很抱歉"是不够的;因为当我们只是如此说时,实际上剥夺了对方饶恕我们的祝福。最后,一个饶恕的请求,应该以真诚的同理心,承认因自己的过犯造成对方所经历的痛苦(对我所造成的痛苦,我深感抱歉)。

这个请求饶恕的过程,再一次使我经历神恩典的果效。他的恩典提醒我,我是一个罪人——如果我不是一个罪人,就不需要基督为我的罪受死了。然而,这恩典不但让我知罪,还能做更多的事:恩典改变了我的心,让我对自己过去看不见的罪敏感起来;不但看到自己的罪,而且在以往推卸责任的地方,现在却勇于承担过犯。

当十字架塑造我与人的关系时,我会以恩典来回应别人的罪与软弱之处。你是否对他人所设定的标准,比对自己所立定的标准还高呢? 你是否容易忘记自己是个罪人,而总是记得别人是罪人呢?

你是否无法宽恕别人对你的小冒犯？你是否花较多时间去挑别人的错，眼中却看不到他们所做的正确的事情呢？你是否批评过于鼓励？人们觉得被你接纳与爱护，还是被你批评与论断？对于你身边周围人们的软弱、失败与过犯，你通常是如何回应的呢？

十字架能使我们以充满怜悯、温柔、坚忍、仁慈、忍耐与爱的心肠来服事他人。当我们与人的关系越接近时，就越需要以上的态度；因为，那正是我开始被他们的软弱与罪影响的时刻（我对他们的影响也是一样）。当我们彼此越接近时，我们内心就越被显露出来。因此，我们都需要问自己："是什么样的态度，塑造了我最亲密的人际关系？"虽然我们都是罪人，基督住在我们的里面，为的是将我们从自我中被释放出来，让我们能以爱心和仁慈的态度彼此对待。每一次当我放下私欲去服事他人时，我正是将基督在十字架上受死的功效，在我的生命当中发挥出来。

在我的话语和行动中，十字架给我目标与方向。神呼召他的儿女，在行为上反映出我们在基督里所领受到的恩典。但问题是："这个恩典，对于塑造我的人际关系能发挥多少作用？"让我们来看看，基督鼓励我们拥有的一些行为表现，这些行为建立在十字架的基础上，是我们信心所结出的一部分果实。

- 十字架，使每一位属神的儿女能与人和睦（参考《雅各书》三章13～18节）。此时此刻，在哪些人际关系中，你需要致力于使人和睦?

- 十字架,使每一位属神儿女说诚实话(参考《以弗所书》四章 25 节)。所以,此时此刻,在哪里借着你清楚明了的诚实话,问题能被解决、关系能被恢复、人们能因此蒙福?

- 十字架,使每一位属神的儿女服事他人(参考《加拉太书》五章 14~15 节)。所以,此时此刻,在哪里,神正呼召你成为一位仆人,好服事他们?

- 十字架,使每一位属神的儿女原谅这些寻求饶恕的人(参考《路加福音》十七章 1~10 节)。如果我已将他人的冒犯交给了神,而且拒绝报复他人;那么当得罪我的人寻求我的原谅时,我的心已经预备好去原谅他人了。

- 十字架,使每一位属神的儿女学习如何说"不"。这样的反应,并不是由于我们无法爱人,而是基于我们爱他们与爱神的缘故,使我们委身去做对他们有益的事。在福音书当中,耶稣并没有做一切其他人希望他做的事情,他乃是被父神的旨意所策动(参考《约翰福音》二章 3~4 节,四章 43~54 节,六章 15 节、26~27 节、30~40 节,七章 3~10 节,八章 48~59 节,十章 30~39 节,十一章 1~6 节、21~27 节,十三章 8~10 节,十八章 19~24 节、33~37 节)。基督徒的爱并没有把我们变成他人意的奴隶;它要我们成为基督的奴仆,愿意去服事他人。所以会有一些时候,我对基督忠诚的表现,是表示在我向别人的请求说"不"时，乃是一种爱心与正确的表现。

- 十字架，使每一位属神的儿女认识、操练与使用神所赐的恩赐来荣神益人（参看《罗马书》十二章1～8节）。什么是神赋予你的恩赐？在神给予你的岗位与角色上，你应该如何来使用它们？

作个总结吧！

贝蒂娜坐在我对面，虽然一脸疲惫，但并没有沮丧难堪的样子。过去六个月来，她眼睁睁看着自己舒适安逸的田园生活，成了碎片。她曾习以为常的乡间别墅，如今成为云雾一般的记忆。过去带给她欢笑的朋友，随着她婚姻的破碎，一个个消失无踪。她的丈夫不仅抛弃她，另结新欢，还尽其所能，使她任何保障都归于无有，只有贫困为伴。她过去曾有很好的银行账户与信用，而现在，就连基本的需用都不能满足。往昔她的乡村俱乐部生活，如今成为每天需工作十小时的卑微打拼。此外，她还不得不换一间教会！尽管经历了如此多的磨难，当我坐在她对面时，我看到的是一个安详、毫无怨气的女人。

我记得内心对自己说："这是一幅经历神恩典、活生生的图画。"因为，她展现在我面前的品格，没有任何其他理由，可以给我满意的答案。神使用火一般的试炼，不仅将贝蒂娜内心深处最隐密的东西暴露出来，还将她的心炼净、改变。她曾经将安全感建立在富足和安逸的生活中；如今她真正懂得了，什么才是在主里得到平安。过去她有一点点的困难就抱怨不休；如今她活在勇气与坚忍中。过去她斤斤计较，喜欢花边新闻；如今她就是一幅活生生宽恕的图画。她曾经只为自己而活；而现在，她用喜乐的心去服事他人。

贝蒂娜用了这样的话做了一个总结："我希望这样的事情，永远不要再经历了，这比我想象中的还要困难。有一段时间，我怀疑神究竟是否存在。我完全没有把握，自己能否坚持下去。有时候，要做神说是'对的'事情，看起来几乎是不可能的事情。"她停顿一下，有点犹豫，又继续说道："但是，为了得到神在这段时间赏赐给我的，我还是愿意再走一遭。从这个经历中，神彻底改变我到了一个程度，我再回头看过去的贝蒂娜，就好像看到一个完全不同的人！"贝蒂娜的经历，就像道成肉身那样鲜活。她告诉我们，神不只是将生命中的炎热冷却而已，他是将我们从里到外整个翻新。尽管婚姻的试炼所留下的伤疤（炎热）会一直伴随着她，直到见主面的那一天；然而，她并没有在愤恨、苦毒、疑惑和嫉妒中浪费生命。靠着神的恩典，她正处于个人更新变化的过程当中，并在她对生活的反应里产生了涟漪般的彻底改变。

贝蒂娜的故事，也是你我的故事。我们同样要面对困难的试炼、祝福带来的诱惑、充满挣扎与冲突的人际关系。但是，神已经赐给你宝贵的礼物——救赎主基督。他此时此刻正在你心里动他的善工，改变你的心，使你用不同方式来回应生活。请记住以下这些事实：

1. 因为基督已成就的工作，你就是那棵果树。你的生命中已经有了敬虔品格与力量的证据。借着信心，我们可以认出这些好果实的产生，是由于你对福音与圣灵在生命中动工的回应。

2. 基督徒的生活，是一个在基督里凭着信心的生活，并带着他所赐的全新潜力、作神儿女的特权，以感恩之心过每一天。这不是以不情愿的态度来"墨守陈规"，或是以愤怒、苦毒的态度过着"逆来顺受"的生活型态。

3. 因为基督已经将我改变，成为一个新造的人；所以，即使面对炎热的处境，美善的事仍旧可能发生。他在我心中所成就的工作，即使在不好的事情发生之时，仍然能用敬虔的态度来回应，从而产生美好的果实。

4. 这些美善的事之所以有可能发生，是因为我已经与基督连合，并且圣灵已经内住在我的心里。试炼和试探无法抹杀盼望的真实性，它们只会为我们提供经历神大能的机会。

5. 神呼召你在基督里有一个全新的身份（我是谁？），因此，我们能有一个新的生活方式（我可以成为什么？）。所有这一切，皆根植于基督在我的生命中，与我同在并积极作工。生命的改变与成长，不是基于一套知识体系，一套规则、期望，神学大纲与条例，或是行为上的技巧。长久又符合圣经教导的改变，是由于我们的心被复活的主耶稣的恩典转变的结果。只有当他的恩典掌管我们的心时，我们才有盼望持守他的诫命，遵循他话语的原则。

有了耶稣我们就有了最大盼望。下面这些话，描绘了我们在主里的生活：

> 每天早晨醒来，"盼望"即映入眼帘，
>
> 不是因为我有多么成功、完成了什么事，
>
> 或是我周围的人有多么感激我；
>
> 也不是因为我的生活有多么安逸，
>
> 而是因为有一位神，他是我的天父。
>
> 假如每天早晨你醒来之后，看到的不是"盼望"，
>
> 你所相信的就是一个谎言。
>
> 活在盼望中，就是活在真理中；
>
> 活在真理中，就是为他带来荣耀；
>
> 在我每天的生活中为神加增荣耀，
>
> 就是敬拜的最高境界。

第 **15** 章

真实的故事

——家庭生活篇

　　进入本书最后两章,我们将讲述两个真实生活中的故事。运用我们在本书中所讨论的改变模式,看看如何在真实生活中发挥作用。一个故事发生在一对夫妇的家庭生活中,另一个故事发生在教会生活中。无论是在家庭还是教会,盼望这两个故事能帮助你,将你所学习到的应用在自己的生活中。

　　当你刚刚听到某个人的故事时,可能会感觉好像对方将一千片拼图全部倒在你桌子上。你不知道如何才能拼凑完整,甚至一想到如何将这么多拼图初步分类,就让人感到却步与气馁。同样的,若想了解一个人挣扎的所有细节,似乎会让人无法负荷,常常感到相当困惑与不解。但是,假如本书所教导的都是真实可行的话,以上的麻烦就不会是大问题。让我们在泰德和珍妮的婚姻生活中,来应用这些原则吧。

泰德和珍妮

　　这对年轻夫妻找到了牧师,询问牧师是否可以安排一个小时的

约谈。然而,和他们进行几分钟的交谈之后,牧师就发觉,他们需要
的帮助不是仅仅一个小时就足够的。泰德坐在那里,非常尴尬地承
认,他的生活实在是一团糟。虽然他试着绷着脸,紧闭双唇,但是,谁
都可以一眼看出来,这是一个完全迷茫的年轻人。珍妮则不同,她没
有像泰德那样掩饰自己的感受,脸上的愁容和泪水似乎早已取代了
笑容。她的脸上诉说着:"我不知道怎么落到了今天这个地步"。或
者是,"我想知道如何能逃出这种悲哀的生活。"他们向我罗列出许多
问题,一个比一个纷乱。他们毫无头绪地说着,我一头雾水地听着。

很显然,泰德和珍妮还没有成熟到可以结婚时就结婚了。当时,
他们都没有考虑过与对方结婚后,必须付出的代价是什么。结婚时,
泰德刚信主,在他遇见珍妮时,对整个基督信仰都还没有完全了解。
他仍然带着婚前不良少年的恶习,那些坏的生活习惯,已经伴随他许
多年了。没错,他决定接受耶稣作为他个人的救主;但是,他并不明
白,相信耶稣是表示他必须在许多事情上,愿意做出完全彻底的改
变。而珍妮的情况则大不相同。她的父母都是基督徒,她从小在一
个基督化的家庭被抚养长大。她的社交及属灵生活皆与教会息息相
关,她的家庭及父母对她整个生命的细节都相当重视。

泰德和珍妮第一次相遇,是在一个游乐场排队时。第一眼见到
泰德,珍妮的心就像着了魔一样被他深深吸引。他就像点心桶里那
一块写着"不要碰"的饼干,对她产生了强烈的吸引力,非要亲尝不
可!对于泰德来说,珍妮是那么纯洁,与他从前认识的女孩子都不一

样。他们那天交换了电话号码，并互道再见。

珍妮做梦也想不到，泰德果真打电话给她。不久之后，他们就天天晚上通电话。珍妮的妈妈开始猜疑，从频繁度与长时间通话的情形，对珍妮提出询问；但是珍妮总是想尽各种办法，逃避妈妈的追问。很快的，他们就不满足于只是电话联络，于是同意彼此见面。珍妮告诉她最好的朋友，那是她一生中最兴奋的一个夜晚。这样偷偷见面持续了一段时间，珍妮知道不可能永远这样瞒骗下去。所以，她就开始寻找机会，想把她和泰德的事情告诉妈妈。

在几次晚间和泰德约会之后，有一天，珍妮和爸妈在餐桌上吃完饭。她忽然对他们说："我遇到了一个男孩子，我很喜欢他，我想和他约会。"当然，接下来的交谈并不是太愉快。当她父母得知珍妮背着他们偷偷与这个男孩子见面时，觉得既伤心又失望。于是，他们禁止珍妮再去见泰德，直到他们正式见到这个男孩为止。三天后，泰德来到珍妮家里。从许多方面来看，他可以说是每个基督徒母亲的梦魇。珍妮的父母很快就发现泰德是个问题青年，并且对基督教教义知道得很少。因此，珍妮的父母就不允许他们再来往了。从此以后，珍妮整个人被击垮了，愤怒日复一日，越来越强烈。她与父母之间的关系降到了冰点，天天数着日子，就等高中毕业、搬出家门、进大学的日子到来。

珍妮一分钟都没有耽搁，一进校园（离家约一小时车程），就与泰德联络。他们第一个周末就见面了，并且共度了整个周末；之后的每个周末，他们都在一起。珍妮跟泰德分享了她的信仰，但是泰德不仅听不懂，也不感兴趣。珍妮不断告诉他，对他们而言，有一致的信仰是很重要的事情，所以泰德同意和珍妮一起去教会。当珍妮的父母再次听到珍妮谈起泰德，是听到她说泰德"得救了"（他之前曾经决志过，后来又当着珍妮的面再次回应了讲台的呼召，来确定他已得救）。尽管珍妮的父母很想用积极的态度来回应泰德的重生，然而他们对于女儿又一次欺骗了他们感到很受伤，并且对于这个男孩对待信仰的真诚度表示怀疑。

尽管珍妮的朋友和父母都不看好他们两人之间的交往，珍妮和泰德的恋爱关系仍然不断持续。第一学年结束，珍妮在家里过了一个暑假。到了第二年的一月，珍妮向父母亲打电话宣布，她要和泰德结婚了。当然她不会告诉他们，这是因为她怀孕了。珍妮的爸妈非常担忧。

即使珍妮的父母对女儿与泰德的婚姻抱持相当保留的态度，但是他们还是竭尽全力为女儿办了一场体面的婚礼，并且预备了新婚一切所需的物品，好让他们开始过新的生活。但是，他们之间的问题，从结婚后的第一天开始就没有中断过。泰德从一个糟糕的工作换到另一个糟糕的工作，珍妮常常都不知道泰德到底人在哪里。因此，泰德又重拾婚前原本承诺戒除的喝酒恶习，回到昔日的狐朋狗友身边。几年后，珍妮变成了一个苦闷、忧愁、孤单以及三个小婴孩的母亲，最大的孩子还不到五岁。他们几乎没有一晚是不吵架的，有一天晚上,他们不仅动口,泰德还动起手来,在珍妮的脸上重重打了几拳。

珍妮带着孩子们当天夜里就离开了家,她决定寻求外界的帮助,来解决她的紊乱生活。从她父母家里,珍妮打电话给泰德,要求他去找辅导员,寻求帮助;泰德极不情愿地同意了。一周之后,他们两人约见了教会的牧师;这是两人从认识开始,第一次与牧者见面。靠着对主的信心与勇气,珍妮的牧师涉入了他们生命困境的泥沼。他费了很大力气来聆听他们的故事,并且帮助他们看见神确实知道我们生活中最深的沮丧与挣扎(炎热)。经过无微不至且漫长的辅导,牧师帮助他们承认,过去他们是以有罪的态度来回应他们的处境与人际关系(荆棘)。他还解释这些错误的回应方式并不是来自于外在处境,而是他们内心的罪。此外,他也帮助他们看见那位已经饶恕他们的基督,预备好要来改变他们。借由改变他们的内心,来达到彻底改变他们的关系(十字架)。最后,牧师鼓励泰德与珍妮重新彼此委身,开始与神一起过一种全新的生活(果实)。尽管这段婚姻刚开始就好像荆棘丛,结满了带刺的苦果;生活的困境就好似沙漠中的骄阳,使他们日渐枯干。但是,这荆棘丛渐渐转变成为一棵好果树;而这棵好果树则是由一颗改变的心、更新的信心所生长出来的。

是结论,还是尚待澄清?

在你聆听泰德和珍妮的故事时,是否觉得越听越糊涂呢?故事中的细节,以及有些不相关的事实,是不是让你感到挫折与困惑呢?对于我们来说,用圣经中的教导来看待我们的人生,并不是一件很自然的事情。在我们忙忙碌碌的生活里,事情来得快,去得也快,以至于我们很难有足够的时间,让我们用应当采取的方式,坐下来省察自己的生活。我们可以感谢神,当我们谈到实际的日常生活时,他所赐下的圣经并没有将我们留在黑暗里。圣经催促我们,应当思想在恩典中成长究竟是什么模样。使徒保罗在《以弗所书》五章 15 节所讲的,正是这个意思。他说:"你们要谨慎行事,不要像愚昧人,当像智慧人。"他强调我们不要浑浑噩噩过日子,不但要注意我们周遭所发生的事情,更要注重在我们心里所发生的事情。

在本书中介绍给读者的关于改变的模式图,可以让泰德和珍妮在一团乱麻般的现实生活中理出一些头绪,带出一个盼望:改变是有可能的。接下来让我们看看:当我们以诚实的态度与自己的罪相互搏斗时,这个改变的模式图如何指出——基督是我们持久改变的根源。

现今的问题:心所带来的后果

圣经中最让人感到谦卑、最富有鉴察力的一句经文,收录在《加拉太书》六章 6 至 7 节:"不要自欺,神是轻慢不得的。人种的是什么,收的也是什么。顺着情欲撒种的,必从情欲收败坏;顺着圣灵撒种的,必从圣灵收永生。"泰德和珍妮正活在当年随着情欲所种下的、如今的败坏后果当中；人种的是什么，收的也是什么。你我也是一样，我们也活在过去所种下的结果里。造成这些收成的种子是什么？在神将我们改变之前，我们必须对自己所种下的，有清楚的认知。

不幸的是，每个人对逃避审视自身的技巧，都是十分精通的。如果我们能如此擅长将这样明显的事实加以否认，可想而知，我们心中暗藏的罪性（看起来似乎并不是这样显著），岂不是更容易被忽略了吗？然而，只有泰德与珍妮开始看见他们目前生活的结果，是源自于过去所种的，否则他们的生命不会得着改变。下面让我们来检视一下这个结果是如何造成的。

头一件呈现出来的问题，是这对夫妻起初如何将自己阻隔在神智慧的源头与援助之外。这样的情形加速了他们夫妻关系下滑的速度。他们对基督信仰冰冷、公式化、疏远的态度，并没有建立起与基督真正的个人关系，也没有将生活的问题与神连结在一起。当他们将自己阻隔于神为基督徒所设计的团契生活之外时，没有一个人能为他们提供属灵的智慧和切实的帮助。他们缺乏一个属灵的中心点，好让他们与神、与彼此、与其他信徒相互连结。由于这个连结的缺乏，它剥夺了神借着圣灵所施行的善工——恢复与神的关系（悔改、赦免、与神和好）的良性循环。所以，他们的人际关系可以用下列语词描述——自我保护、充满愤怒、计算对方的错、不肯饶恕。在这样一种关系中，魔鬼有着巨大的空间，可以施展它的诡诈，用欺骗的手段将他们牢牢抓住，任意奴役。

泰德在昔日坏朋友与恶习之中寻求慰藉，珍妮则在充满自怜与苦毒中痛苦度日。当他们在这样的诱惑中越陷越深时，所获得的后果越来越糟，最终的结果是，各自被罪越绑越紧。愤怒渐渐在他们的婚姻中占着重要的地位。会这样演变的原因是，他们任何一人都不愿意先放下怒气，只是试着去控制怒气而已。同时，他们两人的孩子被暴露在大人的罪所导致的后果中，心里也充满着困惑与愤怒。难怪泰德和珍妮两个人都在寻找逃脱的办法！

但是，不要用过于严厉的态度来看待这对夫妇，他们只不过是活生生表现出我们所有人的问题而已。我们所有的人都尝试在公开场合与私人生活之间，保持一段距离与界限。总有一些事情，我们宁愿永远不要曝光，待在不见天日的阴影里就好了。我们总是尽可能忽略自己丑陋的一面，却用放大镜察看别人不对的地方，指责别人往往比省察自己还来得容易。如果我们将神放在生活的外围，基督徒的生活就只变成遵守规则与信仰的空壳，而不是活出展现恩典、盼望与充满改变与成长的人际关系。让泰德和珍妮的故事成为我们生活里的借鉴；让神来告诉我们，在我们的生活里，何处需要紧紧抓住基督的大能和恩典。

炎热：泰德和珍妮的世界

泰德和珍妮在婚姻里的结果，导因于他们如何回应生活里的炎热。生活中的炎热包含了困难与祝福。当我们将他们生活中的拼图拼凑起来,将生活里的炎热辨识出来,就好像在一组相当复杂的拼图里,先找出拼凑边缘或角落的那些拼图。这些拼凑边缘或角落的拼图是界定泰德和珍妮世界的分界线。有意无意之中,这些分界线总是与两人的内在世界相互关联;所以,我们必须询问,他们对待周围世界所作出的反应,都产生了哪些重要的影响力?

过去的炎热

让我们先来看看珍妮的世界。她从小在基督徒家庭长大,充满关爱与积极主动的父母很早就让她接触福音。对珍妮来说,这是相当蒙福的。另外,珍妮在家所学习到的,无论从价值观,还是处世原则,与外面的世界都不一样。当她在游乐场第一次遇见泰德时,泰德对她示爱的方式,让珍妮非常着迷。因为他身上有一股所谓坏男孩的气质,她想要拥有她不能有的东西。珍妮非常清楚,她的父母不会接纳像泰德这样的男孩。于是,泰德对珍妮示爱的诱惑与父母的接纳产生了冲突。

同时,泰德对圣经、教会与福音几乎一无所知。他的价值观来自于这个世界。对泰德来说,他所成长的环境,是他的炎热;所以,他被珍妮的圣洁及纯真深深吸引。他那坏男孩的形象,既是他的诱人之处,又是他的咒诅:他深深吸引着珍妮,但是泰德同时也知道,珍妮的世界永远不可能接纳他。

这个炎热的强度,随着泰德的世界与珍妮的世界正面相交时,增强了困境的难度。他们彼此成了对方不可偷吃的禁果。几乎是同时，他们两人都需要对珍妮父母提出"以后不能再见面"的决定做出回应。而当时，珍妮就快要高中毕业，进入大学独立生活。到那时，她的父母就无法再干涉她的自由了。

你能够看见在泰德与珍妮的故事中，是否与你有互相关联之处？谁没有面对过明知是神禁止的诱惑呢？那些我们不该阅读的杂志；过度贪吃的那一块巧克力蛋糕；充满闲话的电话内容；背着配偶与别人偷情；在工作场合与同事调情；心怀苦毒；或是工作升迁。凡此种种都将我们从婚姻中抽离、忽略孩子的需要、远离基督的身体。这些与试探狡猾地挂勾，并不在于我可以拥有想得到的东西，而是在于我能得到这些而仍不至于承担某种下场与后果。这些试探将自己装扮成获得生命与通往自由的路径；而事实上，这条路把人引向奴役和死亡。泰德和珍妮在诱惑面前屈服了，这才引出了他们现今的生活。

目前的炎热

现在，珍妮发现自己所嫁的丈夫，是一个完全无法掌控的人。他很少在家，回来就是醉醺醺的；发起脾气来还会动手；对神毫无兴趣；既不能维持一份稳定的工作，又不能和你平心静气地交谈；不仅如此，他还花越来越多的时间和过去那些坏朋友来往。因此，她得独自养育孩子，前途显得毫无盼望。每当电话响起来时，她就感到肩上经济重担的压力。这就是珍妮的炎热（困境）。

　　与此同时，泰德每天早上醒来时，第一眼看到的，就是一个愤怒的妻子。她忧郁、苦毒、爱抱怨，和她在一起，毫无快乐可言。泰德发现根本没办法与珍妮交谈，因为她的苦毒和绝望，笼罩在每一个话题中。由于他们早年就与家庭和教会的朋友断绝了来往，所以到了这时，他们根本找不到任何人可以倾诉，可以说是活在过去与现今的谎言当中。而且，他们真实的景况就是，唯有神才知道他们的处境，任何其他人早已被他们拒于千里之外！正因为他们不可能靠自己来解决问题，所以他们陷入了绝望的境地。

　　神在圣经当中对堕落世界的描述，与泰德和珍妮所经历的并无不同。和他们一样，圣经中的人物并不是从不犯错的英雄人物，他们都像泰德和珍妮一样，在试探中挣扎，并屡屡被神拯救。请回想该隐的故事，还有以色列、大卫、摩西、约拿、十二使徒、保罗、提摩太、雅各等等。每当圣经提及这些人物，也就是提及泰德、珍妮还有我和你的时候。然而，想看到圣经如何提及他们的罪和迷惑，我们需要先看看，泰德和珍妮到底是怎样回应他们生活当中的炎热（困境）。这样才能帮助我们明白，究竟是什么驱使着他们的行为。

荆棘：泰德和珍妮对炎热（困境）的回应

　　泰德和珍妮对于他们环境的回应，可以归纳为四方面：

1. 他们对神放在他们生活中的权柄，采取了反叛的态度。神在珍妮的生活中摆入父母亲,目的并不是要让珍妮增添试炼或障碍,而是要在生活中为她提供持续的指导与保护。但是当泰德和珍妮在恋爱关系中与父母的考虑发生冲突时,他们并没有视这一点为对他们有益的事,相反,他们视这种反对为一件必须克服的障碍。

2. **他们没有寻求属天的智慧。**圣经中最甜蜜的应许之一,就是把属天的智慧,全部摆在神儿女的眼前:神从不偏待任何人。珍妮的父母给予的忠告,并不是出于自己的心意,而是神借着他们的口,在珍妮身上施行他的应许。她心中对于泰德的痴迷,导致她无法理智思考她与泰德的关系,所以神就用她的父母来帮助她。

3. **他们宁可违背律法,也要满足心中的欲望。**泰德和珍妮抱持一个共同的想法:他们尝试建立一个堪称"健康"的关系,不惜破坏神的律法,为要满足自己的欲望。他们明知这样做,势必涉及当面说谎、违背父母命令、设计欺骗等罪,但是他们却没有退让。他们给幸福下了自己的定义,全力去追求这个出于私欲的幸福,完全否认了神的律法。

4. **他们活在不可告人的隐密当中。**一段不健康的人际关系(偷吃禁果),必然要在隐密处才能维系。这一事实,就成了这段关系最大的陷阱。当他们决定违背权柄时,就表示他们必须在隐密处维系他们的关系,因此,他们将自己隔绝于基督的群体所能提供的帮助、引导与关爱之外。取而代之的，是必须时刻防备被人发觉、编造故事统一说谎的口径。神原本赐予我们、让我们享受的美好事物，他们完全无法从中获益。

我们看到了泰德和珍妮如何回应生活中的炎热（困境），也必须省察为什么他们如此回应。但是，在这样做之前，让我们再一次先来看看自己。从他们的故事中，你是否也看到自己的影子？你是否曾经视那些在你生活中拥有权柄的人，都是辖制你自由的人，妨碍你得到心里想得到的东西；而不是把他们对你的监督视为有益，是你应该尊敬并享受的呢？你是否试图躲避那些属灵的智慧，只因为它们指出你心中的问题呢？在哪些方面，你不惜违反律法，也要得到心里想要的东西呢？在生活中哪些方面，你不愿意让人知道自己的秘密，因为这些秘密恰好是你与罪的挣扎呢？泰德和珍妮所面临的诱惑，与我们一般人相同。那么，当你面对这些诱惑和挑战时，你的反应又是如何呢？

荆棘：在回应之下的内心

评估泰德和珍妮面对自己生活中的炎热所作出的反应，只是第一步而已。若想因此让他们改变对外在环境的反应，是远远不够的，因为这样的评估无法使他们停止外在行为；所以，我们必须深入探究他们的内心及动机究竟是什么。

那么，导致珍妮采取如此叛逆的举动，背后可能的原因是什么呢？她在基督教的家庭长大，在她的家庭环境中，福音及圣经的价值观一直是影响她的基本教导。但是从各方面来看，珍妮早已在信仰上做出属于自己的决定。为什么她突然转离神并朝向这个方向呢？假如我们没有找到答案，我们对她的问题所了解的也只是相当肤浅的，所提供的解决办法，也同样无法深入。对泰德来说，也是一样。这也就是为什么合乎圣经原则的模式图可以帮助我们；这张模式图为观察和分析人生提供了相当全面的视角。《箴言》二十章 5 节：*"人心怀藏谋略，好像深水，唯明哲人才能汲引出来。"*[1]这节经文给予我们合乎圣经的确据，证明我们必须对直接影响行为的动机作更深入的察验。如果我们没有抓住这些基本环节，那我们所寻找的解决方式势必会忽略基督与他的恩典才是我们生命得着改变与成长的中心。

《罗马书》一章 25 节：*"他们将神的真实变为虚谎，去敬拜事奉受造之物，不敬奉那造物的主。"*当你看见我们会用许多的方法，用受造之物来替代创造主；仅仅看见这一点，就可以让我们更有智慧。我们便真正明白创造宇宙万物的神是谁，以及我们真实的身份。对珍妮来说，泰德对她的吸引和可能发展的恋情，替代了神在她心目中的地位，这种渴望成为她心中的神。这也是为什么她宁愿挑战父母的权柄、不顾圣经带有智慧的劝诫、违背律法、生活在黑暗的隐密当中。她之所以选择做这些事，是因为掌管了她的心的是她对泰德的渴求，而不再是神。这种用偶像（泰德的爱）替代神的转变，其变化之微妙，实在令人吃惊。而在泰德这一方面，珍妮所代表的是他过去从来都没想象过的、不可能进入的一个世界。她是那么纯洁又有教养，并且生长在良好的家庭当中。尽管泰德在当时还没有看得十分清楚，但他渴望得到珍妮的动机，完全出于自私的目的。很明显，在这桩婚姻里，缺乏神恩典的介入，泰德的自私与珍妮对婚姻不切实际的梦想，一定会在无形中互相冲撞、摩擦，产生不可避免的冲突。而实际上，冲突真的发生了。

刚才在《罗马书》一章 25 节中所描述的罪，若从圣经的角度来看，我们将它归类为"偶像崇拜"。人是敬拜者；总是必须敬拜某些东西，若缺乏神的恩典，就会像泰德和珍妮一样，总是选择敬拜创造之物，而不是选择敬拜创造主。偶像敬拜最典型的模式包括以下层面：

- 认为属肉体之事比属灵之事更重要。
- 在地上暂时的事物比天上的永恒更重要。
- 维系人际关系比与神建立个人关系更令人感到满足。
- 我心中真正的欲望否决了神认为我究竟需要什么。

这个模式将一束光照在我们心上，可以帮助我们明白，为什么我们会行出我们所做的事。这个模式为泰德和珍妮提供了一个机会，去看见他们的挣扎有多深,并且渴慕基督的恩典与怜悯。[2]

十字架:生命成长与改变的盼望

当你意识到,每个人问题的根源都出自人的内心时,从那一刻起,你也就了解到,若只是告诉这个人可以做什么、不可做什么,光是改变行为是远远不够的。诚然,行为的改变相当重要,给出具体的行为规范和方向也十分必要;但是,除非这种改变是根植于十字架,并且基于神给予我们"新心"的应许,否则,表面上行为的改变,是不可能长久的。

那么,在泰德和珍妮的个案中,当他们将基督的十字架视为行事为人的盼望与动机时,那会是一幅什么样的图画呢? 首先,他们必须明白,耶稣来到世上,就是为了拯救像他们这样的人! 他们是硬着颈项、迷茫失丧、被罪牢牢捆绑的人;他们的眼目只看自己的益处,他们的心思只考虑自己的需求。《罗马书》五章 6 至 8 节这样说:

> 因我们还软弱的时候,基督就按所定的日期为罪人死。为义人死,是少有的;为仁人死,或者有敢作的。唯有基督在我们还作罪人的时候为我们死,神的爱就在此向我们显明了。

泰德和珍妮并不是孤单的,也不是没有盼望的。圣父、圣子和圣灵为他们提供了洗净罪的方法,也为他们的改变提供了一切所需要的资源和力量。在这样的前提之下,泰德和珍妮就可以每天都在信心和悔改中成长,承认他们的罪,并且爱他们的救赎主。当他们开始真正明白神是多么爱他们,基督给了他们多么大的盼望时,他们心中原本占据了主的位置的东西,就会归回原本应该据有的位置。这时,基督就会跃升到原本属于他的尊荣地位:他是唯一值得我们为之而活的主。从实际的角度来看,这表示泰德和珍妮需要做到以下几点:

1. **承认他们过去是顺着情欲撒种,所以如今就顺着情欲收败坏。** 他们需要为自己的行为负责任。珍妮曾责怪她父母的决定,使她远离了他们。她也责怪泰德,在信仰方面欺骗了她。泰德曾责怪珍妮对他从来都没满意过,总是用她的标准来要求他,使他觉得永远都无法达到她的要求。如此导致什么结果呢?他们两人谁也不会承认自己在今天这样的景况中应当负起的责任。一旦他们开始为自己的选择与行为承担起自己那一部分责任时,他们就开始参与圣灵在他们心中和生命里所动的工。

2. **承认今日败坏的后果的根源在于他们的思想与心中的动机。** 泰德和珍妮两个人都曾试图寻找外在解决办法。珍妮希望泰德成为她心目中完美的伴侣。泰德希望珍妮给"他需要"的空间。他们之所以对对方有这样的期盼,是因为在他们心中仍

然紧紧抓住自己的偶像。最后，珍妮终于意识到，神已经不在

她心中最重要的位置很久了。因此，她开始在主面前认罪，不

仅是行为上的罪，更是心里没有渴慕主的罪。这样一来，她的

抱怨和要求就变得越来越少了。在泰德这一方面，这样的做

法更加不容易。但是，他也日渐意识到，他从一开始就抱着自

私的目的走进这个婚姻当中。他对珍妮的迷恋，一直都是为

了满足自己凡事随心所欲的愿望；而珍妮只不过成为他这个

愿望的一部分而已。泰德在神面前的诚实态度帮助他看见，

在他们婚姻的那些混乱里，自己也是"有功"的一员。

3. **勇敢接受基督的赦免。** 对泰德和珍妮来说，要让他们看见拜

偶像究竟带来多大的破坏力，以及拜偶像所衍生出的行为，并

不是一件容易的事。要承认这些事情，必须具有谦卑并勇敢

的品格。之后，他们不但没有否认自己在婚姻问题中所扮演

的角色，反而决定把信心放在主耶稣身上，相信他赦罪的应

许，以及他要改变生命的承诺。他们开始看到神正在邀请他

们参与一种他们从来都没有梦想过的经历。他们各自多年追

寻的偶像，在神恩典的灿烂光芒前，显得那么矮小、肤浅、丑

陋，并且不堪一击。珍妮曾经一心想得到的来自人的爱，以及

一个完美丈夫的梦想，开始被基督的爱，以及她属神儿女的身

份所遮掩。泰德曾坚持，整个世界应该都是为了服务他而存

在的；但是当他看到耶稣为了他的好处，把自己当作赎罪的祭

物献上,耶稣牺牲的爱彻底粉碎了他的自私自利。

4. **跟随神的呼召。**当泰德和珍妮的生命因着福音的大能而改变时,神的命令越来越实际地吸引着他们的心。因此,他们至少在以下四方面发生了变化:

- **心思意念。**泰德和珍妮开始看到圣经中的智慧比他们自己的智慧更加可靠。他们决定相信神的智慧,并按着去做。

- **动机。**他们对自己内心的欲望与神的心意之间的交战,变得更加敏感。他们不再执意地认为,来自于他们本能反应的,一定是正确或美善的。他们祈求神给他们指明什么才是对的、合他心意的事。

- **行为。**他们开始效法基督对待他们的方式,改变自己对待对方的态度,尽量反映出基督对他们的爱。

- **言语。**他们开始注意说话的态度,在言谈之中带来和平、仁爱、合一、彼此饶恕、盼望。

5. **信靠神的供应和他的同在。**在泰德和珍妮婚前几年中,他们过着不敬虔的生活。他们问题的根源很深,改变也不是在一朝一夕可以完成。改变的过程十分艰辛:每一天,他们的信仰都被摇动,诱惑从未间断。这就是为什么他们必须知道,在自己的挣扎当中,基督与他们同在。与其将盼望寄托在掌握一套技巧,或是跟随一个系统之上,他们开始紧紧抓住基督在他们里面的事实；而这个事实，才是他们真实的盼望。
在他们不断成长的时候，《诗篇》四十六篇 1 至 2 节变得越来
越有意义：

> 神是我们的避难所，是我们的力量，
>
> 是我们在患难中随时的帮助。
>
> 所以，地虽改变，山虽摇动到海心，
>
> 其中的水虽砰訇翻腾，
>
> 山虽因海涨而战抖，我们也不害怕。

唯有主基督可以在一个人心中做成这样改变的工作。泰德和珍
妮共同踏上了一条抛物线；当他们展望前面的婚姻和家庭生活时，盼
望变得越来越真实，并逐步显现在他们的生命里。

新心，新果实，新收成

日复一日，几个月过去了，在泰德与珍妮的生活中，开始有了明
显的改变。泰德的心开始变成一位仆人的心。他待在家中的时间越
来越长，并且在他的工作上也越来越愿意承担责任。他发脾气的次
数越来越少，而且每次发脾气之后，也变得更愿意道歉、认错、请求原
谅。他在别人眼中变得更加可以信赖了。同时，珍妮也开始放弃心
目中完美丈夫的梦想；不但抱怨的次数越来越少，也变得更愿意鼓

励泰德,照顾他,服事他。当他们对自己的罪更加认识,更加明白基督丰富的供应时,他们就从隐密与黑暗之中走了出来,愿意将自己与基督的群体和家庭成员连结。

这种新的生活方式,又引向一个崭新的结果。珍妮与他的父母重新和好,并且享受着自从高中毕业以后再也没有过的与家人之间爱的关系。泰德在教会中开始结识属灵的朋友,他浪子回头的故事,对于教会中饱受婚姻危机的家庭是极大的鼓舞。另外,泰德和珍妮的孩子们也开始受益于这种借由新的恩典所塑造的家庭生活。

泰德和珍妮在生活中的挑战远远没有停止;请记住,这是生命得着改变的一种方式。在永恒的这一边,就好比我们自己一样,掺杂着黄金与渣滓。是的,就在此时此刻,神允许我们经历他恩典的祝福。

这里所讲到的一切真理,不是我们今天才发明出来的,在圣经中早已有了详实的记载。真理让我们对自己有一个正确、真实的认识;看到改变应当遵循的道路,并知道真实的盼望可以怎样发挥功效。这一切都基于为我们死而复活的基督,他是我们的救赎主,是我们的王。亲爱的读者,如果你在基督里,基督也在你的心里,那么,你同样是大有盼望的!

> 深哉,神丰富的智能和知识! 他的判断何其难测! 他的踪迹何其难寻!

谁知道主的心？谁作过他的谋士呢？

谁是先给了他，使他后来偿还呢？

因为万有都是本于他，倚靠他，归于他。愿荣耀归给他，直到永远。阿们！

（《罗马书》十一章 33～36 节）

第 **16** 章

真实的故事
——教会生活篇

　　这是一个周日早晨,格兰湖长老会(Lake Glen Presbyterian Church)的主日崇拜正在进行。这是一间约有五百人的教会,成员有单身的、有家庭的、年长的,还有吵吵闹闹的小孩子、青少年。从各方面来看,这只不过是一个典型的福音派教会,一个普通的主日,看不出有什么特别之处。然而,在这个教会中,一场很重要的变革正在悄悄进行。

　　这场变革不是在教义上的,教会崇拜的方式也不会有什么改动。孩子们还是去上儿童主日学,青少年也同样参加他们的崇拜聚会。传福音和宣教的工作照样还是教会的工作重点,周间的小组和团契也继续在各个小区不断扩大。讲台的教导,将持续保持"正确解释神的话语"这个原则;教会也还是会把很多精力放在门徒培训上。虽然这些看起来都没有变化,但是,教会最核心的理念却在发生变化。

　　自从这间教会创始至今,一共经历了两任牧师。开拓的牧师在这里服事了二十年,接任的牧师在这里服事也超过十年了。首任牧师及最初的会众都认同并持守"教会必须注重教导事工"这一项重点。这个清楚的指导方向,多年来吸引了大批的人加入这间教会,成为会友。教会不断扩大,他们买地,植堂,最近还聘请了另外两位全职牧师,现在有三位牧师,使教会事工不断扩大。从许多方面来看,这间教会从开始到逐渐成长,都是一个很健康的过程。

但是最近,教会的牧者和同工都有些忧虑,他们发现教会里有一些不太健康的迹象。在会众当中,发生了一连串非常显著、极其公开的分居与离婚个案。这样的情形,导致教会同工开始怀疑会众的婚姻关系是否健全。他们也发现,青少年开始离开教会,小组聚会人数在减少。虽然妇女事工和弟兄事工还是很有生气,但很明显,他们对于前面的方向失去了明确的目标。在本地传福音方面,他们根本没做什么事情。最让牧者担心的是,三位牧师都肩负了越来越多的家庭问题辅导、婚姻辅导,还有各种其他辅导的负担。

这些现象让几位牧者对于教会各项事工,开始了一连串非常诚实、认真又密集的自省工作。这样的自省在这个教会的历史上从来没发生过;但是,他们都一致认为,诚实面对教会的健康状况是目前必须要做的一件事。尽管神与教会同在,也使用教会做了许多积极的事,但是这些作领袖的牧者知道,自满是最要不得的态度。假如教会是信徒在属灵方面成长的地方,那么他们必须对目前的状况做出变革。但这究竟是什么样的变革,这个变革又该怎样发生呢?

一场静悄悄的变革

在本书第一章,我们认识了菲尔和爱莉夫妇,看到"在他们的生活中有一个大洞,他们都绕着这个大洞生活"。这个比喻代表今天许多基督徒的光景,他们都活在对福音的大能缺乏延续性认识的问题中。我们活在过去我们的罪已经得到了赦免,并且知道在未来,我们有进入天堂的应许。但是,在现今的生活中,我们并没有真正经历与明白福音的大能。

同样的情形也发生在这个教会当中。就教会的整体来看,福音在此时此刻的大能可能已经完全被遗忘了。

但是,对个人或教会而言,圣经中所描述的那个情形应是正确的,而且正好与此相反。我们完全不需要,也绝对不应该长期过这种福音健忘症的生活。神让每一个属他的子民成为基督身体的一分子,在这个基督的身体中,神定意不断提醒我们:福音在我们日常生活中的价值。当教会发挥了本来应有的功效,神恩典的信息应该会渗透在整个团体的各项事工、各个小组、每个层面中。肢体中的任何一员无论走到哪里,神恩典的大能都应该向生命得着改变的目标发出挑战与提醒。当格兰湖教会的领袖团队意识到他们教会的事工并没有发生应有的功效时,他们决定,现在是该采取行动、改变现况的时候了。

六项不可逃避的事实

格兰湖教会的领袖团队之所以决定必须改变,是基于教会生活的以下六项事实:

- 事实 1: 每周教会聚会的时候,总会有一些人带着许多的问题前来。
- 事实 2: 圣经说,我们已经拥有了所有资源,去帮助这些需要帮助的人(参考《彼得后书》一章 3 节)。
- 事实 3: 大多数人在面对困境时,在寻求专业辅导之前,他们寻求帮助的先后顺序是: 朋友→家人→牧师。
- 事实 4: 在朋友、家人或牧师中找寻帮助的这些人,通常有可能会得到以下结果——得不到帮助、得到不好的帮助,也可能得到以福音为中心的帮助。
- 事实 5: 假如他们没有得到有意义的帮助,他们就会到别处试试看。
- 事实 6: 无论这些人从哪里找到了有效的办法,他们都会试图去帮助他人。

格兰湖教会的领袖团队,显然看到这个进程的重要。你是否也看到了呢? 假如一个教会没有为会友提供切实、有意义、以圣经原则为基础的帮助,这些人就会离开教会,到其他地方寻求帮助。他们的经历无怪乎会造成两种结果,一种是让他们得到鼓励,明白福音真的是带着神的大能;另一种则是让他们相信,福音的能力根本不够,解决不了我生活中的实际问题。如果在教会当中弥漫着的是后面的结果,那教会就将成为一个制造困惑的地方。福音所带来的冲击与影响会被重大削弱,或者教会就干脆采取另外一种改变人生的教导或方法。换句话说,人们所找到的生命改变的方法,不是建立在神在基督里的救赎工作上。使徒保罗在写《歌罗西书》时,他心中最大的担忧就在这里,来看看他是怎么说的。

> 你们既然接受了主基督耶稣,就当遵他而行,在他里面生根建造,信心坚固,正如你们所领的教训,感谢的心也更增长了。
>
> 你们要谨慎,恐怕有人用他的理学和虚空的妄言,不照着基督,乃照人间的遗传和世上的小学就把你们掳去。
>
> （《歌罗西书》二章6～8节）

对使徒保罗而言,这是万万不可轻视的问题。"人间的遗传和世上的小学"会把神的荣耀抹杀,人们唯一可以靠着得到改变的盼望和途径就会被阻隔。因此,在基督里已经为我们预备充分的资源,对世上任何其他的学问而言,并没有任何妥协的余地。

教会事工的目标

《歌罗西书》一章 28 至 29 节,为我们建立了一个教会事工清楚的目标。我们可以从中看到建立以恩典为基础的教会文化,是一个不可妥协的目标。

> 我们传扬他,是用诸般的智慧,劝诫各人,教导各人,要把各人在基督里完完全全地引到神面前。我也为此劳苦,照着他在我里面运用的大能尽心竭力。

使徒保罗的目标是要看到教会把全部精力单单专注于这位又真又活的基督身上。请注意,保罗说他教导各人,以至于每个人都能够在基督里成长、成熟,直到他们完完全全(完全成熟)地来到神的面前。保罗在其他书信中,也表达过同样的意思。

> 弟兄们,从前我到你们那里去,并没有用高言大智对你们宣传神的奥秘。因为我曾定了主意,在你们中间不知道别的,只知道基督并他钉十字架。
>
> (《哥林多前书》二章 1～2 节)

对于保罗来说,作为一个由信徒所组成的团体,不宣讲十字架的恩典,简直是不可思议的。从某种程度上来说,如果基督不在信息的核心,这个由信徒组成的肢体必然是匮乏的、软弱的,因为他们必会寻找其他的信息取代基督。

教会的异象

格兰湖教会的领袖团队意识到,个别的基督徒成员反映出来的问题,代表了整个教会属灵的健康状况。这些人一定是在日常生活中不断与"福音健忘症"搏斗、挣扎。尽管我们的心已经被耶稣更新了,但是里面仍然残存着罪性。当隐而未现的谎言仍然蛰伏在心底,且新的谎言又吸引我们的时候,这些残存的罪性就会诋毁福音的真理。我们因此被蒙蔽,以为没有神的恩典,我们仍然可以在生命中获得更新与改变;或者是当我们进行属灵的争战时,我们还必须加添基督以外的东西。有太多似是而非的假福音会升高到一个层面,以至于在信徒的生活中篡夺了基督应在核心的优越地位。

在由信徒组成的团体中,也发生同样的问题。在比较大的群体中,信徒也同样与"福音健忘症"搏斗、挣扎。即使教会的信仰告白上写的依然是以恩典作为中心,但是着重于外在的一些形式,很有可能替代了教会的真实身份。对拘泥宗教礼节主义(形式主义)、律法主义、神秘主义、行动主义、唯独圣经主义、心理学主义的过分强调,会渐渐对整个群体产生显著的影响。这些取而代之的每一项主义都可以说是真理当中的一部分,但是最终并不能够代表完整的基督徒生活。它们掠夺了基督在教会的至高地位，也减弱了教会的生命力。

从这些实际的眼光来看，格兰湖教会的领袖团队意识到，他们需要警惕那些福音的替代品，竭力使整个教会充满以基督为中心的信息。我们也是一样，在教会中，必须带领全体会众在生活中各个方面都以十字架的恩典作为中心。对有些教会来说，这表示整个教会运作模式的改变；对其他教会来说，或许是重新评估基督耶稣的恩典在他们教会究竟占有多少比重，以及基督的恩典对于他们的含义究竟是什么，请参看图 16‑1。这张图说明了我们应当向哪个方向努力。

在教会生活中，无论是在哪一个层面，以基督为中心的改变都该是贯穿始终的。从教牧关怀、讲台信息，到带着救赎性质的友谊关系，福音都是最重要的信息与事工。

由于看到了教会中的各种趋势，格兰湖教会的领袖团队决定坐下来，评估一下教会的生态。他们相信《路加福音》六章 45 节所描述的是真实与正确的："善人从他心里所存的善就发出善来；恶人从他心里所存的恶就发出恶来；因为心里所充满的，口里就说出来。"一个人在心里为自己所定的身份，就会从他们的行为中表现出来。你心中顶礼膜拜的是什么，你所追求的就是什么。这一点，对整个教会也是一样。图 16‑2 告诉我们，教会对自己所认定的真正的核心身份，会在教会的各项事工中反映出来。

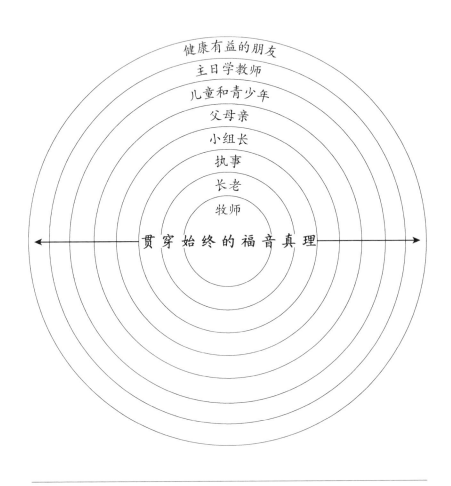

健康有益的朋友
主日学教师
儿童和青少年
父母亲
小组长
执事
长老
牧师

贯穿始终的福音真理

图 16‑1 以福音为中心的事工文化

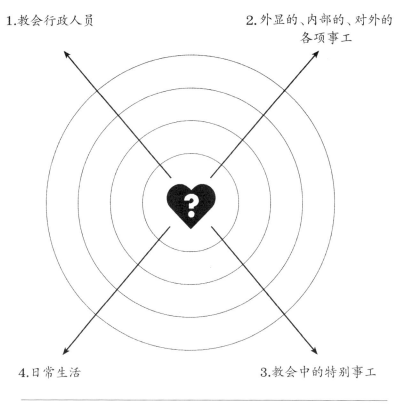

1.教会行政人员　　　　　　　2.外显的、内部的、对外的
　　　　　　　　　　　　　　　各项事工

4.日常生活　　　　　　　　　3.教会中的特别事工

图 16－2　什么是驱动教会事工的动力?

　　教会事工上(非理论上,例如: 教会信仰告白)的身份,会塑造教会如何思考、采取何种行动、传授给会众什么、教导他们如何过基督徒生活。对有些教会来说,社会的认同(肤色、社会地位、受教育程度、年龄等)才是驱使教会事工的原动力。各个教会所提出的问题,不应该是我们有没有与众不同的身份,而应当是我真正的身份究竟是什么。我们所认知的身份，究竟如何塑造我们教会所表现出来的行为？基督是教会的核心吗？如果不是，那是什么取代了基督呢？请记住，即使是好的事物也会取代基督，成为生命源头的假神，以及教会的假元首。

就拿格兰湖教会做个比方。他们刚开始筹备时，在那个区域，几乎没有一个教会是以教导神的话语作为重点的。所以，开拓教会的元老们都尽了最大努力，推动成立这样一个教会，着重宣讲神学教义。这是一件非常好的事情，但是也有可能成为相当危险的事。在格兰湖教会，正确的神学思想、正确地教导神的话语，成了发展教会的动力，以至于每一篇讲道，都变成神学专题讲座，确保精准地解释神的话语，毫无偏差。基督徒的生活就变成只是确认神学的准确性，而不是确保教导的神学是否能正确实践在日常生活中。很快地，当人们以为自己在属灵上有所长进时，充其量只是头脑中的知识增多，对一些在教会中特定的神学观点，有了一致的看见。过了不久，偏差就开始浮出水面。就算整个教会都信奉"正确"的神学信仰，但教会中的领袖人物，自己的生活中出现了丑闻，信徒的生活也发生同样问题。教会中各样事工所设计的课程，都是以保持纯正信仰为宗旨，却极少有人愿意说明这些真理是如何指导信徒过得胜有余的生活。而基督，这位渴望与人心发生亲密关系的主，在人们的心目中，渐渐变成一个抽象又高高在上的思想体系。然而，这样的现象却鲜少有人发觉。这是一件令人悲哀又是相当常见的例子。这个例子告诉我们,在个人生活或教会里,一件美善的事情(例如:正确的神学观点)是如何替代了耶稣基督的核心。(在本书第一章,我们还探讨了其他美善事物替代了福音的例子,减弱了教会生活与个人生活的力量。)

你的教会景况如何?

看到上述这些危险的信号,我们应当警惕,好好评估一下自己教会的景况。作为教会领袖,不这样做的后果是不堪设想的。其他事物(或身份)总会经常与教会最重要的身份相互争竞,得到本应属基督的至高地位。无论是个人还是教会,都不可能站在中立的立场!只要主基督被替代,那些替代物通常会允许我们继续掌控的空间,是让我们独立于基督之外;因此,我们不需要仰赖基督,只需要倚靠自己。一旦这情形成为了事实,教会就会成为一个不欢迎充满挣扎、需要帮助的人们的地方。教会就会成为一个拥有类似心态、适应良好的一群人,不时拍拍彼此的背,称赞自己"看,我们做得还不错!"因此,教会失去了一个能力,那就是当人们在基督里庆贺的同时,帮助信徒每日在悔改与信心中喜乐成长。

察验教会的事工

当你检验在你的教会所形成的文化时,请不要忘记评估教会中的各项事工,以及各个阶层的领袖人物。下面的一些例子,虽然不够全面,但是可以刺激你的想法。

教牧同工

究竟是什么塑造了我们对教会牧者、长老、执事的角色定位？教会很容易陷入以下三种情况，而每一种都会削弱福音在教会中的核心地位。第一种情况：领袖们被期望成为像公司当中的 CEO（执行总裁）一样，替教会展望未来，制定发展的方向。第二种情况：领袖们被期望成为像管理企业的经理一样，负责执行教会的秩序、组织规划与系统运作。第三种情况：领袖们被期望成为那些设定目标，然后去达到目标的人；他们做得是否成功，可以用一些看得见的指标来评估，例如：有没有达到最低标准、工作的效率有多高等。[1]

所有这些，都可以是教会领袖日常工作中的一个角色，但是，同时也有可能成为盲目的领导者，对最重要的事情——会众在恩典中的成长与改变——视而不见。请记住，弟兄姐妹不是你的下属，也不是你的顾客！当基督的福音及其大能成为教会最关注的焦点时，教会的领袖们就会将属灵重点放在人的身上，关注会众的灵命造就与成长。会众的灵命是否在"成为圣洁"的成长过程中，这应当主导所有事工的方向，渗透于教会生活的各个层面。每当基督的十字架成为教会的中心，无论是个人，还是团体生活，都会在恩典中长大、成熟；神的名就会因此而得着荣耀。

教会的各个层面：外显的，内部的，对外的

每个教会都有这三个层面的教会生活。外显的层面包括：敬拜

赞美和教会讲台的信息。内部的层面包括：团契生活，以及给信徒的装备。对外的层面包括：传福音，扶助弱者，以及普世宣教。一旦十字架没有被摆在教会运作的中心，其他各项事工一定会失去平衡、顾此失彼。

当教会的重心过于着重在外显层面，忽视了内部与对外的层面，教会就会成为一个被众人围绕的讲台机构，"专家"一个人在上面就完成了所有工作。这样通常表示，事工和个人的成长与改变，只限于有正式聚会时。当教会的中心过于偏重在内部的层面时，教会倾向于以封闭的状态来运作，大家关起门来自我欣赏。如果教会的重心过于着重于对外的层面，教会的事工就只看重究竟如何让非基督徒借着福音的大能，进入基督徒的生活当中。这样就会忽略掉信徒在基督徒的生活中，同样需要福音的大能。他们把福音当成只是对"他们"有用，而"我们"则不需要了。以上三种都是福音非常重要的层面，也都是好事，但是偏重了其中一项，而以忽略其他两项作为代价，就会置教会于危险的境地。过分侧重任何一件"好事"，都可以变成是一件坏事！

下面让我们来看看以十字架为中心的做法吧！当福音的大能成为每一项事工的中心时，教会生活的健康和平衡就能得到完全的保障。假如福音成为敬拜赞美、讲台信息的核心，那么当人们知道我们都是罪人，没有人高人一等时，他们的心就会谦卑下来，意识到自己不仅要与人分享神的恩典，更是一位迫切需要从神那里得到恩典的人。教会内部的层面得到保护,因为福音重新塑造我们思考如何与主内弟兄姐妹维系关系。作为基督徒,我们的存在不仅是使人快乐地生活,更重要的是使人能够圣洁地生活!我们与人相处,是透过相互服事及相互造就的眼光。福音同时也激励我们以恩慈与怜悯的态度,对外宣扬福音。再者,教会对外的层面也得到福音的坚固,因为我们的动力,不再是自以为义,也不再是为了赢得神的认可。我们能够走出去,单单只是因为神先就近我们。让我们再重申一遍,一旦基督恩典的福音被摆在教会的中心,会众属灵的成长就自然而然成为教会文化的核心。这是一个平衡和谐的事工,因为从神那里,由谦卑所带来的恩典,让我们对自己的罪诚实;同时,神也应许我们,他会赐下盼望与信心,好让我们在他人的生命中成为祝福。以福音为中心的敬拜,持续不断将我们的眼目导向永活的真神(垂直方向);这样的眼光,也让我们从救赎的角度来对外宣讲福音的大能(水平方向)。

教会中特殊的事工

格兰湖教会把十字架作为指导所有事工的中心,你也同样可以用以十字架为中心的原则,指导某项具体的事工。试举几个例子:教会中的婴儿室,儿童事工,青少年事工,成年人事工,单身事工,家庭事工,小组事工,新会员欢迎课程,领袖培训,本地布道事工,慈善关怀事工,海外宣教,敬拜事工,牧养事工,辅导事工等。在你的教会当中推动这些事工的,是福音的大能吗?如果你对教会生活做出全面的调查,是否能在每个层面都看到一个贯穿始终的福音呢?

在教会众多事工中,福音的恩典最容易被忽视的,就是在儿童事工和文字事工当中。我已经记不清有多少次了,当我的孩子们从教会回到家里,我问他们在教会都学到了些什么?他们给我的回答,都仅仅是"今天老师教我们待人友善"、"要听爸爸妈妈的话"!没错,这些都是合乎圣经的教导,但是,他们学到的,都只是从外表上做出一套循规蹈矩的表现而已;这是从根本上抽离了对基督恩典的理解。我们要知道,唯有基督的恩典,才能改变我们的心,并且在我们犯罪跌倒的时候,也唯有恩典才能将我们再次扶持起来。不幸的是,像这样完全不包含恩典的教导,在教会生活中还有许多。十字架的恩典,是否持续不断装备着这些事工的领袖们?在每一周的课程里,这些领袖是否教导十字架的恩典?

日常生活

当十字架的福音不是我们每日生活的中心时,我们对于自我省察、认罪悔改和凭信心生活这些操练,就会敷衍了事。《腓立比书》二章 12 至 13 节,使徒保罗使用了这样的词句:"*就当恐惧战兢,做成你们得救的工夫。*"我们当看婚姻生活、教养儿女、上班、度假、履行公民职责、面对诱惑、身处困境等这些生活层面,都是神要我们以恐惧战兢的心态,来面对"做成得救工夫"的战场。如果我们没有过着每日以十字架为中心的生活,就会失去每日在生活中与主亲密连合的体验。如果信徒没有被教导福音如何在日常生活中实践出来,那么当信徒在生活中遇到更大的试炼与诱惑时,信徒非常容易屈服,无力反击。本书的写作目的,就是希望每个信徒和每个教会,对于福音在日常生活操练中的重要性,有符合圣经教导的深入思考,并且持续、连贯地进行操练。

评估你教会的讲台信息

尽管格兰湖教会是远近驰名的注重讲台信息的教会,但是教会的领袖们仍然觉得对此再次深入评估是有益处的。讲台信息会直接影响到教会其他各项事工的指导原则。下面让我们从"炎热—荆棘—十字架—果实"这几个层面来评估一下各自教会不同事工所传达的信息。

炎热(参考本书七~八章)。你的教会对会众日常生活中所面临的困境十分重视吗?或者对他们所面对的困境只是轻描淡写,把生命改变描绘成一件很容易的事情呢?从另外一头的角度来看,你的教会是否将个人挣扎看得过重,并且传达出毫无盼望的福音信息?真正的福音帮助我们保持一个符合实际的乐观主义。生活中充满挑战,福音赐给我们面对生活仍能保持敬虔的一切所需(参考《彼得后书》一章 3 节)。改变从来都不会是容易的,但永远都是可能的;改变只有在极少数的情况下是快速的,而在绝大多数的情况下都需要时间的操练,而这种操练必须靠着基督的大能,允许它在我们的心里作工。

荆棘(参考本书九～十章)。当会众在生活中行出带有罪性的反应时,你的教会是否帮助他们进行以基督为中心的自我省察呢? 你是否帮助他们把目光从属世的悲伤中转移出来,从心的层面,帮助他们产生属神的痛悔呢? 或许,当你看到人们拥有表面上行为的改变,你就觉得满足了呢? 如果福音是教会讲台的核心,人们会对表面上行为的改变,越来越不满意,而且愿意去询问这些行为之下的动机,而不只是帮助他们自己在行为上有所调整而已。福音释放了我们,好让我们能够更彻底检视我们的生活,并且敢于去直视深藏在我们心灵深处的取代了基督的那些"宝物"!

十字架(参考本书十一～十二章)。你是否帮助你的会众来到福音面前,诚实、坦然无惧、谦卑、用心来悔改自己的罪,凭信心接受十字架的赦免呢? 你是否只是在一旁列举人的罪状,单单叫人在行为上改变呢? 或者你过分侧重于信心的层面,只告诉人们他们在基督里被神深深爱着呢? 或者你将省察内心的悔改,与相信恩典的能力结合在一起,并带领会众在基督里与神圣洁的爱面对面? 当真正的福音成为中心时,人们不仅看到行为表现上的罪,更愿意看到深藏在内心深处的罪。真实意义上的悔改,是深刻看到我们离弃基督的具体表现。看到我们把基督从最崇高的位置放到一边,而另立偶像来替代他、顶礼膜拜;这样的认识,才能让我们产生真实的痛悔和谦卑。这样忧伤痛悔的心,使得我们的信心将恩典牢牢抓住,并且将爱施予真正悔改的人。当悔改与信心在这样的情况下结合时,这个人的心就重新回到主的怀抱。唯有与主建立这样亲密的爱的关系,改变才可能深入、持久。

果实(参考本书十三～十四章)。你是否借着向你的会众显示,在基督里,他们究竟是谁(他们的身份——神的儿女)以及他们可以做什么,好让他们获得盼望? 你是否为他们描绘出,由敬虔生活所结出的果实,具体而言是什么样子的呢? 当真实的福音成为核心时,你会勇于呼召你的会众,行出具体、敬虔的行为来。当你为他们打下牢固的根基,使他们确认自己在基督里的真实身份,你就可以满有信心地呼召会众,在生活中做出具体而详实的改变,当他们越明白自己是谁,改变就会越具体、详实。因为我们所犯的罪,每一条都是极其具体的,所以福音恩典的大能,也要让我们在每一个具体犯罪的地方成长,体尝恩典的甜密。我们的心思意念、行为表现、态度,以及对待生活中压力的反应,是我们圣洁的神所急切关注的;因为我们的神,定意要让我们从自己每一个邪恶的欲望捆绑中完全解脱,迎向自由。

总结

当你评估教会的每一个事工时,你也必须鉴察在这些事工当中所释放出的信息。格兰湖教会的领袖们用下列问题来自我省察,或许这些问题对你也会有所帮助:

- 教会每个主日在讲台上的敬拜、赞美、讲道、教导,究竟传讲的是什么样的信息呢?

- 耶稣基督真的是我们的核心吗?

- 我们用什么样的信息来教导、装备教会行政人员与事工领袖呢? 我们如何训练未来的同工领袖,好让他们与真实的福音一致?

- 我们对于教规和教义是否过于侧重,以至于颇有技巧地忽视了释放生命、靠基督改变生命的操练呢?

- 我们教会所有的事工是否以倚靠基督为中心的生命改变为目的呢?

- 为了确保生命得着改变,我们都采取了哪些措施?

- 我们是否有定期对生命改变的评估制度? 我们是否愿意改变教会的运作模式呢?

- 我们的会友是否都有得到帮助,使他们在日常生活中操练并倚靠福音的大能呢?

- 在我们向未信主或是不来教会的人传福音时,我们抱以谦卑的态度来接近他们吗? 还是说,我们满足于掌握某些传福音的技巧,程序,列举罪状,或是给人错误的应许,以为信耶稣就有快乐的人生?

- 我们的会众是否有以基督为中心的心态来读经、祷告、参与圣礼呢? 他们是否能够将外在生活与内心动机联系起来,并深知在基督里，所有的应许与祝福都是属于他们的？

- 假如这不是你们教会的文化，那么是什么拦阻了这种文化的形成呢？我们在哪些地方可以做得更好呢？应该从哪里具体开始？怎样开始呢？

改变的策略

先从自己开始！

格兰湖教会的领袖团队完成了评估的过程，他们一致认为，改变是必须的。当他们肯定神的祝福在过去这么多年当中带给这个教会的长处之后，他们也愿意正视教会现存的软弱与问题，付出巨大的努力，逐一改变它们。但是，教会的牧者和长执同工也承认，他们过于投入带领的责任与方向，以至于有时忘记了自己也必须在生命中有所成长与改变！每当领袖团队停止改变时，他们对自己的教会、家庭、服事同工就失去了应有的影响力。这是一个很普遍的试探与引诱，所以我们极力鼓励你，先从自己开始。请先将你在这本书中所学习到的，运用在自己的身上吧！《希伯来书》十章19至25节可以在这一点上帮助我们。

弟兄们，我们既因耶稣的血得以坦然进入至圣所，是借着他给我们开了一条又新又活的路，从幔子经过，这幔子

就是他的身体。又有一位大祭司治理神的家，并我们心中
天良的亏欠已经洒去，身体用清水洗净了，就当存着诚心
和充足的信心来到神面前；也要坚守我们所承认的指望，
不至摇动，因为那应许我们的是信实的。又要彼此相顾，
激发爱心，勉励行善。你们不可停止聚会，好像那些停止
惯了的人，倒要彼此劝勉，既知道那日子临近，就更当如此。

　　这段经文结束于一个相当熟悉的呼召：我们要彼此服事；但是，
我们需要注意到，不可忽略了保罗在上下文中的劝诫。在经文呼召
我们服事他人之前，它提醒我们，一定要将我们的信仰扎根于基督的
福音。第19至21节，保罗为我们提供了下面经节对我们所发出的
命令的根基。我们的罪被基督的宝血洗净了；此外，又因耶稣是我们
的大祭司，我们就拥有了来到天父面前的中保。耶稣为我们打开了
一条又新又活的通道，使我们可以认识这位造我们的神，以及让他来
认识我们。一旦当我们将这项重要的真理，真实地应用在日常生活
中，我们将受到神的邀请，同时神也命令我们来到他面前敬拜他（23
节）；此外，向那些没有认识主的人，用我们的生命作见证（24节）；最
后，在肢体中（教会）以带着救赎的友谊与人际关系，彼此相互服事
（24～25节）。倘若我们没有从自身开始操练，我们的生命对其他人
来说，基本上是没有任何影响力的。我们的努力，也不过是以自我为
中心的表现而已。

在教会中谦卑寻求改变

当你自我省察之后,可以诚实地问自己一些问题,评估你所属教会的情况。以祷告的心且有系统的方式,评估教会生活的各个层面。从你亲自参与的各项服事开始,问问自己,到底我可以做些什么,使生命的成长与改变得以变得更加实际?

第一层:教会行政同工

若从"以福音为中心的改变与成长"的角度来看,格兰湖教会的行政同工首先看到的是他们这个领导阶层需要改变的地方。假如你本身就是教会行政人员之一,请先省察,看看自己在与其他同工相处的关系上,有哪些可以改进的地方? 其次,再看看你自己的生活当中,你怎样花时间思考、与人分享,并且把福音切实应用在自己的生活里? 有哪些以福音为基础的资源,是你用来规范你的生活,并与他人一起同工、服事的? 也许你可以与其他弟兄姐妹一起学习本书,或者使用与本书配搭的门徒训练课程?[2] 教会中的行政人员,需要在他们自己的生命中,活出福音的真实;而这样的操练,其实是一项他们在教会中的事工。这个层次相当重要,请不要错过! 教会行政同工的属灵生命,直接为教会的身份下定义。

第二层:长老和执事

格兰湖教会的领袖团队应当花时间来确定,他们作为教会领袖需要看重的是什么。你也一样,需要问自己这样一个问题:"每当长老和执事开会时,会议的目的是什么呢?"不错,每次开会都有许多需要做的决定。但是,长执同工是否对于神在会众生命中所做的工作感到兴奋呢? 我曾经牧养一个教会,有一次开长执会议,有人建议大家轮流分享一下,过去有哪些事情或在哪些人的生命里,因着福音的大能改变了? 结果每个长执同工都可以想出过去一周内自己生命得着改变的真实例子。这是多么令人鼓舞的事! 一间教会的领袖,必须对自己教会的目标和使命有清楚的看见。使徒保罗的生命中只有一个目标,那就是活出以基督为中心的生命,除此之外,为了荣耀神,所有其他事情都是由主的恩典与能力所驱使。身为教会领袖,这是不是你领导事工的目标和方向呢?

第三层:各项事工的负责同工

格兰湖教会的领袖团队,没有把脚步停留在长执、牧者和教牧行政同工的层面。这是十分睿智的决定。因为各项事工负责同工的影响力,一点都不亚于上面两个层面的领袖阶层。这一层的负责同工,很可能就是将来的教会领袖;并且,此时此刻,他们的服事正影响到数以百计会众的灵命。这一层同工带领着教会各样的事工。有的是小组聚会,有的是在教会各个委员会、筹备小组中做领袖的。其中小到婴儿室,大到海外宣教,或其他各样事工,这些同工皆参与其中。对这些中层领袖来说,你在教会中如何装备他们呢? 他们所受到的装备与教导,是否能让他们的事工成为通向神恩典的管道呢?

举例来说,当敬拜赞美团队预备周日的主日敬拜时,敬拜的内容架构,诗歌的搭配,歌词的内容,认罪、悔改、祷告等,是否把成为圣洁作为带领敬拜的目的呢? 在敬拜赞美的过程中,怎样能够把"炎热—荆棘—十字架—果实"贯穿在整个敬拜过程中? 有许多带领敬拜的同工,会站在台上提醒会众忘记过去一周的烦恼,在教会里专心用一个小时来敬拜神。虽然听起来非常属灵,但岂不知,我们的神最关心的,就是你在过去一周生活里的烦恼! 这样的提醒,不合乎圣经对属灵人的看法,反而像古时圣经时代,希腊人崇尚的二元论(即灵魂与肉体是完全分开的)。若我们能辨识出在生活中自己面对的所有炎热,那会帮助我们,将我们已经搞得一团糟的生活,诚实地带到神的施恩宝座前。这是让我们的敬拜变得更加真实和有意义的一种简单方式。在教会的各项服事中,不单单是敬拜与赞美,包括其他的服事,都可以用"炎热—荆棘—十字架—果实"这个模式来省察,看看神的恩典是否居于主导地位。

第四层: 会众与会员

最后,格兰湖教会的领袖们仔细省察作为会众,他们每周在教会所体验、领受的信息。他们希望形成的是一个带着以福音为核心的教会文化,而不只是一味由上至下的教导;他们希望形成的是由下至上、草根性的回馈。这一点,对于你的教会同样是非常重要的。在中层领袖之下,就是这些广大的会众。他们是教会事工的参与者,也是教会未来潜在的领袖。在讲台信息之外,他们还可以在哪里听到以福音为中心的提醒呢? 在教会发布的信息当中,你是否能够让他们很容易就把真实生活与基督相连,真正过基督徒的生活呢?

这个问题的答案,可以很容易从教会其他事工中得到。例如:小组聚会能够帮助他们过基督徒的生活吗? 主日学课程呢? 新会员课程班呢? 教会体育运动事工呢? 甚至是在日常生活的对话? 当然,不同教会所列举的事项会有所不同。但是,最基本的问题是,教会生活中的各个层面,如何实际帮助会众明白福音恩典的能力,了解怎样让福音的大能改变自己的生命? 如果我们没有在这方面提供帮助,那么我们究竟是如何成为福音的阻碍的呢? 会众是否了解,基督徒的生活究竟是一个什么样的情形呢? 你的会众拥有怎样最基础的资源,好让他们眼睛能够看见、耳朵能够听到? 在恩典中的成长与改变,究竟是什么模样?

行动方案

格兰湖教会的领袖团队完成了评估工作,制定了一项具体的行动方案。我们在本章把这个方案列出,希望对你的教会有所帮助。正像格兰湖教会所做的,一开始的时候,从一个大的视角,观察你们教会的文化。评估有哪些地方是需要改变的,然后设计一个两到三年的规划,使你的会众有所装备。在以上所探讨的四个层面中,逐一思考如何将以基督为中心的改变,在每一个层面中实施出来。假如你是一位牧者,那么用一个系列的讲道,将这个主题作为给会众提出的异象。千万不要只停留在讲道这层面,一定要在教会现有的事工与结构上,将本书内容编入教材,可以是教导,也可以是吸收或是应用。下面是几个建议:

1. 在教会定期的教牧会议上,一起阅读本书并详细讨论。
2. 使用本书作为小组长培训教材。
3. 召集各个事工的带领同工,并用此书的内容作为他们事工的指南。
4. 找出在你的教会中,常常寻求帮助的人。用此书中的模式图在一旁指导、训练他们,使他们的生命得着成长与改变。
5. 在新会员课程班中,编入此书的部分内容。
6. 在今后三年,用主日学的时间,用此书作为教材,重复几遍使用。这样,新旧会友对这套教材都得以熟悉。

一场静悄悄的变革开始了

今天又是一个主日,这个拥有五百多位会友的格兰湖教会照常聚在一起。同样的牧师带领着整个教会,同样的事工还是由原班人马带领,教会日常生活看起来并没有什么变化,教会的信仰告白也还是一样的,但是,事实上,人们对于这个告白的体验更加真实了! 在这表面看起来没什么改变的背后,一个重大的变革开始了。在蓄意策划及意图彰显的行动之下,在教会的各样事工中,基督成为最重要的核心。所有带领事工的人,成为真正恩典流通的管道,不再将事工朝向自己。在基督徒的日常生活中,以基督为中心的眼光开始塑造了夫妻之间、亲子之间以及主内弟兄姐妹之间的对话。当信徒一同活在基督的身体(教会)中时,他们所学习的、体验的,都是关于生命的改变之道;所以,一个过去是被动、死气沉沉的教会,如今变成了生气勃勃、充满活力的大家庭。

当改变的观念逐渐形成并渗透在你的教会生活中时,请用祷告的心,并用耐心静静观看。当他们如此行时,对你的会众而言,这些观念会渐渐清晰,明白生命成长与改变的可能,并且体认到在所有环境下,神的恩典是足够的。圣经中强调,改变是在充满对神的信心的群体中完成的;同样地,这些信徒也可以将福音实践在自己的生活当中,实践在朋友、配偶、孩子的生命里。我们期盼看到的不仅是基督徒个人的生命,也是整个教会的生命,都参与在庆祝福音所带来的"海啸"之中——在基督里,庆祝为我们所预备的奇妙救恩。圣父、圣子、圣灵一起作工,将教会(基督的新妇)妆扮一新,成为圣洁,并且荣上加荣,等待新郎(基督)的出现。这个异象,吸引我们将眼目定睛在天上,远远超越我们个人的快乐;也因此,我们才能享受他的祝福,并将他的祝福向更多人分享。

我们祈祷并盼望，本书能为你在恩典道路上的成长提供帮助。作为基督肢体的一员，盼望你在我们主——救主基督的恩典和知识上满有长进。愿荣耀归给他，从今直到永远。阿们！（参考《彼得后书》三章18节）

注　释

第 2 章

1. C. S. Lewis，*The Problem of Pain*（New York：Macmillian，1962），46—47.

2. R. C. Lucas，*The Message of Colossians and Philemon*，*The Bible Speaks Today*（Downers Grove，IL.：InterVarsity，1980），110.

3. J. C. Ryle，*Holiness：Its Nature，Hindrances，Difficulties，and Roots*（Cambridge：Redwood Burn Limited，Trowbridge and Esher，1959），49.

4. J. C. Ryle，*Holiness*，50.

5. J. C. Ryle，*Holiness*，21.

第 5 章

1. 这个见证，是由简·包尔斯（Jan Powers）于 2004 年 9 月 30 日，在美国宾夕法尼亚州格伦赛德镇（Glenside）新生命长老教会（New Life Presbyterian Church）所提供。

2. Tod E. Bolsinger，*It Takes a Church to Raise a Christian：How the*

Community of God Changes Lives（Grand Rapids，MI：Brazos Press / Baker Book House，2004），22—23.

3. Jonathan Edwards，*Charity and Its Fruits*（Carlisle，PA：The Banner of Truth Trust，1998），327—328.

第 10 章

1. C. S. Lewis，*Mere Christianity*（New York：Macmillan，1952），106.

2. 这些问题是取自大卫・鲍力生所开设的"合乎圣经的改变动力学"课程所提供的教材，并已取得使用权。

第 13 章

1. 英文圣经运用像心志、灵魂、心灵、想法与动机等字眼来形容人的内里。"心"这个字，常常被使用来包含以上所有的寓意。

2.《腓立比书》研习是由大卫・鲍力生所设计与规划。这个研习属于基督徒辅导教育基金会"合乎圣经的改变动力学"课程的一部分，并已取得使用权。

第 14 章

1. 在德里克・肯特（Derek Kidner）对这首《诗篇》加以批注说明时，他说到"押沙龙的反叛，提供了大卫写下《诗篇》第三与四篇的背景故事；对大卫而言，从那时开始，大卫被羞辱（二节前段）、虚假（二节后段）、惹人恼怒的事（四节）、幽暗的心情（六节）所围绕"。此注释收录于

Tyndale Old Testament Commentaries，Psalms 1—72（Downers Grove，IL：IVP，1973），55．

第 15 章

1. 这个比喻提到从井中汲引出来的深水，而不是从大海里。它为我们描绘出一位充满智慧的人心中所汲引出来的是什么。当一个人正确思考神的世界及人的内心时，人心中真正的想法就会显露出来。

2. 记得在第十章中的"X 光问题扫描"吗？请注意到当我们敬拜这么多创造之物，而不是敬拜创造主时，我们是相当富有创造力的！

第 16 章

1. E. Glenn Wagner，*Escape From Church*，*Inc*．：*The Return of the Pastor-Shepherd*（Grand Rapids，MI：Zondervan，1999），94．

2. CCEF（Christian Counseling & Educational Foundation，基督徒辅导教育基金会）为教会设计出一系列使用容易、平易近人的门徒训练教材"蜕变系列"（Transformation Series）。第一套教材为《人如何改变》（特别针对福音中的缺口，Gospel Gap）；第二套教材为《如何帮助人改变》（过去称为《改变生命改变心》[*Instruments of Change*]，特别针对事工中的缺口，Ministry Gap）。这两套教材就是专为达到这样的目的而写的。更多信息，请看我们的网站：www．ccef．org。

图书在版编目(CIP)数据

人如何改变/(美)连恩(Lane T. S.),区普(Tripp P. D.)著；
黄玉卿,张燕译.—上海:上海三联书店,2017.7(2024.6重印)
ISBN 978 - 7 - 5426 - 5472 - 4

Ⅰ.①人…　Ⅱ.①连…②区…③黄…④张…　Ⅲ.①哲学－
通俗读物　Ⅳ.①B－49

中国版本图书馆 CIP 数据核字(2016)第 015904 号

人如何改变

著　　者 / 提姆·连恩　保罗·区普
译　　者 / 黄玉卿　张　燕

责任编辑 / 邱　红
特约编辑 / 黄允城
装帧设计 / 周周设计局
监　　制 / 姚　军
责任校对 / 张大伟

出版发行 / 上海三联书店
　　　　　 (200041)中国上海市静安区威海路 755 号 30 楼
邮　　箱 / sdxsanlian@sina.com
联系电话 / 编辑部:021 - 22895517
　　　　　 发行部:021 - 22895559
印　　刷 / 上海惠敦印务科技有限公司

版　　次 / 2017 年 7 月第 1 版
印　　次 / 2024 年 6 月第 13 次印刷
开　　本 / 890 mm × 1240 mm　1/32
字　　数 / 300 千字
印　　张 / 13.75
书　　号 / ISBN 978 - 7 - 5426 - 5472 - 4/B·466
定　　价 / 48.00 元

敬启读者,如发现本书有印装质量问题,请与印刷厂联系 021 - 63779028